I0876515

Kohlhammer

Der Autor

Ass. Prof. Mag. Dr. Christian Domenig (geb. 1976) lehrt seit 2005 mittelalterliche Geschichte an der Universität Klagenfurt.

Christian Domenig

Geschichte in Bewegung

Das Mittelalter jenseits der Politik

Verlag W. Kohlhammer

Umschlagabbildung: Detail einer Buchmalerei aus dem Stundenbuch des Herzogs von Berry, *Très Riches Heures du duc de Berry* (1411–1416), fol. 10 v (via Wikimedia Commons). Autorenportrait: photo riccio.

1. Auflage 2022

Gesamtherstellung: W. Kohlhammer GmbH, Stuttgart

Print:
ISBN 978-3-17-032775-7

E-Book-Formate:
pdf: ISBN 978-3-17-032776-4
epub: ISBN 978-3-17-032777-1

Inhaltsverzeichnis

Vorwort

Dieses Buch möchte inspirieren. Es soll anregen, neue Wege in der Mediävistik zu beschreiten, und wendet sich mit diesem Ansinnen nicht nur an die Lernenden, sondern auch an die Lehrenden. Im Wesentlichen beschreibt es die innovativen Forschungsansätze der letzten drei bis vier Jahrzehnte. Es ist dies die Zeit, in der der Mensch in den Mittelpunkt der historischen Betrachtung gestellt wurde, es ist die Zeit der Kultur- und Alltagsgeschichte, die Zeit des Bestrebens, alle Phänomene des Zeitraums von 500 bis 1500 zu erfassen. Dieser Ansatz führte rasch zu neuen Einblicken in die Welt des Mittelalters, sodass sich die Vorstellungen von dieser Epoche grundlegend wandeln konnten. Neues zu wagen und im internationalen und interdisziplinären Diskurs umzusetzen, hob die Mediävistik auf ein neues Niveau, obwohl doch die berühmt-berüchtigten Daten und Fakten die gleichen geblieben sind.

Es gehört zu den stehenden Sätzen nahezu aller für dieses Buch verwendeten Arbeiten, im Vorwort festzustellen, dass gerade in den letzten Jahren überaus viel zum jeweiligen Thema erschienen ist. Meist erfolgt dies unter Verwendung des Begriffs *Konjunktur*, mitunter auch *turn*. Für dieses Buch stellte sich die gar nicht so leichte Aufgabe, einen Weg durch diese vielfältige Literatur zu weisen. Ich konnte mit diesem Ansinnen kaum alles in den letzten 30 bis 40 Jahren Geschriebene berücksichtigen und bitte um Verständnis, wenn sich jemand unberücksichtigt fühlt. Ältere Ansätze, insbesondere aus den 1970er Jahren, die noch unter anderen Aspekten entstanden sind, konnten nicht ausreichend einbezogen werden. Zugleich musste ein Endpunkt gesetzt werden, so sind Publikationen bis 2020 berücksichtigt. In diesem Sinne ist dieser Überblick eine Momentaufnahme, die in der Hoffnung angefertigt wurde, dass die fruchtbringende Entwicklung der letzten Jahrzehnte weiter geführt wird. Zudem war es mir wichtig, die Pluralität der Forschungsansätze zu respektieren. Die Mediävistik, wie sie sich heute darstellt, ist keineswegs aus einem Guss, mitunter widersprechen sich die Ansätze sogar! Über den aktuellen Zustand der mittelalterlichen Geschichtsforschung sollte ebenfalls kein falscher Eindruck entstehen: Selbstverständlich werden immer noch traditionelle Themen im Sinne einer Politik- bzw. Landesgeschichte betrieben – oft genug von denselben Personen. Und ich möchte außerdem betonen, dass gerade eine innovative mittelalterliche Geschichtswissenschaft ohne die entsprechenden fachlichen Grundlagen in Form von Latein und historischen Hilfswissenschaften nicht betrieben werden kann.

Dieses Buch ist selbstverständlich auch mit meiner eigenen Biographie verknüpft. Schon als Student in den 1990er Jahren kam ich intensiv mit Kulturgeschichte und historischer Anthropologie in Kontakt. Zu verdanken habe ich den Einstieg in die Thematik meinen späteren Doktorvätern Günther Hödl und Johannes Grabmayer. Diesen beiden Lehrern gilt daher mein besonderer Dank! Ebenfalls bedanken möchte ich mich bei Günther Bernhard, der mir immer wieder bereitwillig Zugang zu den Grazer Geschichte-Bibliotheken gewährt hat, insbesondere zu *seiner* hilfswissenschaftlichen Bibliothek.

In diesem Sinne möchte ich Sie einladen, mit mir einen Rundgang durch verschiedene neue Aspekte der Mediävistik zu unternehmen. Lassen Sie sich kurz an die Hand nehmen, damit Sie danach eigene Wege beschreiten können!

Christian Domenig
St. Gilgentag 2021

DETEGE IGNOTUM

1 Geschichtswissenschaft in Ost und West

Die Geschichtswissenschaft – und mit ihr die Mediävistik – hat im 20. Jahrhundert große Umbrüche erfahren. Als das Jahrhundert begann, stand noch der Historismus im Mittelpunkt. Er führte bereits im 19. Jahrhundert zu einer Professionalisierung und Institutionalisierung des Faches. Aus Geschichtsschreibung wurde Geschichtsforschung. Die Geschichtswissenschaft wurde zu einer Leitwissenschaft über den deutschen Sprachraum hinaus. Themen der mittelalterlichen Geschichte im Rahmen des Historismus waren vor allem Reich und Nation sowie Kirche und Staat. Dieser Blickwinkel spiegelt durchaus die Geschichte des 19. Jahrhunderts wider. Im Fokus der Forschung standen besonders Quellen, die nach historisch-kritischer Methode aufbereitet wurden. Diese Forschungstraditionen ließen sich überaus leicht in die nationalsozialistische Ideologie transferieren. Deutsche Historiker haben fast mühelos die Auffassungen des nationalsozialistischen Geschichtsbilds übernehmen können, »die *einen* mehr in völkischer oder gar rassistischer Richtung, die *anderen* mehr in der Erhebung reiner Machtpolitik zum höchsten Beurteilungsmaßstab und im Traum vom ›Reich der Deutschen‹, das über andere Völker zu herrschen berufen sei.«[1]

Nach den Zweiten Weltkrieg blieb es beim Festhalten am Konzept der »›Nation‹ als Movens historischer Prozesse, deren Gang durch die Geschichte nun zwar nicht mehr als Heldenepos, wohl aber als Tragödie weitererzählt werden konnte.«[2]

---

1 Karl Ferdinand Werner, Das NS-Geschichtsbild und die deutsche Geschichtswissenschaft. Stuttgart u. a. 1967, S. 96.

2 Klaus Große Kracht, Die zankende Zunft. Historische Kontroversen in Deutschland nach 1945. Göttingen ^{2}2011, S. 39.

War der Historismus die Geschichtswissenschaft der Moderne, so kann die Wirtschafts- und Sozialgeschichte als jene der Postmoderne verstanden werden. Bei diesen Forschungsansätzen ist es nicht einfach, den Übergang vom einen zum anderen genau zu definieren. In der deutschen Mediävistik ist das Jahr 1945 allerdings keinesfalls als Stunde Null zu sehen. Das kommt auch daher, dass das Mittelalter mehr als lange vor der Zeit des Nationalsozialismus als Tiefpunkt deutscher Geschichte liegt. »Bei der Suche nach Ursachen für die Katastrophe war das deutsche Mittelalter kaum gefragt.«[3] Die Entnazifizierung blieb im Westen oberflächlich, eine Rückkehr emigrierter Professoren fand kaum statt, durchgreifende Reformen der Universitäten wurden nicht vorgenommen.

Im kommunistischen Osten hingegen wurde die Geschichtswissenschaft ab den 1950er Jahren in den Dienst des politischen Systems gestellt. Rasch kam es zu einem Generationenwechsel, denn die alten Fachkräfte traten bald ab und eine mittlere Generation fehlte aufgrund des Krieges. Außerdem setzten sich viele Wissenschaftler in den Westen ab. Die nun nachrückenden jungen waren systemtreu.[4] Sie stellten sich in den Dienst Stalins, der schon 1928 zum Sturm auf die Festung Wissenschaft aufgerufen hatte: »Diese Festung müssen wir um jeden Preis nehmen. Diese Festung muß die Jugend nehmen, wenn sie der Erbauer eines neuen Lebens sein, wenn sie zu einem wirklichen Nachwuchs der alten Garde werden will.«[5] Verbunden mit einer massiven Aufstockung der Stellen entstanden geschichtswissenschaftliche Kader. Es zählte nicht die individuelle Forschungsleistung, sondern eine kontrollierte Mannschaftsbildung in Schwerpunktbereichen. Die Geschichtswissen-

3 Klaus Schreiner, Wissenschaft von der Geschichte des Mittelalters nach 1945. Kontinuitäten und Diskontinuitäten der Mittelalterforschung im geteilten Deutschland. In: Die sog. Geisteswissenschaften: Innenansichten. Hgg. Wolfgang Prinz, Peter Weingart. Frankfurt a. M. 1990, S. 75–104, hier S. 78.

4 Albrecht Timm, Das Fach Geschichte in Forschung und Lehre in der sowjetischen Besatzungszone seit 1945 (Bonner Berichte aus Mittel- und Ostdeutschland). Berlin [3]1961, S. 14.

5 Josef W. Stalin, Rede auf dem VIII. Kongreß des Leninschen Kommunistischen Jugendverbands der Sowjetunion, 16. Mai 1928. In: J. W. Stalin Werke 11. 1928–März 1929. Berlin 1954, S. 59–69, hier S. 68 f.

schaft wurde den Staats- und Parteiinteressen untergeordnet, sie galt offiziell als »eine scharfe ideologische Waffe bei der Erfüllung der vom IV. Parteitag der Sozialistischen Einheitspartei Deutschlands gestellten Aufgaben bei der Erziehung der Arbeiterklasse und aller Werktätigen im Geiste des Patriotismus und des proletarischen Internationalismus.«[6] Der Beschluss half wesentlich »mit, einer von der SED abhängigen und ihr bis zuletzt treu ergebenen Geschichtswissenschaft den Weg zu bereiten.«[7] Nun herrschte die Lehre des Historischen Materialismus mit festgelegten Gesetzmäßigkeiten und strikter Parteilichkeit. Keiner anderen Wissenschaft in der Deutschen Demokratischen Republik wurden derartige ideologische Vorgaben gemacht, nicht zuletzt von Walter Ulbricht persönlich. Unbedingt zu verifizieren waren die Aussagen von Karl Marx, Friedrich Engels, Lenin und anfangs Stalin.[8] Vorbilder aus der Geschichtswissenschaft waren keine vorhanden, deshalb »haben die jungen Mediävisten der SBZ/DDR die Lehren der ›Klassiker‹ selbst für ihre Forschungszwecke adaptiert.«[9] Während der Kontakt zum Westen zusehends abgebrochen wurde, entwickelte sich ein reger Austausch mit den sozialistischen Bruderstaaten.[10] Die Geschichtswissenschaft in der Sowjetunion galt gemeinhin als Vorbild.

Innerhalb des Faches Geschichte war das Mittelalter in der DDR von nachrangiger Bedeutung. Es wurde dabei zur Zeit des Feudalismus,[11]

---

6 Die Verbesserung der Forschung und Lehre in der Geschichtswissenschaft der Deutschen Demokratischen Republik. In: Dokumente der Sozialistischen Einheitspartei Deutschlands. Beschlüsse und Erklärungen des Zentralkomitees sowie seines Politbüros und seines Sekretariats. Bd. 5. Hg. Zentralkomitee der Sozialistischen Einheitspartei Deutschlands. Berlin 1956, S. 337–368, hier S. 337; auch in: Zeitschrift für Geschichtswissenschaft 3 (1955), S. 507–526.

7 Horst Haun, Der Geschichtsbeschluß der SED 1955. Programmdokument für die »volle Durchsetzung des Marxismus-Leninismus« in der DDR-Geschichtswissenschaft. Dresden 1996, S. 49.

8 Die Verbesserung der Forschung und Lehre, S. 355 bzw. 520.

9 Michael Borgolte, Eine Generation marxistischer Mittelalterforschung in Deutschland. Erbe und Tradition aus der Sicht eines Neu-Humboldtianers. In: Mittelalterforschung nach der Wende 1989. Hg. Michael Borgolte (Historische Zeitschrift Beihefte NF 20). München 1995, S. 3–26, hier S. 8.

10 Werner Conze, Die deutsche Geschichtswissenschaft seit 1945. Bedingungen und Ergebnisse. In: Historische Zeitschrift 225 (1977), S. 1–28.

11 Grundlagen des Marxismus-Leninismus. Lehrbuch. Berlin [6]1963, S. 151–154.

die teilweise bis in die Mitte des 17. Jahrhunderts ausgeweitet wurde, und stellte ein Experimentierfeld für die neue Geschichtsinterpretation dar.[12] Daneben waren Stadtgeschichtsforschung, Deutsche Ostexpansion und Geschichte der Westslawen sowie religiöse Bewegungen und Häresien Schwerpunkte der DDR-Mediävistik.[13] Staatssekretär Wilhelm Girnus brachte es bereits 1958 im Rahmen der 3. Hochschulkonferenz der SED unter dem Titel »Perspektiven der Germanistik« auf den Punkt: »In der Deutschen Demokratischen Republik hat das Mittelalter endgültig ausgespielt, und die Weltanschauung unseres Jahrhunderts ist der dialektische Materialismus.« Die seit der Romantik übliche Überbetonung des Mittelalters gleich in mehreren Fächern an Universitäten müsse ein Ende haben: »Die religiös-klerikale Gedanken- und Gefühlswelt des Mittelalters vollends gehören ins Museum wie Kettenpanzer und Lanze.«[14]

Die Entwicklung der Geschichtswissenschaft im Westen, wo man im Prinzip davon ausging, dass das Hochschulsystem im Wesentlichen gut aufgestellt sei und nach dem Vorbild der Humboldt'schen Universitätsidee auch wiederhergestellt werden sollte,[15] wurde befördert von einem massiven Ausbau der Universitätslandschaft in den 1960er und 70er Jahren. In keinem Zeitabschnitt zuvor stieg die Zahl der Universitäten so stark an. Diese Erweiterung hatte ihren Hintergrund zum einen Teil in einer heftig geführten bildungspolitischen Diskussion, die Bildung als wirtschaftlichen Standortfaktor begriff und rasch von der Politik absorbiert wurde, und zum anderen Teil mit der größeren Nachfrage nach Studienplätzen der geburtenstarken Nachkriegsgeneration. Dem wurde aber weniger durch Einrichtung klassischer Universitäten Rechnung getragen, sondern durch Regional- und Spezialhochschulen, die sich auf

12 Timm, Das Fach Geschichte, S. 35.

13 Peter Segl, Mittelalterforschung in der Geschichtswissenschaft der DDR. In: Geschichtswissenschaft in der DDR. Bd. II: Vor- und Frühgeschichte bis Neueste Geschichte. Hgg. Alexander Fischer, Günther Heydemann (Schriftenreihe der Gesellschaft für Deutschlandforschung 25/2). Berlin 1990, S. 99–148, hier S. 100.

14 Wilhelm Girnus, Perspektiven der Germanistik. In: Neues Deutschland, 18.1.1958, S. 4.

15 Barbara M. Kehm, Hochschulen in Deutschland. Entwicklung, Probleme und Perspektiven. In: Aus Politik und Zeitgeschichte 25/2004, S. 6–17, hier S. 7.

Schwerpunkte konzentrierten. Das kam vielen lokalen politischen und wirtschaftlichen Interessen entgegen, zumal in der Bundesrepublik Deutschland die Universitäten unter die Kulturhoheit der Bundesländer fallen. Die volle personelle Einrichtung dieser Reformuniversitäten zog sich oft über Jahre hin, nicht alle Fächer waren vertreten, die Zusammensetzung der Fakultäten war mitunter experimentell. So ergab sich der Zwang, kreativ zu kooperieren und interdisziplinär zu arbeiten. Gerade diese neuen Hochschulen wurden zu Innovationszentren in Forschung und Lehre, während sich die alten Universitäten ihrer Tradition verpflichtet fühlten.

Gab es nach dem Zweiten Weltkrieg in der BRD 16 Universitäten und in der DDR sechs, so waren es kurz vor der Wende 1989 in der BRD 244 Hochschulen und 54 in der DDR. Nach der Wiedervereinigung erfolgte ein Konzentrationsprozess. In Österreich vermehrte sich die Zahl von drei Universitäten bis Anfang der 1990er Jahre auf zwölf. Danach kamen ab 1994 noch Fachhochschulen und seit 2007 neun Pädagogische Hochschulen hinzu. Nur in der Schweiz blieb die Anzahl der kantonalen Universitäten fast gleich.

Inhaltlich geschah im Gesamtfach nach dem Zweiten Weltkrieg mit der Hinwendung zur Zeitgeschichte eine Aufarbeitung des Nationalsozialismus und seiner Vorgeschichte. Bedeutend im Kalten Krieg war der Ausbau des Faches osteuropäische Geschichte. Damit einher ging eine Abkehr von der nationalen und europäischen Geschichtssicht. Allerdings gehörte der Osten schon zu den favorisierten Forschungsthemen des Dritten Reiches. Das Aufkommen der Strukturgeschichte förderte die Abspaltung der Wirtschafts- und Sozialgeschichte vom klassischen Fach. Gerade an den neu eingerichteten Universitäten konnten diese Felder prosperieren. »Der deutlichste Wandel spiegelt sich in den unsicher und vorsichtig gewordenen Einstellungen gegenüber der Nation und damit der Nationalgeschichte wie auch in der Haltung gegenüber der Bonner Republik und der Demokratie wider.«[16] Hier wird die größte Veränderung zur Zwischenkriegszeit deutlich: »Tatsächlich ist unbestreitbar, daß die deutschen Historiker nach 1945 die demokratische

16 Hans-Werner Goetz, Moderne Mediävistik. Stand und Perspektiven der Mittelalterforschung. Darmstadt 1999, S. 81.

Neuordnung in jener Geschlossenheit begrüßt haben, in der sie sie nach 1918/19 angegriffen haben.«[17]

Im Bereich der mittelalterlichen Geschichte änderte sich an der historistischen Ausrichtung bis zum Beginn der 1960er Jahre noch nichts Wesentliches. Das hängt mit einem Grundprinzip seit dem 19. Jahrhundert zusammen, das nun vollends zum Tragen kam.

> »Die traditionelle deutsche Auffassung von Geschichtswissenschaft, die üblicherweise mit dem Begriff Historismus umschrieben wird, hat sich unter den deutschen Historikern nicht oder zumindest nicht kraft ihrer überlegenen wissenschaftlichen Qualität und schon gar nicht aufgrund ihrer angeblichen politischen Funktion durchgesetzt, sondern vornehmlich deshalb, weil ihre Begründer es verstanden, eine treue Gefolgschaft heranzuziehen und fortlaufend mit den wichtigsten Positionen des Faches zu betrauen, so daß Außenseiter von vornherein ausgeschlossen wurden oder isoliert blieben.«[18]

Die Rolle der Mediävistik im Nationalsozialismus ist auch deshalb bis heute nicht ausreichend reflektiert. Es gab eine starke personelle Kontinuität, die meist mit fachlicher Kompetenz begründet wurde. Auffallend an den verschiedenen Nachkriegsbiographien ist aber, dass die Netzwerke aus der Zeit des Nationalsozialismus weiter einwandfrei funktioniert zu haben scheinen.

Oft wird zur Erklärung des Zustands ein Generationenkonzept der um 1900 Geborenen bemüht. Dabei geht es um die Erinnerungsgemeinschaft der Weltkriegsteilnehmer und der Kriegsjugendgeneration, die direkt oder indirekt ein Fronterlebnis hatten.[19] Schon in der Zwischenkriegszeit lehnten viele Mediävisten die Republik ab und blieben Monarchisten, unter denen der Deutschnationalismus weit verbreitet war. So begrüßten viele bedeutende österreichische Historiker den ›Anschluss‹ von 1938 als Erfüllung des deutschen Nationalstaates. Insgesamt

17 Winfried Schulze, Deutsche Geschichtswissenschaft nach 1945 (Historische Zeitschrift Beihefte NF 10). München 1989, S. 20.

18 Wolfgang Weber, Priester der Klio. Historisch-sozialwissenschaftliche Studien zur Herkunft und Karriere deutscher Historiker und zur Geschichte der Geschichtswissenschaft 1800–1970 (Europäische Hochschulschriften 3/216). Frankfurt a. M. u. a. [2]1987, S. 355.

19 Anne Chr. Nagel, Im Schatten des Dritten Reichs. Mittelalterforschung in der Bundesrepublik Deutschland 1945–1970. Göttingen 2005, S. 14.

blieben selbst später führende Mediävisten dem Nationalsozialismus bis zum Schluss treu ergeben, einige wurden im Rahmen der Aktion *Sonderelbe Wissenschaft* ab 1943 sogar vom Wehrdienst befreit.[20] Bei dieser Aktion ging es um die Erhaltung des geisteswissenschaftlichen Nachwuchses für die ungewisse Zeit nach dem Krieg, denn für Vertreter der weniger kriegswichtigen Fächer war es ansonsten schwer, unabkömmlich gestellt zu werden.[21] Insgesamt acht Professoren aus der Alten, Mittleren und Neuen Geschichte wurde dieses Privileg zuteil.[22] Viele prägten den Wissenschaftsbetrieb noch lange mit, bis sie am Ende der 1960er Jahre heftig kritisiert wurden.[23]

Ein wesentlicher Einschnitt erfolgte erst im Zuge der Studentenbewegung von 1968, als an den Universitäten die Ordinarienstruktur, mangelnde Demokratie und fehlende Selbstreflexion kritisiert wurden. Die marxistische Ideologiekritik wurde im Westen als universitärer »Seminar-Marxismus«[24] beliebt, der Imperativ der Emanzipation führte zur Aufgabe traditioneller Bezugspunkte und zur Etablierung eines bis dahin nicht bekannten Pluralismus. Nun wurde der traditionellen Geschichtswissenschaft zusehends eine Historische Sozialwissenschaft entgegen gesetzt.

Die Historische Sozialwissenschaft wurde in Deutschland auch als *Bielefelder Schule* bekannt, denn an dieser 1969 gegründeten Universität wirkten die Hauptprotagonisten Hans-Ulrich Wehler und Jürgen Kocka. Die von ihnen propagierte Gesellschaftsgeschichte lehnte sich stark

20 Hans-Henning Kortüm, »Gut durch die Zeiten gekommen.« Otto Brunner und der Nationalsozialismus. In: Vierteljahrshefte für Zeitgeschichte 66 (2018), S. 117–160, hier S. 140.

21 Jens Thiel, Nutzen und Grenzen des Generationenbegriffs für die Wissenschaftsgeschichte. Das Beispiel der »unabkömmlichen« Geisteswissenschaftler am Ende des Dritten Reiches. In: Verräumlichung – Vergleich – Generationalität. Dimensionen der Wissenschaftsgeschichte. Hgg. Matthias Middell u. a. Leipzig 2004, S. 111–132, hier S. 122.

22 Hans-Henning Kortüm, Otto Brunner über Otto den Großen. Aus den letzten Tagen der reichsdeutschen Mediävistik. In: Historische Zeitschrift 299 (2014), S. 297–333, hier S. 301.

23 Thiel, Nutzen und Grenzen des Generationenbegriffs, S. 131.

24 Lutz Raphael, Geschichtswissenschaft im Zeitalter der Extreme. Theorien, Methoden, Tendenzen von 1900 bis zur Gegenwart. München 2003, S. 221.

an Theorie und Methoden der Soziologie, Ökonomie und Psychoanalyse an. Ausgangspunkt der Überlegungen war, dass »die herkömmliche Bestimmung der Geschichte als Geisteswissenschaft in engster Anlehnung an die Philologie nicht mehr genügt.«[25] Mit der Verwendung sozialwissenschaftlicher Analysemethoden war es nun möglich, Strukturen und Prozesse zu erforschen. Zum Erzählen eines historischen Ereignisses tritt das Erklären hinzu.

> »Die der Sozialgeschichte eigene Darstellungsweise ist in der Regel nicht die Erzählung, sondern das explizite Problematisieren eines Themas, die begründende Darlegung der gewählten Ansätze und Methoden, das Insistieren auf den einzelnen Schritten der Analyse und Verifikation und die dem Anspruch nach selbstkritische Präsentation der Ergebnisse, die auf die Problematik des Ansatzes zurückverweist.«[26]

Die deutsche Historische Sozialwissenschaft ist nicht mit der französischen Schule der *Annales* oder der amerikanischen *New Social History* gleichzusetzen:

> »In der Tradition der deutschen Geistes- und Sozialwissenschaften definiert sie eine Gesellschaft viel stärker anhand ihrer Werte und Lebensanschauungen, dementsprechend muss eine Gesellschaftswissenschaft, wie sie sie versteht, hermeneutische mit analytischen Verfahrensweisen verbinden.«[27]

Eine neue Generation wollte, durchaus beeinflusst von der *Frankfurter Schule*, engagiert – aber nicht politisch instrumentalisiert – im Sinne einer politisch-gesellschaftlichen Pädagogik emanzipatorisch tätig sein. Allerdings fehlte diesem Ansatz die breite Öffentlichkeit, zusätzlich wurde in einigen deutschen Bundesländern das Unterrichtsfach Geschichte gekürzt. Die Wende hin zur Historischen Sozialwissenschaft brachte eine umfangreiche Theorie- und Methodenreflexion mit sich,[28] sogar Fragen

---

25 Hans-Ulrich Wehler, Geschichte als Historische Sozialwissenschaft. Frankfurt a. M. 1973, S. 7.

26 Christian Simon, Historiographie. Eine Einführung. Stuttgart 1996, S. 227.

27 Georg G. Iggers, Geschichtswissenschaft im 20. Jahrhundert. Ein kritischer Überblick im internationalen Zusammenhang. Göttingen Neuausgabe 2007, S. 70.

28 Günther Heydemann, Geschichtswissenschaft im geteilten Deutschland. Entwicklungsgeschichte, Organisationsstruktur, Funktionen, Theorie- und Methodenprobleme in der Bundesrepublik Deutschland und in der DDR (Erlanger Historische Studien 6). Frankfurt a. M.-Bern-Cirencester 1980, S. 27 f.

der elektronischen Datenverarbeitung in der Geschichtswissenschaft wurden bereits behandelt.[29] Aus Krise und Herausforderung entstand ein neuer Aufbruch – zumindest für die Geschichte des 19. und 20. Jahrhunderts, der die Historische Sozialforschung sich besonders zugewandt zeigte. Ihre Blütezeit lag vor allem in den 1970er und 1980er Jahren.

Kritik an der Historischen Sozialwissenschaft ließ nicht lange auf sich warten. Immerhin blieb der Großteil des Faches Geschichte den alten Traditionen verhaftet, sogar die Wirtschafts- und Sozialgeschichte verharrte in alten Methoden und Ansätzen und beschäftigte sich weiterhin mit der Verfassung von Ökonomie und Gesellschaft. Neben der konservativen Kritik, die den marxistischen Hintergrund anprangerte, verfiel ein Grundparadigma der Moderne, das seit der Aufklärung die Geschichtserzählung dominiert hatte und auf dem vor allem die Historische Sozialwissenschaft aufbaute: Der Fortschritt, der mithilfe von Aufklärung und Humanität zur Freiheit, zur Emanzipation führen sollte, wurde zusehends hinterfragt und immer öfter sogar negiert. Mit den technischen und ökonomischen Entwicklungen sei ein Zeitalter der Gewissenlosigkeit angebrochen. »Die radikale Gegenwärtigkeit determiniert historische Forschungsprozesse.«[30] Nunmehr wurde ins Treffen geführt, dass alles Menschliche nach bewussten und unbewussten Machtinteressen konstruiert sei – auch die Geschichte. Damit geriet zugleich jede Wahrheit und Objektivität ins Wanken, allgemeine Welterklärungsmodelle ließen sich nicht mehr aufstellen. Nur noch eine Hinwendung zum Subjektiven, Individuellen und Kleinräumigen sei möglich. Der Zusammenbruch der kommunistischen Regime 1989 trug sein Übriges zum Ende des Fortschrittsdenkens bei. Zwar schien das generelle Streben der Menschen nach Freiheit vorerst bestätigt, aber offensichtlich war die marxistische Lehre vom Ablauf und Funktionieren der Weltgeschichte falsch. Nicht zuletzt konnte der Untergang des Kommunismus nicht prognostiziert werden: »Der Zusammenbruch des realen

---

29 Carl August Lückerath, Prolegomena zur elektronischen Datenverarbeitung im Bereich der Geschichtswissenschaft. In: Historische Zeitschrift 207 (1968), S. 265–296.

30 Lothar Kolmer, Geschichtstheorien. Paderborn 2008, S. 84.

Sozialismus wurde methodisch zu einem ›schwarzen Freitag‹ der Sozialwissenschaften.«[31]

Zusammengefasst kann für die Ära des Kalten Krieges weniger von einem Abbrechen von Ansätzen als viel mehr von Ergänzungen und Neuerungen geredet werden. Die personelle Kontinuität verhinderte anfangs eine kritische Reflexion über die Zeit des ›tausendjährigen Reiches‹. Ein Einfluss der nationalsozialistischen Ideologie auf die mittelalterliche Geschichtsforschung wurde kleingeredet bzw. als notwendiges Beiwerk entschuldigt. Erst seit der Jahrtausendwende, als der Generationenabstand groß genug war, setzte diesbezüglich ein kritischerer Umgang ein. Besonders zu bedenken ist, dass es nicht allein um eine nationalsozialistische Terminologie und Ideologie geht, sondern vor allem um die aufgegriffenen Forschungsthemen und die produzierten Forschungsergebnisse. Diese entsprachen durchaus dem Konzept von Blut und Boden, Volk und Führer. Als Aufbruch können hingegen die Universitätsgründungen in den 1960er und 70er Jahren gewertet werden. Diese bewusst nicht als Volluniversitäten eingerichteten Institutionen erwiesen sich durch ihren unkonventionellen Fächerkanon – obwohl anfangs belächelt – als Hort der Innovation. Interdisziplinarität und Internationalität fanden hier einen flexiblen Rahmen, der an den alten Universitäten nicht realisierbar war.

Leseempfehlungen

Hans-Ulrich Wehler, Geschichte als Historische Sozialwissenschaft. Frankfurt a. M. 1973.

Werner Conze, Die deutsche Geschichtswissenschaft seit 1945. Bedingungen und Ergebnisse. In: Historische Zeitschrift 225 (1977), S. 1–28.

Günther Heydemann, Geschichtswissenschaft im geteilten Deutschland. Entwicklungsgeschichte, Organisationsstruktur, Funktionen, Theorie- und Methoden-

31 Klaus von Beyme, Die vergleichende Politikwissenschaft und der Paradigmenwechsel in der politischen Theorie. In: Politische Vierteljahresschrift 31 (1990), S. 457–474, hier S. 472.

probleme in der Bundesrepublik Deutschland und in der DDR (Erlanger Historische Studien 6). Frankfurt a. M.-Bern-Ciencester 1980.

Winfried Schulze, Deutsche Geschichtswissenschaft nach 1945 (Historische Zeitschrift Beihefte NF 10). München 1989.

Peter Segl, Mittelalterforschung in der Geschichtswissenschaft der DDR. In: Geschichtswissenschaft in der DDR. Bd. 2: Vor- und Frühgeschichte bis Neueste Geschichte. Hgg. Alexander Fischer, Günther Heydemann (Schriftenreihe der Gesellschaft für Deutschlandforschung 25/2). Berlin 1990, S. 99–148.

Georg G. Iggers, Geschichtswissenschaft im 20. Jahrhundert. Ein kritischer Überblick im internationalen Zusammenhang. Göttingen 1993.

Christian Simon, Historiographie. Eine Einführung. Stuttgart 1996.

Hans-Werner Goetz, Moderne Mediävistik. Stand und Perspektiven der Mittelalterforschung. Darmstadt 1999.

Lutz Raphael, Geschichtswissenschaft im Zeitalter der Extreme. Theorien, Methoden, Tendenzen von 1900 bis zur Gegenwart. München 2003.

Anne Chr. Nagel, Im Schatten des Dritten Reichs. Mittelalterforschung in der Bundesrepublik Deutschland 1945–1970. Göttingen 2005.

Lothar Kolmer, Geschichtstheorien. Paderborn 2008.

2 Modernisierung und Aktualität

Seit den 1960er Jahren ist es üblich geworden, Paradigmenwechsel in den Geisteswissenschaften als *turn* (»Wende«) zu bezeichnen. Einige – wie der *linguistic turn* – waren überaus erfolgreich. Bei anderen *turns* konnte der Anspruch auf eine Wende nicht eingelöst werden. Der Begriff wurde ab den 1990er Jahren überstrapaziert und wirkt heute mitunter antiquiert. Der *linguistic turn* wurde geradezu zu einem Inbegriff für die postmoderne Wissenschaft. Als Grundparadigma »ist alle menschliche Erkenntnis durch Sprache strukturiert; Wirklichkeit jenseits von Sprache ist nicht existent oder zumindest unerreichbar.«[1]

Der *linguistic turn* in den Geschichtswissenschaften geht von einer prinzipiell einfachen Fragestellung aus, die Roland Barthes 1968 auf den Punkt brachte:

> »Unterscheidet sich die Schilderung vergangenen Geschehens, die in unserer Kultur seit den Griechen gemeinhin der Billigung durch die ›Geschichtswissenschaft‹ unterworfen ist, unterscheidet sich also diese Schilderung durch irgendeinen spezifischen Zug, durch irgendeine unbezweifelbare Relevanz von der imaginären Erzählung, wie man sie im Epos, im Roman oder im Drama antreffen kann?«[2]

Damit wird der historische Diskurs in den Mittelpunkt gerückt. Das aus dem Lateinischen kommende Wort Diskurs ist ein zentraler Punkt im *linguistic turn*. Der in der Literaturtheorie schon lange vorher gebrauchte Begriff wird – aufgeladen mit den Theorien von Jürgen Habermas

1 Klaus Stierstorfer, Linguistic turn. In: Grundbegriffe der Literaturtheorie. Hg. Ansgar Nünning. Stuttgart-Weimar 2004, S. 147 f., hier S. 147.

2 Roland Barthes, Der Diskurs der Geschichte. In: Roland Barthes, Das Rauschen der Sprache (Kritische Essays IV). Frankfurt a. M. 2005, S. 149–163, hier S. 149.

und Michel Foucault – in den Kontext von aufgezwungener Macht und konstruierter Wirklichkeit gesetzt. Der Mensch bewege sich in sprachlichen Strukturen, die über ihn bestimmen. Darüber sollte nun diskutiert werden. Es hat eine gewisse Ironie, dass Sprache als Machtinstrument besonders seit dem *linguistic turn* eingesetzt wird.

Die Frage, ob Geschichtsschreibung Literatur sei, ist allerdings schon alt. Das Literaturschaffen lebt seit jeher von der Vermischung von Fakten und Fiktion. Der seit dem ersten nachchristlichen Jahrhundert überaus geschätzte Rhetoriklehrer Marcus Fabius Quintilianus setzt die Geschichte in seinem Lehrbuch zur Redekunst zwar in die Nähe der Dichtkunst, allerdings habe die Geschichte die Aufgabe, für die Erinnerung zu erzählen und nicht zur Beweisführung vor Gericht beizutragen.[3] Quintilian lebte in einer Zeit, als die Rhetorik stark in Verruf gekommen war, und stellte dem Niedergang ein idealisiertes Bildungskonzept entgegen.[4] Auf ihn greift Leopold von Ranke bewusst zurück, wenn er definiert: »Die Historie unterscheidet sich dadurch von anderen Wissenschaften, daß sie zugleich Kunst ist.«[5] Diese liege darin, das in der Forschung Erkannte gestaltend darzustellen.

Mit Johann Martin Chladenius zog bereits im 18. Jahrhundert die Frage des Standpunktes in historischen Berichten in den Diskurs ein: »Das, was in der Welt geschiehet, wird von verschiedenen Leuten auch auf verschiedene Art angesehen.«[6] Er führte deshalb den Begriff *Sehepunkt*, der aus der Optik kommt, ein. Karl Popper, der sich in seinen Werken generell mit Wissenschaftstheorie auseinandersetzte, fasst zusammen:

> »Es kann keine Geschichte der Vergangenheit geben, wie sie tatsächlich gewesen ist. Es kann nur historische Interpretationen geben, und von diesen ist keine endgültig; und jede Generation hat das Recht, sich ihre eigene Interpretation zu bilden.«[7]

---

3 Marcus Fabius Quintilianus, Institutio oratoria X, 1,31.

4 Gert Ueding, Klassische Rhetorik. München ^{4}2005, S. 48 f.

5 Leopold von Ranke, Vorlesungseinleitungen (Aus Werk und Nachlaß 4). München-Wien 1975, S. 72.

6 Johann Martin Chladenius, Einleitung zur richtigen Auslegung vernünfftiger Reden und Schrifften. Leipzig 1742, § 308, S. 185.

7 Karl Popper, Die offene Gesellschaft und ihre Feinde. Bd. II: Falsche Propheten. Hegel, Marx und die Folgen. Tübingen ^{7}1992, S. 315.

Genau in dieser alten Frage setzte um 1980 im deutschen Sprachraum die Kritik an der Geschichtswissenschaft im Sinne des *linguistic turn* an. Bald wurde der Vorwurf in den Raum gestellt, dass sich Historiker ein Mal auf Kunst, das andere Mal auf Wissenschaft berufen, um so Kritik abzuschmettern. Hayden White, dessen Werke für viel Diskussion in der Geschichtswissenschaft sorgten, sprach in diesem Zusammenhang sogar von der »Unredlichkeit des Historikers.« Diese sei auch darin begründet, dass es sich bei Geschichte um »vielleicht *die* konservative Disziplin par excellence« handle. Historiker pflegen »eine Art bewußter methodischer Naivität«, die »zu einem Widerstand der gesamten Zunft gegen fast jede Art von kritischer Selbstanalyse geführt hat.«[8]

Historisches Darstellen baut laut Hayden White zuerst auf die Anordnung der Ereignisse in Form einer Chronik auf, die im Sinne eines Schauspiels zu einer Fabel mit Anfang, Mitte und Schluss umgestaltet wird.[9] In weiterer Folge ergeben sich wie in der Literatur vier Grundformen der Darstellung: Romanze, Tragödie, Komödie und Satire.[10] Dabei sind wiederum vier Schlussfolgerungen möglich, die formativistische, organizistische, mechanische und kontextualistische Erklärung der Ereignisse.[11] Abschließend wird alles noch mit ideologischen Dimensionen aufgeladen, sie sind die »standortabhängigen Annahmen des Historikers über das Wesen historischer Erkenntnis und die Schlüsse, die sich aus der Analyse vergangener Ereignisse für das Verständnis gegenwärtiger ziehen lassen.«[12] Dafür kommen nochmals vier Grundpositionen in Frage: Anarchismus, Konservativismus, Radikalismus und Liberalismus.[13]

Hayden White wählt für seine Ausführungen die literarische Form des Essays und entzieht sie so einer wissenschaftlichen Überprüfbarkeit. Es fällt auf, dass die Diskussion von beiden Seiten mit starker Polemik

---

8 Hayden White, Auch Klio dichtet oder Die Fiktion des Faktischen. Studien zur Tropologie des historischen Diskurses (Sprache und Geschichte 10). Stuttgart 1986, S. 37.

9 Hayden White, Metahistory. Die historische Einbildungskraft im 19. Jahrhundert in Europa. Frankfurt a. M. 1991, S. 19.

10 Ebd., S. 22.

11 Ebd., S. 29.

12 Ebd., S. 38.

13 Ebd., S. 39.

und überzeichneten Vergleichen geführt wird. Oft genug wird aneinander vorbei kommuniziert. Viel Geschriebenes ist einer akademischen Diskussion unwürdig – *si tacuisses!*

Der Ansatz, Geschichte als Literaturgattung zu verstehen, führte gerade anfangs zu heftigem Widerspruch. Im Prinzip benötigen alle Wissenschaften Sprache, um sich mitzuteilen. »Die Historiker und Historikerinnen verstehen sich als Wissenschaftler und nicht als Literaten und ihr Tun als Wissenschaft und nicht als Kunst,«[14] gab Jörn Rüsen zu bedenken. Gerade er ist ein Beispiel dafür, was die Debatte schlussendlich auslöste. Da die Wissenschaftlichkeit der Geschichtsforschung auch schon durch die Diskussion um die Historische Sozialforschung in Zweifel kam, wurde der Theorie der Geschichtswissenschaft mehr Aufmerksamkeit gewidmet. Jörn Rüsen veröffentlichte dazu in den 1980er Jahren in mehreren Bänden seine Grundzüge einer Historik.[15] Im Jahr 2013 folgte eine Neubearbeitung, »denn die Kontexte der achtziger Jahre und diejenigen der Gegenwart, in denen geschichtstheoretische Überlegungen zeitabhängig erfolgen, unterscheiden sich erheblich.«[16] In diesen Werken werden nicht mehr nur die klassischen Methoden, die sich zum Beispiel mit Quellenkritik beschäftigen, sondern vor allem der persönliche Zugang und die Aufbereitung und Vermittlung von Geschichte reflektiert. Diese umfassende Theorie der Geschichte fand in die universitäre Lehre Eingang und prägte so eine neue Generation mit. Sabine Todt gibt zu bedenken, der *linguistic turn* sei »eine wichtige Anregung, die für die historische Arbeit so bedeutsamen Begriffe wie Verstehen, Erklären und Sinn anders als bisher zu betrachten und zu funktionalisieren.«[17] Schlussendlich wird die Rolle der Fachleute neu gesehen:

---

14 Jörn Rüsen, Rhetorik und Ästhetik der Geschichtsschreibung: Leopold von Ranke. In: Geschichte als Literatur. Formen und Grenzen der Repräsentation von Vergangenheit. Hgg. Hartmut Eggert u. a. Stuttgart 1990, S. 1–11, hier S. 1.

15 Jörn Rüsen, Historische Vernunft. Grundzüge einer Historik I: Die Grundlagen der Geschichtswissenschaft. Göttingen 1983. Jörn Rüsen, Rekonstruktion der Vergangenheit. Grundzüge einer Historik II: Die Prinzipien der historischen Forschung. Göttingen 1986. Jörn Rüsen, Lebendige Geschichte. Grundzüge einer Historik III: Formen und Funktionen des historischen Wissens. Göttingen 1989.

16 Jörn Rüsen, Historik. Theorie der Geschichtswissenschaft. Köln u. a. 2013, S. 14.

17 Sabine Todt, Linguistic turn. In: Geschichte. Ein Grundkurs. Hg. Hans-Jürgen Goertz. Reinbeck bei Hamburg [3]2007, S. 178–198, hier S. 195.

> »Geschichte ist das, was die Historiker sagen, und nicht das, wovon sie reden. Geschichte ist die Erklärung, nicht das zu Erklärende. Historiker sprechen nicht über Geschichte und erzählen sie nicht nach; sie *machen* Geschichte; *sie* machen Geschichte.«[18]

Umgekehrt gab es eine Rückwirkung auf die Sprachwissenschaft: »Der linguistic turn der Geschichte erinnert also die Linguistik an die historische Dimension der Sprache und generiert damit Beiträge zu einem wünschenswerten *historical turn* in der Linguistik.«[19] Damit wurde nun die Historizität der Sprache wieder bewusst. Diesbezüglich ist der *linguistic turn* ebenfalls historisch einzuordnen: Ein Zeitalter der Massenkommunikation, wie es das 20. Jahrhundert mit allen Höhen und Tiefen war, brachte notwendigerweise eine stärkere Beschäftigung mit Sprache mit sich.

Der *linguistic turn* wirkte aber auch in eine andere Richtung. Sprache wurde zu einem wichtigen Element des Machtdiskurses, sie schafft erst Realitäten. »Wirklichkeit ist *nie an sich* erfahrbar, sondern *immer nur für uns*.«[20] Erst die Diskurse, die in kulturellen Kontexten ablaufen und Auseinandersetzungen dokumentieren, schaffen Realität und damit Macht. Allerdings, so das Argument, verlaufe damit das gesamte Denken in sprachlicher Form, es gibt schlussendlich nur noch Texte. Ernst Hanisch fasst zusammen: »Jede Differenz zwischen Text und Kontext ist sinnlos; es gibt keine Realität außerhalb des Textes. Der Text schluckt den Kontext. Text antwortet auf Text in einer endlosen Spirale.«[21] Allerdings findet er durchaus positive Aspekte der Diskussion: Texte müssten genauer gelesen werden, es setze ein Nachdenken über Funktion und Grenzen von Sprache ein und schließlich gäbe es damit Möglichkeiten

---

18 Norbert Furrer, Geschichtsmethode. Eine Einführung für Humanhistoriker. Zürich ²2014, S. 17.

19 Jürgen Trabant, Zur Einführung: Vom linguistic turn der Geschichte zum historical turn der Linguistik. In: Sprache der Geschichte. Hg. Jürgen Trabant (Schriften des Historischen Kollegs. Kolloquien 62). München 2005, S. VII–XXII, hier S. XIV.

20 Achim Landwehr, Historische Diskursanalyse (Historische Einführungen 4). Frankfurt a. M.-New York 2008, S. 91.

21 Ernst Hanisch, Die linguistische Wende. Geschichtswissenschaft und Literatur. In: Kulturgeschichte heute. Hgg. Wolfgang Hardtwig, Hans-Ulrich Wehler (Geschichte und Gesellschaft Sonderheft 16). Göttingen 1996, S. 217.

neuer Darstellungen der Geschichte.[22] Ein großes Potenzial eines linguistischen Ansatzes liegt zweifellos in einer weiteren Dimension der Quellenanalyse. So stehen gerade mittelalterliche Chroniken in einem bewussten – auch sprachlichen – Kontext mit Vorgängerwerken.

Wenig Aufsehen erregte hingegen das Ausklingen des *linguistic turn*, zumal dieser gerade in der Geschichtswissenschaft einen schweren Stand hatte. Gabrielle M. Spiegel konstatierte 2005 ein wachsendes Gefühl der Unzufriedenheit gegenüber dem *linguistic turn*, vor allem verursacht durch die starke Betonung der Sprache gegenüber allen Bereichen menschlichen Handelns. Die semiotische Herausforderung sei ausgesprochen und aufgenommen worden, unterliege aktuell aber einem Wandlungsprozess – allerdings nur bei jenen, die die Prämisse der linguistischen Konstruktion der Welt weiterhin akzeptieren.[23] Die Etablierung neuer Blickwinkel führte aber »tendenziell weg von der Sprach- und Textlastigkeit der Kulturanalyse, weg von der Vorherrschaft der Repräsentation, der bloßen Selbstreferenzialität und der ›Grammatik‹ des Verhaltens.«[24] Es öffnen sich neue Horizonte, eine Vielzahl von Kulturgeschichten ist möglich, die auch die textbasierte Ebene verlassen und auf Visualität, Körperlichkeit und Materialität eingehen können.

Der ab den 1970er Jahren forcierte *cultural turn* beansprucht für sich, ebenfalls eine große Wende in den Geisteswissenschaften zu sein. Neben der Sprache wird die Kultur allgemein als etwas identifiziert, das den einzelnen Menschen grundlegend prägt. Die Betrachtung individueller Lebensschicksale im kulturellen Kontext löste die Konstruktion abstrakter Strukturanalysen ab, damit verlor die lange vorherrschende nationalstaatliche Politik- und Verfassungsgeschichte endgültig an Bedeutung. Die Neue Kulturgeschichte wollte an die ältere Kulturgeschichte seit der Aufklärung nicht anknüpfen. Letztere stand anfangs im Nahbereich der Universalgeschichte, später mehr der speziellen

---

22 Ebd., S. 218.

23 Gabrielle M. Spiegel. Introduction. In: Practicing History. New Directions in Historical Writing after the Linguistic Turn. New York 2005, S. 1–32, hier S. 3.

24 Doris Bachmann-Medick, Cultural Turns. Neuorientierungen in den Kulturwissenschaften. Reinbeck bei Hamburg ^{2}2007, S. 8.

Sittengeschichte.[25] Zweck dieser populären Sachbücher war eher Belehrung und Unterhaltung als die Vermittlung von Wissenschaft. Diese traditionelle deutsche Kulturgeschichte wurde mitunter als ein wirres Kuriositätenkabinett verstanden. Nur zwei Bücher dieser frühen Phase wurden in den akademischen Kanon aufgenommen und erleben bis heute regelmäßige Neuauflagen: Jacob Burckhardts *Kultur der Renaissance in Italien*[26] und Johan Huizingas *Herbst des Mittelalters*.[27]

Bei der Neuen Kulturgeschichte im Sinne einer Alltagsgeschichte steht nun die Mikrohistorie im Vordergrund. Ziel ist es, eine *Geschichte von unten* zu schreiben, eine Geschichte der einfachen Menschen, eine Geschichte von Mann und Frau, eine Geschichte von Randgruppen und unteren Klassen. Enge und Tiefe dieser kulturellen Rahmenbedingungen sollten erforscht werden. Dabei wird der Begriff Kultur überaus weit gefasst und nicht mehr nur als Hochkultur der Eliten verstanden. Eine einheitliche Kultur ist in diesem Konzept ebenfalls unmöglich, vielmehr geht es um die Gleichwertigkeit von verschiedenen Kulturen.

Ein wesentlicher Zweig ist die Darstellung kultureller Unterdrückung. So wird diese neue Kulturgeschichte vor allem in jenen Ländern, die Ziele der europäischen Expansion der Neuzeit waren, besonders intensiv betrieben. Damit erfüllt sie eine emanzipatorische Funktion, denn die Unterdrückungsmechanismen durch Kultur sollen ausfindig gemacht und beseitigt werden.

> »Bei aller Nähe dieser Ideen zum Marxismus blieb vom marxistischen Gedankengut nicht sein Anspruch auf eine Erklärung der Gesellschaft und der Geschichte erhalten, sondern vielmehr seine Kritik an der Rolle des Kapitalismus als inländische wie international wirksame Kraft zur Aufrechterhaltung und Ausweitung sozialer Ungerechtigkeit in Teilen der Welt, die gerade erst der Kontrolle der Kolonialmächte entkommen war.«[28]

25 Martin Eichhorn, Kulturgeschichte der »Kulturgeschichten«. Typologie einer Literaturgattung (Epistemata. Reihe Literaturwissenschaft 417). Würzburg 2002, S. 51.

26 Jacob Burckhardt, Die Cultur der Renaissance in Italien. Basel 1860.

27 Johan Huizinga, Herfsttij der middeleeuwen. Haarlem 1919 [dt.: Herbst des Mittelalters. Studien über Lebens- und Geistesformen des 14. und 15. Jahrhunderts in Frankreich und den Niederlanden. München 1924].

28 Iggers, Geschichtswissenschaft, S. 125.

Aber selbst in Europa lässt sich dieses Konzept anwenden, wenn Fragen des Verhältnisses von Zentrum und Peripherie, Hauptstadt und Provinz gestellt werden.

Da nun die Mikro- anstatt der Makrogeschichte im Vordergrund stand und damit ein Perspektivenwechsel vom Kollektiv hin zum Individuum erfolgte, ergab sich ein erster Konflikt mit der noch relativ jungen Historischen Sozialwissenschaft. In den Werken Hans-Ulrich Wehlers zum Beispiel, so lautete eine Kritik, »verschwinden die Menschen hinter den Strukturen, und Kultur wird ausschließlich in ihren organisierten Formen wie Kirchen, Schulwesen, Universitäten und dem Vereinsleben behandelt. Die Formen des täglichen Lebens werden kaum untersucht; als Aspekte der Frauenfrage werden lediglich Eherecht, Frauenarbeit und Frauenbewegung kurz erwähnt.«[29] Allgemeiner gehalten kam es zu Kritik am Strukturfunktionalismus der Sozialwissenschaften: »Die Subjekte selbst erschienen in dieser Sicht – wenn überhaupt – nur als ausführende Positionsinhaber und Rollenträger, als Marionetten der Strukturen.«[30] Mit der Vernachlässigung des Spielraums der handelnden Personen sei der grundsätzliche Imperativ von Aufklärung und Emanzipation völlig vernachlässigt worden. Der Konflikt wurde allerdings zivilisierter ausgetragen als beim *linguistic turn*. Rasch bezog auch die Sozialwissenschaft die Lebenswelt der Menschen mit ein, vor allem jene der Unterprivilegierten.

Der *cultural turn* bzw. die Neue Kulturgeschichte kann als erste internationale Strömung in der Geschichtswissenschaft angesehen werden. Das betrifft den Entstehungsprozess des Ansatzes genauso wie die daraus hervorgebrachten Weiterentwicklungen. Da der deutsche Historismus mit seinem Primat der politischen Geschichte alle anderen Fragestellungen verdrängte, konnte eine Überwindung dieses Ansatzes nur außerhalb des deutschen Sprachraumes geschehen, zumal die akademische Kulturgeschichte des 19. Jahrhunderts durch den Streit um das Werk Karl Lamprechts diskreditiert war. Dieser wollte eine Gesetzesförmigkeit von Kultur beweisen und wandte sich gegen die herr-

29 Ebd., S. 70.

30 Reinhard Sieder, Sozialgeschichte auf dem Weg zu einer historischen Kulturwissenschaft? In: Geschichte und Gesellschaft 20 (1994), S. 445–468, hier S. 447.

schende teleologische Betrachtung der Geschichte: »Die evolutionistische Geschichtsschreibung dagegen ist eben durch möglichst weitgehende kausale Auffassung des Geschehens charakterisiert.«[31]

In den Vereinigten Staaten und Frankreich hingegen wurden die Impulse Karl Lamprechts durchaus aufgenommen. Vor allem um die 1929 von Lucien Febvre und Marc Bloch begründete Zeitschrift *Annales d'histoire economique et sociale* entstanden innovative interdisziplinäre Ansätze. Diese *Schule der Annales* wollte neue, konträre Wege beschreiten und moderne Wissenschaften wie Soziologie und Psychologie in die Geschichtswissenschaft integrieren. Dabei ging es um das Gesamtkonzept einer Wissenschaft vom Menschen.[32] Scharf wandte sich Lucien Febvre gegen »eine Vergottung der Gegenwart mit Hilfe der Vergangenheit«,[33] die gegenwärtige Konflikte zurückprojiziert. Außerdem verfolgte er einen geradezu radikalen Ansatz in der Kritik der bisherigen Geschichtswissenschaft: »Sie band die Geschichte an die Schrift – und das zu einer Zeit, da die seltsam treffend genannte *Vorgeschichte* eben daran ging, ohne Text das längste Kapitel der Menschheitsgeschichte zu schreiben.«[34] Lucien Febvre wollte nichts anderes, als die Menschen in der Geschichte wiederfinden, was nur mit einem interdisziplinären Ansatz möglich sei.

Nach dem Zweiten Weltkrieg wandte sich die *Schule der Annales* – nun gehörte ihr der Großteil der französischen Historiker an – der Erforschung von Strukturen zu. Doch anders als in der Historischen Sozialforschung wurden diese zum Beispiel als soziales Klima und tiefsitzende Mentalität interpretiert, als ökonomische Grundstrukturen und agrarische Produktion in klimatischen Rahmenbedingungen, als Einstellung zu Sexualität, Kindheit und Tod. Während die Welt des Historismus von der Dynamik der Ereignisse geprägt ist, »sucht die Annales-Schule das Wesen der Geschichte in einer fast statischen Tiefe der Zeit, in der Dauer und Langsamkeit von Wandel, in zyklischen Bewegungen,

---

31 Karl Lamprecht, Alte und neue Richtungen in der Geschichtswissenschaft. Berlin 1896, S. 9.

32 Friedrich Jaeger, Jörn Rüsen, Geschichte des Historismus. Eine Einführung. München 1992, S. 175.

33 Lucien Febvre, Das Gewissen des Historikers. Berlin 1988, S. 14.

34 Ebd., S. 10.

und sie gibt diesen Wesen sprachlich Ausdruck mit Metaphern des Meeres und seiner bewegten Ruhe.«[35]

In den 1990er Jahren hatte die Beschäftigung mit der Neuen Kulturgeschichte Hochkonjunktur. In zahlreichen Publikationen wurden Möglichkeiten ausgelotet, Konzepte entwickelt und Thesen aufgestellt. Nahezu keine Zeitschrift oder Tagungsreihe konnte diesen neuen Ansatz ignorieren. Im Gegensatz zum *linguistic turn* und der Historischen Sozialforschung kam es nur zu geringem Widerstand. Die neue Toleranz, praktisch alles unter Kultur zu subsumieren, die Individualität und Unvergleichbarkeit der Erkenntnisse sowie die geringe theoretische Ausformulierung führten zwar zu einer allgemeinen Akzeptanz der Neuen Kulturgeschichte, aber auch zu einer neuen Beliebigkeit. Statt eines geschlossenen Überblicks entstanden Impressionen. Vor allem aber gelang dieser Paradigmenwechsel dadurch, dass die Neue Kulturgeschichte aufgrund ihrer Offenheit auf alle Regionen der Erde und auf alle Zeiträume angewendet werden konnte. Sie passte in eine Welt, deren ideologische Teilung durch die Revolution von 1989 überwunden wurde und die eine neue Ära der Liberalität erwartete. Durch die geforderte Interdisziplinarität entstand sogar ein neuer gemeinsamer Fächerbegriff in Form der bewusst im Plural gehaltenen Kulturwissenschaften. Diese sehen Kultur als »Inbegriff aller menschlichen Arbeit und Lebensformen, einschließlich naturwissenschaftlicher Entwicklungen. Ihr Gegenstand, der insofern auch die Naturwissenschaften einschließt, ist demnach die *kulturelle Form der Welt*.«[36] Der Begriff Humanwissenschaften, der sich an den englischen Terminus *humanities* anlehnt, konnte sich im deutschen Sprachraum hingegen nicht durchsetzen.

Trotz aller Kultur war es notwendig, auch den einfachen menschlichen Faktor ausreichend zu berücksichtigen. Hier half die Historische Anthropologie weiter. Dieses Fach hat mit der klassischen Anthropologie als Naturwissenschaft wenig gemein. Diese betrachtet den Menschen als rein biologisches Wesen, weshalb sie manchmal mit der früher üblichen Praxis der Schädelvermessung gleichgesetzt wird. Die Historische

35 Jaeger/Rüsen, Historismus, S. 177.

36 Wolfgang Frühwald u. a., Geisteswissenschaften heute. Eine Denkschrift. Frankfurt a. M. 1991, S. 10.

Anthropologie ist in ihrer theoretischen Ausformung ausgeprägter als die Neue Kulturgeschichte und überwindet damit ein großes Defizit. Sie rezipiert viele geschichtswissenschaftliche Überlegungen des 20. Jahrhunderts und hat »die elementaren Situationen und Grunderfahrungen *der* Menschen zum Thema.«[37] So definiert dann Richard van Dülmen: »Die Historische Anthropologie stellt den konkreten Menschen mit seinem Handeln und Denken, Fühlen und Leiden in den Mittelpunkt der historischen Analyse.«[38] Im Zentrum steht das Individuum, ohne dass – wie im 19. Jahrhundert – das Heldentum einzelner großer Männer betont werden sollte. Abgelehnt werden zudem Strukturen und Prozesse, in denen die Menschen zu Marionetten degradiert werden. Vielmehr stellt die Historische Anthropologie »den Menschen in seiner Besonderheit, in seiner Komplexität und Abhängigkeit von Natur, Gesellschaft und kultureller Tradition in den Mittelpunkt. Die Geschichte wird als von Menschen gemachtes Werk betrachtet, wie umgekehrt der Mensch als durch die Geschichte geprägtes Wesen definiert wird.«[39] Deshalb gilt es, die Handlungsräume auszuloten, genauso wie die Widersprüche von Handlungen zu erklären, vor allem wenn sie emotional beeinflusst sind. Damit wird situatives Handeln zu einem zentralen Forschungsgebiet und nicht ein logisch-rationales oder teleologisches Agieren. Der Mensch ist also weder *zoon politikon* noch *homo oeconomicus*, womit zugleich seine Idealisierung passé ist.

Im Jahre 1993 bekam die Historische Anthropologie mit einer gleichnamigen Zeitschrift ihr Forum, das »die Vielfalt und Widersprüchlichkeit, mit der die Menschen sich Welt aneignen,« aufgreifen möchte. »Befindlichkeiten und Einstellungen, Interpretationen und Imaginationen, Verhaltens- und Handlungsweisen sollen in ihrem historisch-sozialen Zusammenhängen untersucht und darstellt werden«, versprachen die Herausgebenden. Zugleich wird ein Kulturbegriff definiert: »›Kultur‹ gilt nicht als Kennzeichen eines bestimmten Sektors, sondern als Me-

37 Christoph Wulf, Anthropologie. Geschichte – Kultur – Philosophie. Reinbeck bei Hamburg aktualisierte Neuausgabe 2009, S. 75.

38 Richard van Dülmen, Historische Anthropologie. Entwicklung – Probleme – Aufgaben. Köln u. a. ^{2}2001, S. 5.

39 Ebd., S. 6.

dium historischer Lebenspraxis und Auseinandersetzung insgesamt.«[40] Im Umkreis der Zeitschrift entwickelte Gert Dressel eine Einführung in die Historische Anthropologie, in der er zum Schluss kommt:

> »Historische Anthropologie bedeutet also auch, über den Rand der Wissenschaften hinauszuschauen. Nur so kann erklärt werden, warum denn Themen und Zugänge, die vor einigen Jahren – wenn überhaupt – noch an der wissenschaftlichen Peripherie gestanden sind, nun ins Zentrum vieler Sozial- und Geisteswissenschaften gerückt sind.«[41]

Johannes Fried verband schließlich die Neue Kulturgeschichte mit der Historischen Anthropologie:

> »Der Gegenstand dieser Kulturwissenschaft ist der ganze Mensch, der gesamte Bereich dessen, wie Menschen sind, wie sie leben, was sie erfahren und reflektieren, was sie je zu ihrer Zeit hervorbringen an Arbeit, Gefühlen, Ideen und Wissen, was absichtlich, unabsichtlich in Netze von Interaktionen eingespannt ist, ferner wie das alles durch nie endende, nie koordinierte, bald geplante, bald spontane Aktivitäten lebender Menschen und des Kosmos in Bewegung gehalten wird, wie es also, einschließlich der eigenen Erkenntnisinstrumente, fortwährendem Wandel ausgesetzt ist.«[42]

Aus diesem geradezu chaotischen Agieren ergibt sich der Gegenstand der Historischen Anthropologie:

> »Geschichte als Anthropologie blickt auf die Selbstorganisation der menschlichen Gruppen und Gesellschaften, bei der jedes Tun, jedes lenkende Ordnungsbemühen nichts weiter als eine Organisationskomponente darstellt, ohne dass ein Organisator seine Hand im Spiel hätte oder ein vorgegebener Organisationsplan vorläge.«[43]

Damit schlug Johannes Fried eine Brücke zur Sozialgeschichte und erfüllte auf diese Weise eine Forderung, die Thomas Nipperdey bereits 1968 (!) aufstellte: »Die gegenwärtige Sozialgeschichte sollte in sehr viel

---

40 Editorial. In: Historische Anthropologie 1 (1993), S. 1–3, hier S. 1 f.

41 Gert Dressel, Historische Anthropologie. Eine Einführung. Wien u. a. 1996, S. 280.

42 Johannes Fried, Geschichte als historische Anthropologie. In: Geschichte des Mittelalters für unsere Zeit. Erträge des Kongresses des Verbandes der Geschichtslehrer Deutschlands »Geschichte des Mittelalters im Geschichtsunterricht« Quedlinburg 20.–23. Oktober 1999. Hg. Rolf Ballof. Stuttgart 2003, S. 63–85, hier S. 64.

43 Ebd.

intensiverem Maße als bisher die Fragestellungen einer historischen Anthropologie aufnehmen; dadurch würde sie neue und umfassendere Erkenntnis über ihre Gegenstände gewinnen.«[44] Konkret ging es ihm um die Untersuchung von sich wandelnden Strukturen und dem Spezifischen darin. Das Ziel sei nicht die Etablierung eines neuen Gegenstandes, sondern der Fokus auf einen neuen Aspekt, weshalb Thomas Nipperdey in einer Überarbeitung seines Ansatzes »nicht von einer historischen Anthropologie, sondern von der anthropologischen Dimension der Geschichtswissenschaft« spricht.[45]

Allerdings unterscheidet sich die Historische Anthropologie in einem wesentlichen Punkt von der traditionellen Anthropologie, nämlich insofern, dass letztere

> »[…] nach Grundstrukturen und Grundkategorien des menschlichen Daseins, nach generalisierbaren menschlichen Verhaltens-, Handlungs-, Denk- und Antriebsformen, nach ihrer Prägung durch soziale Institutionen fragte. Während sie stärker nach Konstanten suchte, die sowohl für existierende, wie für nicht mehr existierende Kulturen, also für alle Gesellschaften gelten und nach Typen der Daseinsgestaltung und Grundmustern der Lebensbewältigung forschte, akzentuiert die *Historische Anthropologie* die Dimension der Veränderung in der Zeit. Es geht nicht primär um den Aufweis konstanter Formen, sondern um den Aufweis geschichtlichen Wandels.«[46]

Gerade der Widerspruch der nun kombinierten Begriffe »historisch« und »Anthropologie« bereitete der Geschichtswissenschaft Probleme. So arbeitete sich die Zeitschrift *Saeculum*, die von 1965 bis 1975 auch eine Weltgeschichte herausbrachte, Anfang der 1970er Jahre am Begriff Historische Anthropologie ab und publizierte mit einem 17 Mann starken Team die Überlegungen auf 118 Seiten. Hauptautor Oskar Köhler rekapitulierte den Beginn der Diskussion nüchtern: »Ob die Kombination

44 Thomas Nipperdey, Kulturgeschichte, Sozialgeschichte, historische Anthropologie. In: Vierteljahrschrift für Sozial- und Wirtschaftsgeschichte 55 (1968), S. 145–164, hier S. 146.

45 Thomas Nipperdey, Die anthropologische Dimension der Geschichtswissenschaft. In: Geschichte heute. Positionen, Tendenzen und Probleme. Hg. Gerhard Schulz. Göttingen 1973, S. 225–255, hier S. 230.

46 Hans Süssmuth, Geschichte und Anthropologie. Wege zur Erforschung des Menschen. In: Historische Anthropologie. Der Mensch in der Geschichte. Hg. Hans Süssmuth. Göttingen 1984, S. 5–18, hier S. 8.

›Historische Anthropologie‹ nicht angesichts der Tradition beider Begriffe ein Unding sein könnte, das wagte niemand mit einem eindeutigen Ja oder Nein zu beantworten.«[47] Vorgeschlagen wurde schließlich auch im Sinne einer Weltgeschichte, ein Raster zu entwickeln, das über die Überlieferungen verschiedener Kulturen gelegt werden sollte, um den »urhumanen« Normen auf die Spur zu kommen.[48] Auf der anderen Seite schaffte es Rolf Sprandel in derselben Ausgabe der Zeitschrift, auf Anhieb eine Definition vorzulegen: »Während sich die historische Anthropologie mit dem Handeln und Denken des Menschen beschäftigt, konzentriert sich die biologische auf sein körperliches Leben.«[49]

Die Historische Anthropologie hat auch ihre Tücken. Sie konzentriert sich auf so lebensnahe Themen wie Kindheit oder Alter, dass komplexe Geisteshaltungen und ihre Entwicklung – wie zum Beispiel die Scholastik – zu kurz kommen. Abseits eines biologischen Blickwinkels ist eine Abgrenzung zur Volks- und Völkerkunde noch lange nicht ausreichend gelungen. Gerade deshalb plädiert zum Beispiel Michael Mitterauer »dafür, ›Historische Anthropologie‹ auf den primären Kreis des Menschlichen zu beziehen (in Abhebung vom Kulturellen, Sozialen und Politischen), also Themen wie Körper und Sinne, Gesundheit und Krankheit, Schwangerschaft und Geburt, Sexualität, Jugend und Alter, Sterben und Tod in den Vordergrund einer ›historischen Anthropologie‹ zu stellen.«[50]

Für die mittelalterliche Geschichte ergeben sich im Rahmen einer Historischen Anthropologie vielfältige Fragestellungen. Ganz oben steht natürlich der Körper, damit zusammenhängend »die Persönlichkeit des Individuums, die Mythen und Riten, die verwandtschaftlichen Strukturen, Raum und Zeit.«[51] Jean-Claude Schmitt sieht darüber hinaus im

47 Oskar Köhler, Versuch einer »Historischen Anthropologie«. In: Saeculum 25 (1974), S. 129–246, hier S. 132.

48 Ebd., S. 152.

49 Rolf Sprandel, Kritische Bemerkungen zu einer historischen Anthropologie. In: Saeculum 25 (1974), S. 247–250, hier S. 247.

50 Michael Mitterauer, Alte Kulturgeschichte – Neue Kulturgeschichte? In: Historische Zeitschrift 280 (2005), S. 281–304, hier S. 294 f.

51 Jean-Claude Schmitt, Plädoyer für eine historische Anthropologie des Mittelalters. In: Frühmittelalterliche Studien 38 (2004), S. 1–16, hier S. 9.

Verhältnis von Zeit und Rhythmus noch viel Potenzial, das über die hilfswissenschaftliche Chronologie hinaus geht: In der christlichen Zeitrechnung spielt der Messias als Zentralfigur eine wichtige Rolle, aber der vielfältige Rhythmus der mittelalterlichen Gesellschaft und ihrer Individuen müsste ebenfalls berücksichtigt werden – bis hin zum Tanz. Aus einem Grundrhythmus wird schließlich ein Klang, der sich auch im rhythmischen Vortrag von Dichtung ausdrückt und so die Sphäre der Oralität bereichert, wohingegen uns heute nur banale Texte überliefert sind.[52]

Als eine dritte Voraussetzung der modernen Mediävistik ist noch die Alltagsgeschichte ausführlicher vorzustellen. Sie entstand aus der Kritik an der Historischen Sozialforschung, ist wohl die revolutionärste Neuerung der modernen Geschichtsforschung und wurde sogar noch mit einem mehrdimensionalen politischen Anspruch verbunden: Die Grenzen zwischen engagierter Forschung und »einer aktivierenden Bildungs- und Kulturarbeit« sollen überwunden, die Arbeitsteilung zwischen Experten und Laien aufgehoben und »die Betroffenen in den Prozeß der Aufarbeitung ihrer Geschichte und ihrer Probleme einbezogen« werden. Auf diese Art sollen jene, »die den größten Hilfestellungs- und Emanzipationsbedarf in unserer Gesellschaft haben«, erreicht werden.[53] Kritisiert wird von Hubert Ch. Ehalt, der diese Forderungen 1984 in einem Sammelband aufstellte, radikal alles, was bislang in der Geschichtswissenschaft erforscht wurde: historistische, genauso wie sozialwissenschaftliche Ansätze, gegenaufklärerische Tendenzen wie Neopositivismus und kritischer Rationalismus mit Verweis auf Karl Popper, Neobiologismus, funktionalistische Systemtheorien, wie sie Talcott Parsons und Niklas Luhmann entwarfen, französische Strukturalisten wie Claude Lévi-Strauss und Michel Foucault und Neomystizismus, der die Vernunft kritisiert und Fatalismus predigt.[54] Die Publikation insgesamt, die eine der ersten zur Theorie der Alltagsgeschichte im deutschsprachigen Raum

52 Ebd., S. 11 f.

53 Hubert Ch. Ehalt, Geschichte von unten. Umgang mit Geschichte zwischen Wissenschaft, politischer Bildung und politischer Aktivierung. In: Geschichte von unten. Fragestellungen, Methoden und Projekte einer Geschichte des Alltags. Hg. Hubert Ch. Ehalt (Kulturstudien 1). Wien u. a. 1984, S. 11–39, hier S. 11 f.

54 Ebd., S. 16–20.

war, wollte ein österreichischer Beitrag zu einer internationale Fachdiskussion sein und ist vor allem aus dem Mikrokosmos des Wiener Austromarximus heraus zu verstehen. Dezidiertes Vorbild war Sven Lindqvist mit seinem Buch *Grabe, wo du stehst*, in dem er »30 verschiedene Arten, eine Arbeitstätigkeit und einen Arbeitsplatz zu untersuchen«, aufzeigt und sich damit an jene richten möchte, »die ihre eigene Arbeit erforschen wollen und die nicht Wissenschaftler von Beruf sind.«[55] Er verfasste für den österreichischen Sammelband ebenfalls einen Beitrag und erklärte, dass er auf einer Reise nach Lateinamerika inspiriert worden sei. Dort seien in Darstellungen von multinationalen Konzernen die Arbeiter nie vorgekommen. Zurück zu Hause in Schweden stellte er nach einer Analyse von Betriebspublikationen der Zementindustrie Ähnliches fest:

> »1. Die Betriebsleitung hat nie einen Fehler gemacht. 2. Der Beitrag der Aktieninhaber zu der Zementproduktion ist viel wesentlicher als der Beitrag der Arbeiter. 3. Der Beitrag der Arbeiter zur Entwicklung der Zementindustrie ist hauptsächlich darauf beschränkt gewesen, unrealistische Forderungen zu stellen und Vorteile durch das Unternehmen zu erhalten.«[56]

Die Alltagsgeschichte erreichte – und das war ja ihr Anspruch – rasch eine unglaubliche Breitenwirkung. Allerdings entfernte sie sich im Laufe der Zeit wieder von den Laien und ist heute Gegenstand der akademischen Forschung. Themen der Alltagsgeschichte wurden zwar schon von der älteren Kulturgeschichte erforscht, allerdings steht sie eher in Konkurrenz zur Volkskunde. Die Zusammenführung von Geschichte und Volkskunde bedeutet eine Dezimierung der chronologischen Perspektive von Geschichte. »Sie zwingt dazu, historische Epochen zu differenzieren und besonderes Gewicht auf die Perspektive der *longue durée*, der langen Dauer zu legen, auf die Zeit, die beinahe stehenbleibt.«[57] Umgekehrt musste die Volkskunde in Konfrontation mit dem Alltag in

55 Sven Lindqvist, Grabe, wo du stehst. Handbuch zur Erforschung der eigenen Geschichte. Bonn 1989, S. 9.

56 Sven Lindqvist, Grabe, wo du stehst. In: Geschichte von unten. Fragestellungen, Methoden und Projekte einer Geschichte des Alltags. Hg. Hubert Ch. Ehalt (Kulturstudien 1). Wien u. a. 1984, S. 295–304, hier S. 296.

57 Jacques Le Goff, Geschichtswissenschaft und Erforschung des Alltags. In: Jaques Le Goff, Für ein anderes Mittelalter. Zeit, Arbeit und Kultur im Europa des 5.–15. Jahrhunderts. Weingarten 1987, S. 175–189, hier S. 178.

Industriegesellschaften ihren Fokus auf die vorindustrielle bäuerliche Welt aufgeben. Heimat wird neu definiert: Sie ist nun eine enge Lebenswelt abseits von idealisierter Folklore. Heimat wird großzügig entzaubert und mitunter in ihrer abschreckenden Brutalität geschildert, zum Beispiel vom österreichischen Schriftsteller Franz Innerhofer in seinem autobiographischen Roman *Schöne Tage*.[58]

Die Erforschung von Alltagsgeschichte wurde als kommunikative Geschichtswissenschaft[59] bezeichnet, was für analytisch und theoretisch Arbeitende durchaus eine Herausforderung darstellt. »Gefordert sind dialogfähige und dialogwillige Fachleute; was das ›Volk‹ aber am allerwenigsten braucht sind volkstümelnde Historiker.«[60] Bei der nun beginnenden Alltagsgeschichte geht es nicht mehr allein um ein Hinterfragen von etablierten Geschichtskonzepten, denn daraus entsteht schließlich eine neue Dynamik.

> »Vergangenheit wird zu (gedeuteter) Geschichte nicht allein durch die fachwissenschaftlichen Interpretationen; vielmehr sind diese ihrerseits Teil und Ausdruck von gesellschaftlich umstrittenen (oder akzeptierten) Produktionen von Geschichte, von Selbst- wie Fremddeutungen.«[61]

Verbreitete Themen sind Arbeitsalltag und Festtag, das Privatleben selbst, die Geschichte der unteren sozialen Schichten, die von vielfältigen Phänomenen von Herrschaft, Macht und Gewalt bis hin zu Konflikten mit der Obrigkeit betroffen sind – Alltagsgeschichte »bezeichnet das bisher vernachlässigte, das aber für die Erhellung des gesellschaftlichen Gesamtprozesses unentbehrlich ist.«[62] Im Mittelpunkt des For-

---

58 Franz Innerhofer, Schöne Tage. Salzburg 1974.

59 Lutz Niethammer, Anmerkungen zur Alltagsgeschichte. In: Geschichte im Alltag – Alltag in der Geschichte. Hgg. Klaus Bergmann, Rolf Schörken (Geschichtsdidaktik 7). Düsseldorf 1982, S. 11–29, hier S. 23.

60 Detlev Peukert, Neuere Alltagsgeschichte und Historische Anthropologie. In: Historische Anthropologie. Der Mensch in der Geschichte. Hg. Hans Süssmuth. Göttingen 1984, S. 57–72, hier S. 60 f.

61 Alf Lüdtke, Alltagsgeschichte, Mikro-Historie, historische Anthropologie. In: Geschichte. Ein Grundkurs. Hg. Hans-Jürgen Goertz. Reinbeck bei Hamburg [3]2007, S. 628–649, hier S. 629.

62 Klaus Bergmann, Rolf Schörken, Einleitung. In: Geschichte im Alltag – Alltag in der Geschichte. Hgg. Klaus Bergmann, Rolf Schörken (Geschichtsdidaktik 7). Düsseldorf 1982, S. 7–10, hier S. 8.

schungsinteresses stehen dabei Kleingruppen und Individuen in ihrer sozialen Praxis.[63] Dabei handelt es sich um eine »Praxis der Vielen«, in der »sich die Menschen die Bedingungen ihres Handelns und Deutens aneignen, in denen sie Erfahrungen produzieren, Ausdrucksweisen und Sinngebungen nutzen – und ihrerseits neu akzentuieren.«[64] Viele intellektuelle Mythen über das einfache Volk sind entzaubert worden, indem der Blickwinkel umgedreht wurde. »Alltagsgeschichte beschrieb weniger eine Geschichte des Machens, der Initiativen, Pläne und Projekte, sondern eine der Folgen, des Erleidens und des Scheiterns, keine des geistreichen Gedankens und Konstruierens, sondern eine des Wahrnehmens und Reagierens.«[65] In diesem überschaubaren Bereich ist die Alltagsgeschichte der Mikrohistorie nahe. Die Mikrohistorie, die vor allem in Italien propagiert wurde und in Frankreich rasch Verbreitung fand, »ist eine Schwester der Alltagsgeschichte, geht aber in einigen Punkten ihren eigenen Weg.«[66] Sie will zwar ebenfalls die kleinen Lebenswelten darstellen, tut dies aber im Gegensatz zur Makrogeschichte. Der Vergleich einer Mikro- mit einer Makroebene ist seit der Antike ein Thema in der Wissenschaft. Traditionell geht es dabei um die Frage, wie sich das eine im anderen widerspiegelt. Das bedingt eine gegenseitige Abhängigkeit. Mikrogeschichte bedeutet demnach zum Beispiel nicht, Dörfer allgemein zu untersuchen, sondern die Untersuchung in einem konkreten Dorf vorzunehmen. Es ist eine mikroskopische Analyse mit intensivem Studium des Quellenmaterials.[67] Die kleine Welt wird beobachtet und damit die Mikrogeschichte zu einer »Wissenschaft

63 Alf Lüdtke, Einleitung. Was ist und wer treibt Alltagsgeschichte? In: Alltagsgeschichte. Zur Rekonstruktion historischer Erfahrungen und Lebensweisen. Hg. Alf Lüdtke. Frankfurt a. M.-New York 1989, S. 9–47, hier S. 12.

64 Alf Lüdtke, Stofflichkeit, Macht-Lust und Reiz der Oberflächen. Zu den Perspektiven von Alltagsgeschichte. In: Sozialgeschichte, Alltagsgeschichte, Mikro-Historie. Eine Diskussion. Hg. Winfried Schulze. Göttingen 1994, S. 65–80, hier S. 72.

65 Dirk van Laak, Alltagsgeschichte. In: Aufriß der Historischen Wissenschaften. Bd. 7: Neue Themen und Methoden der Geschichtswissenschaft. Hg. Michael Mitterauer. Stuttgart 2003, S. 14–80, hier S. 70.

66 Hans Medick, Mikro-Historie. In: Sozialgeschichte, Alltagsgeschichte, Mikro-Historie. Eine Diskussion. Hg. Winfried Schulze. Göttingen 1994, S. 40–53, hier S. 40.

67 Giovanni Levi, On Microhistory. In: New Perspectives on Historical Writing. Hg. Peter Burke. Cambridge-Malden [2]2001, S. 97–119, hier S. 99.

der gelebten Erfahrung.«[68] Das bedeutet, die Geschichte bisher unbeachteter Menschen darzustellen und dabei geradezu detektivisch vorzugehen. Oft genug stehen dafür nur Gerichtsakten zur Verfügung, doch das kann zugleich so gesehen werden, »daß die Ränder der Gesellschaft mehr über sie aussagen als das Zentrum.«[69] Immerhin ist Normatives eine Wunschvorstellung.

> »Die Menschen, die hier in den Vordergrund treten, sind keine Kunstfiguren, keine eindimensionalen Konstruktionen, wie sie in der Soziologie oder Ökonomie aus methodischen Zwecken erdacht werden, auch keine Wesen, die auf eine instrumentelle Rationalität oder materielle Interessen reduziert waren.«[70]

Der Kern der Mikrogeschichte liegt in der Betonung des Zusammenhangs und nicht in einer isolierten Betrachtung, wie es etwa die Lokalgeschichte macht. Oft genug sind die Ausgangspunkte der Untersuchung überaus ungewöhnlich. Dabei akzeptiert die Mikrogeschichte ihre Grenzen, ja sie »geht ihren erkenntnistheoretischen Konsequenzen nach und versucht, sie in eine narrative Komponente zu verwandeln.«[71] Vor allem soll der Untersuchungsgegenstand überschaubar bleiben, womit ein erhöhter Erkenntnisgewinn verbunden wird.

> »Die Mikrohistoriker haben von Anfang an den Anspruch erhoben, Fragen von grundsätzlicher Bedeutung aufzuwerfen und Beiträge von allgemeiner Bedeutung zu liefern. Nie haben sie die Vorstellung gehabt, in bescheidener Kleinarbeit gewissermaßen die Lücken der großen Gesamt-Darstellungen mit anschaulichem Detailmaterial füllen zu wollen oder kleinformatige Genrebilder zu verfertigen, zur Unterhaltung eines von der großen Historienmalerei ermüdeten Publikums.«[72]

68 Carlo Ginzburg, Carlo Poni, Was ist Mikrogeschichte? In: Geschichtswerkstatt 6 (1985), S. 48–52, hier S. 52.

69 Otto Ulbricht, Mikrogeschichte: Versuch einer Vorstellung. In: Geschichte in Wissenschaft und Unterricht 45 (1994), S. 347–367, hier S. 359.

70 Otto Ulbricht, Mikrogeschichte. Menschen und Konflikte in der Frühen Neuzeit. Frankfurt a. M.-New York 2009, S. 345.

71 Carlo Ginzburg, Mikro-Historie. Zwei oder drei Dinge, die ich von ihr weiß. In: Historische Anthropologie 1 (1993), S. 169–192, hier S. 187.

72 Jürgen Schlumbohm, Mikrogeschichte – Makrogeschichte: Zur Eröffnung einer Debatte. In: Mikrogeschichte – Makrogeschichte: komplementär oder inkommensurabel? Hg. Jürgen Schlumbohm (Göttinger Gespräche zur Geschichtswissenschaft 7). Göttingen 1998, S. 7–32, hier S. 27 f.

Als Methode wird bei Alltagsgeschichte und Mikrohistorie gerne die möglichst umfangreiche *Dichte Beschreibung* verwendet. Diesen Begriff etablierte der Ethnologe Clifford Geertz, der sich dabei an den Philosophen Gilbert Ryle anlehnte. Dieser hatte die Frage der *richtigen* Interpretation einer Geste aufgeworfen. Clifford Geertz als Ethnologe bezweifelt daraufhin die Möglichkeit einer objektiven ethnologischen Beschreibung. »Kurz, ethnologische Schriften sind selbst Interpretationen und obendrein solcher zweiter und dritter Ordnung.«[73]

Die Alltagsgeschichte stand schnell unter heftigster Kritik vonseiten der Historischen Sozialwissenschaft. Hans-Ulrich Wehler gab zu bedenken, die Alltagsgeschichte könne »Geschichten aus dem Alltag erzählen, aber nicht die Geschichte des deutschen Alltags etwa von 1870 bis 1970 schreiben.«[74] Jürgen Kocka bezeichnet Alltagsgeschichte sogar als »Theoriefeindlichkeit von links.«[75] Die Beispiele seien weder repräsentativ noch liefern sie einen gesamtgesellschaftlichen Zusammenhang, außerdem stehen subjektive Faktoren – wie Gefühle oder Bewusstsein – im Vordergrund und schließlich seien die Studien nur erzählend und beschreibend, also nicht analysierend. Zusammengefasst sehen die einen darin »die magische Zauberformel, Geschichtsbewußtsein und Geschichtsbegeisterung neu zu wecken; die anderen belächeln sie als faulen Zaubertrick, um von Wichtigerem abzulenken und sich größere intellektuelle Anstrengungen zu ersparen.«[76] Die an der Politik orientierte Geschichtswissenschaft konnte mit Alltagsgeschichte ohnehin nichts anfangen und ignorierte sie weitgehend.

---

73 Clifford Geertz, Dichte Beschreibung. Beiträge zum Verstehen kultureller Systeme. Frankfurt a. M. 1987, hier S. 22 f.

74 Hans-Ulrich Wehler, Geschichte – von unten gesehen. In: Die Zeit 19/1985 (3. Mai 1985), S. 64.

75 Jürgen Kocka, Theorieorientierung und Theorieskepsis in der Geschichtswissenschaft. Alte und neue Argumente. In: Historische Sozialforschung/Historical Social Research 7/3 (1982), S. 4–19, hier S. 9.

76 Peter Borscheid, Alltagsgeschichte – Modetorheit oder neues Tor zur Vergangenheit? In: Sozialgeschichte in Deutschland. Entwicklungen und Perspektiven im internationalen Zusammenhang. Bd. 3: Soziales Verhalten und soziale Aktionsformen in der Geschichte. Hgg. Wolfgang Schieder, Volker Sellin. Göttingen 1987, S. 78–100, hier S. 78.

Das Beschreiben von Lebensumständen, wie es die Alltagsgeschichte vertritt, erzeugt schlussendlich eine neue Erfahrung von Geschichte. In diesem Bestreben will aber die Alltagsgeschichte keineswegs andere Ansätze verdrängen – nicht einmal die klassische politische Geschichte oder die Historische Sozialwissenschaft. »Alle diese Geschichten berühren und überschneiden sich vielfach, keine von ihnen kann den Anspruch durchsetzen, Integrationswissenschaft zu sein, alle sind Aspektwissenschaften.«[77]

Was mittelalterliche Alltagsgeschichte sein könnte, wurde von Hans-Werner Goetz und Gerhard Jaritz erarbeitet. Hans-Werner Goetz stand zuerst in den 1980er Jahren vor dem Dilemma, dass die Alltagsgeschichte einen schlechten akademischen Ruf hat, es aber eine Notwendigkeit gibt, die Lebenswelt der einfachen Menschen in der Vergangenheit zu untersuchen. Allerdings geht es ihm dabei um repräsentative Beispiele: »Insofern ist auch Alltagsgeschichte auf das Leben der Menschen und seine Rahmenbedingungen angewandte Strukturgeschichte im Sinne einer typisierenden Darstellung vor dem Hintergrund geschichtswirkender Kräfte.«[78] In der geschichtswissenschaftlichen Praxis fordert er die Anwendung der üblichen historischen Methoden. Damit bindet er die Alltagsgeschichte in den wissenschaftlichen Kontext ein und macht sie für die Mediävistik relevant. Gerhard Jaritz definiert Alltag als repetitives, habitualisiertes bzw. routiniertes Verhalten, fordert aber ebenfalls die Erforschung des Nicht-Alltäglichen. Zu berücksichtigen ist außerdem, dass jeder Mensch einen anderen Alltag hat. Von der Alltagsgeschichte des 19. und 20. Jahrhunderts als einer Geschichte von unten möchte sich Gerhard Jaritz zwar dezidiert abgrenzen, aber sein Augenmerk auf die unteren sozialen Gruppen lenken.[79] Auf alle Fälle müssen Quellen nun nicht nur ganz anders gelesen werden, es müssen vor allem bisher wenig beachtete Quellen aufgearbeitet werden. Jacques Le

77 Wolfgang Hardtwig, Alltagsgeschichte heute. Eine kritische Bilanz. In: Sozialgeschichte, Alltagsgeschichte, Mikro-Historie. Eine Diskussion. Hg. Winfried Schulze. Göttingen 1994, S. 19–32, hier S. 26.

78 Hans-Werner Goetz, Leben im Mittelalter. Vom 7. bis zum 13. Jahrhundert. München 1986, S. 15.

79 Gerhard Jaritz, Zwischen Augenblick und Ewigkeit. Einführung in die Alltagsgeschichte des Mittelalters. Wien-Köln 1989, S. 14 f.

Goff ahnte schon 1972, wohin die Alltagsgeschichte schlussendlich führen könnte:

> »Bei dieser Hinwendung zum Alltag des Menschen gelangt die historische Ethnologie ganz von selbst zur Untersuchung der verschiedenen Mentalitäten, die in der historischen Entwicklung als das betrachtet werden, ›was sich am wenigsten ändert‹. Daher stößt man auch inmitten der industrialisierten Gesellschaften auf eine Vielzahl von Archaismen.«[80]

Seit den 1970er Jahren entstand eine Fülle von Publikationen zum Alltag im Mittelalter, was vor allem auf das Interesse von Verlagen zurückzuführen zu sein scheint. Trotzdem konnte die Alltagsgeschichte aller Schichten die mittelalterliche Geschichtsforschung um eine wesentliche Rahmenbedingung erweitern.

Leseempfehlungen

Jörn Rüsen, Historische Vernunft. Grundzüge einer Historik I: Die Grundlagen der Geschichtswissenschaft. Göttingen 1983.

Historische Anthropologie. Der Mensch in der Geschichte. Hg. Hans Süssmuth. Göttingen 1984.

Hans-Werner Goetz, Leben im Mittelalter. Vom 7. bis zum 13. Jahrhundert. München 1986.

Jörn Rüsen, Rekonstruktion der Vergangenheit. Grundzüge einer Historik II: Die Prinzipien der historischen Forschung. Göttingen 1986.

Hayden White, Auch Klio dichtet oder Die Fiktion des Faktischen. Studien zur Tropologie des historischen Diskurses (Sprache und Geschichte 10). Stuttgart 1986.

Jörn Rüsen, Lebendige Geschichte. Grundzüge einer Historik III: Formen und Funktionen des historischen Wissens. Göttingen 1989.

Gerhard Jaritz, Zwischen Augenblick und Ewigkeit. Einführung in die Alltagsgeschichte des Mittelalters. Wien-Köln 1989.

Geschichte als Literatur. Formen und Grenzen der Repräsentation von Vergangenheit. Hgg. Hartmut Eggert u. a. Stuttgart 1990.

80 Le Goff, Geschichtswissenschaft und die Erforschung des Alltags, S. 180.

Giovanni Levi, On Microhistory. In: New Perspectives on Historical Writing. Hg. Peter Burke. Cambridge-Malden 1991, S. 97–119.

Hayden White, Metahistory. Die historische Einbildungskraft im 19. Jahrhundert in Europa. Frankfurt a. M. 1991.

Friedrich Jaeger, Jörn Rüsen, Geschichte des Historismus. Eine Einführung. München 1992.

Carlo Ginzburg, Mikro-Historie. Zwei oder drei Dinge, die ich von ihr weiß. In: Historische Anthropologie 1 (1993), S. 169–192.

Hans Medick, Mikro-Historie. In: Sozialgeschichte, Alltagsgeschichte, Mikro-Historie. Eine Diskussion. Hg. Winfried Schulze. Göttingen 1994, S. 40–53.

Otto Ulbricht, Mikrogeschichte: Versuch einer Vorstellung. In: Geschichte in Wissenschaft und Unterricht 45 (1994), S. 347–367.

Jürgen Schlumbohm, Mikrogeschichte – Makrogeschichte: Zur Eröffnung einer Debatte. In: Mikrogeschichte – Makrogeschichte: komplementär oder inkommensurabel? Hg. Jürgen Schlumbohm (Göttinger Gespräche zur Geschichtswissenschaft 7). Göttingen 1998, S. 7–32.

Gert Dressel, Historische Anthropologie. Eine Einführung. Wien u. a. 1996.

Richard van Dülmen, Historische Anthropologie. Entwicklung – Probleme – Aufgaben. Köln u. a. 2000.

Doris Bachmann-Medick, Cultural Turns. Neuorientierungen in den Kulturwissenschaften. Reinbeck bei Hamburg 2006.

Jörn Rüsen, Historik. Theorie der Geschichtswissenschaft. Köln u. a. 2013.

3 Kultur(en) in Bewegung

Die Beschäftigung mit dem Raum war in den deutschsprachigen Ländern lange Zeit durch die nationalsozialistische Geopolitik diskreditiert. Dies wollte der ab den 1980er Jahren aufkommende *spatial turn* mit der Geographie als Leitwissenschaft überwinden. Edward W. Soja, der den Begriff propagierte, bringt das auf den Punkt: »Wir müssen das Räumliche, das Soziale und das Historische als grundlegend gleichwertige kritische Perspektive auf unser Sein, unser Leben, ja auf alles verstehen.«[1] Der *spatial turn* betrachtet Raum nicht mehr nur als physische Tatsache, sondern als kultur- und sozialwissenschaftliche Kategorie bis hin zu einer Raum-Repräsentation und politischen Raumperspektiven. »*Spatial turn* bedeutet Ausbildung eines kritischen Raumverständnisses.«[2] Das reicht bis zum Hinterfragen von Kartierungskonzepten mit ihren Kodierungen und Visualisierungen und den daraus entstehenden Raumvorstellungen. Dazu kommen öffentliche und private Räume, die bearbeitet werden, genauso wie geschlechtsspezifische Räume oder Körperräume. Spezifisch geschichtswissenschaftliche Fragestellungen sind Gedächtnisorte und Erinnerungsräume sowie Raum und Kommunikation. Allerdings ist jeweils abzuklären, ob es sich dabei wirklich um einen geographischen Raum handelt, denn: »Der gängigste Modus ist die Verwendung von Raum als Metapher.«[3]

---

1 Edward W. Soja, Vom »Zeitgeist« zum »Raumgeist«. New Twists on the *Spatial Turn*. In: Spatial Turn. Das Raumparadigma in den Kultur- und Sozialwissenschaften. Hgg. Jörg Döring, Tristan Thielmann. Berlin 2008, S. 241–262, hier S. 246.

2 Bachmann-Medick, Cultural Turns, S. 289.

3 Eric Piltz, »Trägheit des Raums«. Fernand Braudel und die *Spatial Stories* der Geschichtswissenschaft. In: Spatial Turn. Das Raumparadigma in den Kultur- und So-

Der *spatial turn* wird durchaus kritisch hinterfragt, denn diese Wende in den Kulturwissenschaften wird meist einfach angenommen, ohne dass ein geschlossenes Konzept vorhanden wäre. »Irgendwann hat die Konjunktur der wissenschaftlichen Rede vom ›Raum‹, über ›(andere) Räume‹ und ›Verräumlichung‹ ein bestimmtes Emergenzniveau erreicht, so dass man tatsächlich davon überzeugt ist, es gebe den *spatial turn*.«[4] Der *spatial turn* wird so zu einem reinen Etikett. Andererseits scheint die moderne Welt den Raum mehr und mehr zu überwinden. Bereits im 19. Jahrhundert wurde wahrgenommen, dass die Welt immer kleiner wird. So staunte Carl Ritter 1852, dass eine Atlantiküberquerung von New York nach London bereits in 25 Tagen möglich ist und eine Nachricht von Canton in China nach Berlin nur vier Monate braucht. »Gegenwärtig scheiden die Meere nicht, wie ehedem, die Länder- und Erdtheile; sie sind es, welche die Völker verbinden.«[5] Parallel dazu schrumpfte bereits im 19. Jahrhundert die Welt durch die telegraphische Nachrichtenübermittlung. Gerade die Möglichkeit der unmittelbaren Kommunikation weltweit hat ein Gefühl des Verschwindens bzw. Überwindens des Raumes aufgebracht. So werden *Raum* und *Welt* nun völlig anders wahrgenommen. Allerdings bleibt die Orientierung im Raum – in welchem auch immer – wichtig. Die wissenschaftliche Diskussion scheint sich daher im Kreise bewegt zu haben, fasst Karl Schlögel zusammen: »Was mit Vermutungen über den *spatial turn* anfing, endet als Rede vom Selbstverständlichen.«[6] Das oft angeführte Verschwinden des Raumes wird mitunter als Einbildung gewertet.

---

zialwissenschaften. Hgg. Jörg Döring, Tristan Thielmann. Berlin 2008, S. 75–102, hier S. 79.

4 Jörg Döring, Tristan Thielmann, Einleitung: Was lesen wir im Raume? Der *Spatial Turn* und das geheime Wissen der Geographen. In: Spatial Turn. Das Raumparadigma in den Kultur- und Sozialwissenschaften. Hgg. Jörg Döring, Tristan Thielmann. Berlin 2008, S. 7–45, hier S. 11.

5 Carl Ritter, Einleitung zur allgemeinen vergleichenden Geographie, und Abhandlungen zur Begründung einer mehr wissenschaftlichen Behandlung der Erdkunde. Berlin 1852, S. 168.

6 Karl Schlögel, Im Raume lesen wir die Zeit. Über Zivilisationsgeschichte und Geopolitik. München-Wien 2003, S. 70.

»Auch vor der räumlichen Wende waren Raum und Räumlichkeit in sozialwissenschaftlicher Terminologie und Beobachtung alles andere als bedeutungslos oder unterprivilegiert. Der Raum verschwand bloß, wie der legendäre Wald vor lauter Bäumen.«[7]

Prinzipiell ist aber die Beschäftigung mit dem Raum der Geschichtswissenschaft nicht fremd, denn Geschichte braucht schließlich einen Schauplatz. Als Zweck der Geschichtswissenschaft wird heute gerne die Orientierung in der Zeit analog zur Orientierung im Raum angeführt. Der Raum hat in der Geschichte eine immanente Bedeutung, immerhin geht es um die Entwicklung von Territorien genauso wie von Orten. Geographische Elemente sind damit für die Geschichtswissenschaft unproblematisch. Das »geringere Konfliktpotential, oder anders ausgedrückt: das Ausbleiben von Abwehrreaktionen, mag daran liegen, dass das *Terrain* des Historikers nicht bedroht wird und der Begriff Raum unproblematisch und anschlussfähig erscheint.«[8] Die Frage ist eher, welche Bedeutung dem Raum zugewiesen wird.

Gerade beim *spatial turn* zeigt sich ebenfalls wieder eine sehr enge Verbindung mit der jüngsten Geschichte. Der Fall des Eisernen Vorhangs 1989 brachte eine neue Raumperspektive. Schon kurz zuvor begann eine neue Mitteleuropa-Diskussion, allerdings zunächst unter alten hegemonialen Prämissen Deutschlands und Österreichs. Dem setzten im Februar 1991 politisch Ungarn, Polen, Tschechien und die Slowakei im Rahmen der Visegrád-Gruppe ein Konzept von Ostmitteleuropa entgegen. Die Erweiterung der Europäischen Union Mitte der 1990er Jahre auf vormalige EFTA-Staaten (darunter Österreich) und schließlich 2004 auf die Staaten des ehemaligen Ostblocks brachten nicht nur dem Fach Geschichte eine intensive Beschäftigung mit dem Europabegriff. Gerade die Vereinnahmung Karls des Großen als *pater Europae* und seines Reiches durch die Europäische Union förderte schließlich die Beschäftigung mit dem mittelalterlichen Europa.

7 Roland Lippuner, Julia Lossau. In der Raumfalle. Eine Kritik des spatial turn in den Sozialwissenschaften. In: Soziale Räume und kulturelle Praktiken. Über den strategischen Gebrauch von Medien. Hgg. Georg Mein, Markus Rieger-Ladich. Bielefeld 2004, S. 47–63, hier S. 61.

8 Piltz, Trägheit des Raumes, S. 78.

Schnell wurde es in der wissenschaftlichen Diskussion offensichtlich, dass weder der heutige noch ein vergangener Europabegriff klar definiert werden kann, zumal Europa nur schwer die geographische oder geologische Definition eines Kontinents erfüllt. Europa war und ist ein Konstrukt, ein Mythos. Dazu kommt noch die Konkurrenz durch den Begriff Abendland bzw. Okzident. Gerade hier bereitet die Verortung des byzantinischen Reiches größte Probleme, denn Abendland wird allzu oft mit der lateinischen Christenheit gleichgesetzt. Mit dieser Definition befinden sich dann allerdings große Teile der iberischen Halbinsel außerhalb Europas. Spanien unterlag im Mittelalter einem Prozess der Afrikanisierung und zugleich Europäisierung. »Oftmals wird ›Europäisierung‹ synonym mit Modernisierung, Verwestlichung und anderen Begriffen im aktuellen Diskurs verwendet.«[9] So wie al-Andalus zur islamischen Berberkultur gehörte, richteten im Spätmittelalter die christlichen iberischen Reiche immer stärker ihren Blick nach Afrika. »Nur aus einer bestimmten Perspektive liegt Spanien an der Peripherie. Ändert man die Parameter, verschieben sich Zentrum und Peripherie oftmals sehr schnell.«[10] Ähnliches gilt für das byzantinische Reich, das sich für das Verständnis der Zeit fast im Mittelpunkt der bekannten Welt befand. Überhaupt wird der Begriff Europa im Mittelalter eher geographisch als in anderen Zusammenhängen verwendet: »Es gibt keine Europaidee des Mittelalters, die Europaidee löst das Mittelalter ab,« resümiert Rudolf Hiestand.[11] Ähnlich argumentiert Michael Borgolte: »Wenn der mittelalterlichen Überlieferung überhaupt etwas entnommen werden kann, dann dies, daß die Vorstellung von Europa stets

9 Klaus Herbers, »Europäisierung« und »Afrikanisierung« – Zum Problem zweier wissenschaftlicher Konzepte und zu Fragen kulturellen Transfers. In: España y el »Sacro Imperio«. Procesos de cambios, influencas y acciones recíprocas en la época de la »europeización« (siglos XI–XIII). Hgg. Julio Valdeón u. a. (Historia y Sociedad 97). Valladolid 2002, S. 11–31, hier S. 20.

10 Klaus Herbers, Peripherie oder Zentrum? Spanien zwischen Europa und Afrika. In: Europa im späten Mittelalter. Politik – Gesellschaft – Kultur. Hgg. Rainer C. Schwinges u. a. (Historische Zeitschrift Beihefte NF 40). München 2006, S. 99–124, hier S. 124.

11 Rudolf Hiestand, »Europa« im Mittelalter – vom geographischen Begriff zur politischen Idee. In: Europa – Begriff und Idee. Historische Streiflichter. Hg. Hans Hecker (Kultur und Erkenntnis 8). Bonn 1991, S. 33–48, hier S. 36.

schwankend blieb; ›Europa‹ war kein Begriff, um den sich zu streiten gelohnt hätte.«[12]

Überaus problematisch gehandhabt wird mitunter die Einbeziehung der slawischen Welt in den Europabegriff. Für viele entsteht Europa in der Völkerwanderung und umfasst weiterhin nur die Länder der Romania und Germania. Während süd- und westslawische Gebiete gerade noch als Randzone akzeptiert werden, scheidet bei den meisten Darstellungen das riesige Territorium der orthodoxen Slavia völlig aus. Bis heute fehlt Russland in den gängigen Überblicksdarstellungen der europäischen Geschichte des Mittelalters. Diese Exklusion korrespondiert durchaus mit der russischen Sicht der Dinge. Schon während des Aufstiegs des russischen Zarentums in der Neuzeit wurde mehrfach das Verhältnis zu Europa reflektiert und eine Rückständigkeit konstatiert. Mit der Expansion nach Nord- und Zentralasien musste die Positionierung Russlands endgültig relativiert werden. Exilrussen schufen schließlich in den 1920er Jahren das Konzept des Eurasianismus, der sich vom individualistischen und nationalistischen Europa genauso abgrenzt wie vom Bolschewismus, der als fatale Orientierung am Westen wahrgenommen wurde. Grundlage ist ein Geodeterminismus, der die vier horizontalen Vegetationszonen Wüste, Steppe, Taiga und Tundra als prägend für Russland festsetzt. Heute ist Eurasien als geopolitisches Konzept Teil der russischen Staatsideologie, es betont im Sinne des Nationalismus die alte und neue Größe sowie die Besonderheit des Landes.[13]

Besonders relevant ist bei geographischen Prämissen der Begriff der Grenze. Das aus den slawischen Sprachen kommende Wort gelangte erst im Spätmittelalter ins Deutsche. Der zeitgenössische Begriff für Grenze ist Mark bzw. später Gemarkung, wobei damit meist ein breites,

12 Michael Borgolte, Perspektiven europäischer Mittelalterhistorie an der Schwelle zum 21. Jahrhundert. In: Das europäische Mittelalter im Spannungsbogen des Vergleichs. Zwanzig internationale Beiträge zu Praxis, Problem und Perspektiven der historischen Komparatistik. Hg. Michael Borgolte (Europa im Mittelalter 1). Berlin 2001, S. 13–27, hier S. 16.

13 Susi K. Frank, Eurasianismus: Projekt eines russischen »dritten Weges« 1921 und heute. In: Europa und die Grenzen im Kopf. Hgg. Karl Kaser u. a. (Wieser Enzyklopädie des europäischen Ostens 11). Klagenfurt 2003, S. 197–226.

mitunter dicht bewaldetes Grenzgebiet gemeint wird. Untersucht werden in der Geschichtswissenschaft nun kulturelle Grenzen als Zone der Abgrenzung sowie des Übergangs vom Eigenen zum Fremden. Jürgen Osterhammel unterscheidet dazu drei Grenzformen: eine imperiale Barbarengrenze als defensive Sicherheitszone, eine moderne, harte, nationalstaatliche Territorialgrenze und als drittes eine Erschließungsgrenze, die auch als *frontier* bezeichnet werden kann und eine vor allem agrarische Siedlungsgrenze darstellt, die immer weiter vorrückt.[14]

In diesen Bereich gehört ebenfalls der Begriff *Akkulturation*. Er wurde bereits 1936 definiert als Resultat von unmittelbaren Kontakten von Kulturen, als das, was auf diese Kulturen zurück wirkt.[15] Modern geprägt wurde der Begriff vom kanadischen Psychologen John W. Berry. Akkulturation kann auf Populationen genauso wie auf Individuen angewendet werden.[16] Der Prozess der Akkulturation kann von wenigen Jahren bis hin zu Jahrhunderten dauern und konfliktreich bis friedlich verlaufen. Er prägt beide vorher separaten Gesellschaften massiv. Die Akkulturation vollzieht sich innerhalb einer Bevölkerung genauso wie innerhalb einer Familie mit unterschiedlicher Geschwindigkeit.[17] Kulturkontakt entsteht durch Mobilität. Entweder ziehen Gruppen – wie Immigranten und Flüchtlinge – in neue Gegenden oder die neue Kultur wird zu den Einheimischen gebracht. Daraus ergeben sich vier Strategien des Umgangs mit dieser Veränderung im Einwanderungsland: Segregation (die Ursprungskultur bleibt durch Isolation erhalten), Integration (reger Austausch), Assimilation (die eigene Kultur wird aufgegeben) und Marginalisierung (die eigene Kultur wird an den Rand gedrängt und endet ohne Kontaktaufnahme durch Entwurzelung und

14 Jürgen Osterhammel, Kulturelle Grenzen in der Expansion Europas. In: Saeculum 46 (1995), S. 101–138, hier S. 108–112.

15 Robert Redfield, Ralph Linton, Melville J. Herskovits, Memorandum for the Study of Acculturation. In: American Anthropologist NS 38 (1936), S. 149–152, hier S. 149.

16 John W. Berry, Psychology of Acculturation. Understanding Individuals Moving Between Cultures. In: Applied Cross-Cultural Psychology. Hg. Richard W. Brislin (Cross-Cultural Research and Methodology Series 14). Newbury Park u. a. 1990, S. 232–253, hier S. 233.

17 John W. Berry, Acculturation: Living Successfully in Two Cultures. In: International Journal of Intercultural Relations 29 (2005), S. 697–712, hier S. 699 f.

Diskriminierung). Zu berücksichtigen gibt es noch eine Reihe von Faktoren im Prozess der Akkulturation wie die Situation im Auswanderungsland (zum Beispiel Religion und Sprache, Krieg und Unterdrückung, Armut und Hunger oder Überbevölkerung) und den Umgang der aufnehmenden Gesellschaft mit Immigration in Vergangenheit und Gegenwart inklusive erwünschter und unerwünschter Zuwanderung. Die Akkulturation kann nun in unterschiedlichen Feldern für Gruppen und Individuen untersucht werden.[18] John W. Berry hat dieses Modell für die Gegenwart und noch dazu angesichts eines Einwanderungslandes wie Kanada entwickelt. In Nordamerika stand über Generationen die Forderung nach Assimilierung im Raum. Im wissenschaftlichen Bereich erntete das Konzept viel Kritik: »Gesellschaften leben stets im Austausch; Akkulturation ist daher ein Dauerphänomen aller Gesellschaften.«[19] Trotzdem kann der Umgang mit Migration unter dem Aspekt Akkulturation genauso für das Mittelalter untersucht werden.

Geschichte und speziell die Geschichte des Mittelalters ist immer auch eine Geschichte der Migrationen. Schon der Begriff Völkerwanderung am Beginn der Epoche bringt das deutlich zum Ausdruck. Nach der gut dokumentierten Wanderung germanischer Stämme folgte in Zusammenhang mit den Awaren eine stillere slawische Migration über einen längeren Zeitraum. Schließlich dauerte es noch bis zur Niederlassung der Ungarn in Pannonien im 10. Jahrhundert, bis die großen, Europa prägenden Volksbewegungen endeten. Allerdings begann bald darauf eine Kolonisationsbewegung vor allem von Westdeutschland aus Richtung Osten. Der hochmittelalterliche Landesausbau im Inneren führte schließlich in allen Ländern zu Bevölkerungsbewegungen und zur Verdichtung der Kulturlandschaft. Am Ende des Mittelalters wurden auf der einen Seite die Araber aus Spanien vertrieben, auf der anderen Seite eroberten die Osmanen den Balkan.

---

18 John W. Berry, David L. Sam, Acculturation and Adaption. In: Handbook of Cross-Cultural Psychology 3: Social Behavior and Applications. Hgg. John W. Berry u. a. Boston u. a. ²1996, S. 291–326.

19 Florian Hartmann, Kerstin Rahn, Kulturtransfer – Akkulturation – Kulturvergleich. Reflexion über hybride Konzepte. In: Quellen und Forschungen aus italienischen Archiven und Bibliotheken 90 (2010), S. 470–492, hier S. 476.

In der Geschichtswissenschaft noch wenig beachtet ist der Begriff der *Transkulturation*, der vom kubanischen Anthropologen Fernando Ortiz bereits 1940 entwickelt wurde. Gemäß der damaligen Definition von Akkulturation möchte er damit »den Prozess des Transits von einer Kultur zu einer andern bezeichnen, sowie die sozialen Auswirkungen jeglicher Art, die mit einem solchen Prozess einhergehen. ›Transkulturation‹ ist jedoch der angemessenere Begriff.«[20] Angesichts der kubanischen Geschichte stellt er eine immense Mestizierung (*amestizamiento*) von Völkern und Kulturen in Kuba fest, was erst die spezifische, von vielen verschiedenen Einflüssen geprägte kubanische Nation geschaffen habe.[21] Fernando Ortiz bemüht bei seiner Darstellung das Bild vom Kind, das Eigenschaften von beiden Elternteilen hat, aber auch von beiden verschieden ist. Damit relativiert er die Annahme einer rein europäischen Prägung Lateinamerikas und stellt in Kuba eine Verschmelzung von Kulturen aus aller Welt fest. Silvia Spitta greift diesen Ansatz auf und definiert transkulturelle Subjekte als etwas, das zwischen zwei Welten, Kulturen, Sprachen usw. steht.[22] Indirekt ist diese Theorie ebenfalls in der mittelalterlichen Geschichtsforschung vertreten, denn eine Grundthese lautet, dass aus christlich-römischen und germanischen Elementen etwas spezifisch Neues – eben das europäische Mittelalter – entstand.

Kulturtransfer schließlich legt den Schwerpunkt auf die vielfältige Mobilität von Ideen, Wissen und Gütern und wurde in den 1980er Jahren von Michel Espagne und Michael Werner im Rahmen eines deutsch-französischen Forschungsprojekts zum kulturellen Austausch konzipiert. »Selbstverständlich wird ein interkultureller Transfer nicht nur von abstrakten Konjunkturen und geistigen Konstellationen bestimmt: er ist zuallererst das Werk realer Vermittlerpersönlichkei-

20 Fernando Ortiz, Vom Phänomen der ›Transkulturation‹ und von seiner Bedeutung in Kuba (1940). In: Lateinamerikanische Kulturtheorien. Hgg. Isabel Exner, Gudrun Rath. Konstanz 2015, S. 51–57, hier S. 51.

21 Fernando Ortiz, Del fenómeno social de la »transculturación« y de su importancia en Cuba. In: Revista Bimestre Cubana 46 (1940), S. 273–278, hier S. 274.

22 Silvia Spitta, Between Two Waters: Narratives of Transculturation in Latin America. Houston 1995, S. 24.

ten.«[23] Besonders zu beachten ist bei diesem Ansatz die Divergenz im Rahmen des kulturellen Transfers:

> »Explizite Begründung und tatsächliche Funktion der kulturellen Fremdanleihen stimmen nur selten überein, zumal das jeweilige Transferobjekt ja in Ausgangs- und Rezeptionskultur einen verschiedenen Stellenwert besitzt und damit per definitionem interpretatorisch multivalent wird. Deshalb hat die Transferanalyse auch die Geschichte der jeweiligen Argumentationsreihen kritisch aufzuarbeiten, mit denen die Akteure des Transfers ihr Verhalten begründet und legitimiert haben.«[24]

Gerade die Mediävistik hat aus der Sicht von Michel Espagne und Michael Werner dieses Auseinanderstreben schon früh erkannt. Kulturtransfer beschäftigt sich also mit der realen und der geistigen Mobilität von Individuen und Gruppen, in weiterer Folge mit ihrem Wissen, das sich zum Beispiel ebenso in Form von Büchern materialisieren kann. Daneben öffnet sich noch eine weitere Perspektive im Verhältnis von Ausgangs- und Rezeptionskultur. Die ältere Forschung hat dieses Verhältnis oft mit Kulturgefälle im Sinne einer Über- und Unterlegenheit gedeutet. Allerdings erfolgte die Auswahl der transferierten Ideen und Güter sehr selektiv. Es geht nicht nur um den Wunsch nach Modernisierung, sondern vor allem um die Einleitung von Veränderung bis hin zur vollen Absorption des Transferierten. »Nicht der Wille zum Export, sondern die Bereitschaft zum Import steuert hauptsächlich die Kulturtransfer-Prozesse.«[25]

Abzugrenzen ist die Forschung nach dem Kulturtransfer allerdings von gängigen literaturwissenschaftlichen Konzepten: »Transferforschung

---

23 Michel Espagne, Michael Werner, Deutsch-französischer Kulturtransfer im 18. und 19. Jahrhundert. Zu einem neuen interdisziplinären Forschungsprogramm des C.N.R.S. In: Francia 13 (1985), S. 502–510, hier S. 506.

24 Michel Espagne, Michael Werner, Deutsch-französischer Kulturtransfer als Forschungsgegenstand. Eine Problemskizze. In: Transferts. Les relations interculturelles dans l'espace franco-allemand (XVIIIe et XIXe siècle). Hgg. Michel Espagne, Michael Werner. Paris 1988, S. 11–34, hier S. 20.

25 Matthias Middell, Von der Wechselseitigkeit der Kulturen im Austausch. Das Konzept des Kulturtransfers in verschiedenen Forschungskontexten. In: Metropolen und Kulturtransfer im 15./16. Jahrhundert. Prag – Krakau – Danzig – Wien. Hgg. Andrea Langer, Georg Michels (Forschungen zur Geschichte und Kultur des östlichen Mitteleuropa 12). Stuttgart 2001, S. 15–51, hier S. 18.

ist weder Einfluss- noch geläufige Rezeptionsforschung.«[26] Vielmehr rücken Einzelpersonen, Institutionen oder Medien und ihre Netzwerke in den Vordergrund. Die Erforschung des Kulturtransfers stellt nach Michel Espagne kein neues Dogma der Kulturgeschichte auf, sondern lenkt »die Aufmerksamkeit auf die Geschichte der Geistes- und Sozialwissenschaften. Sie setzt der Nationalgeschichte eine neue Geschichte der Regionen und ihrer Einbettung in internationale Verflechtungen entgegen, sie stellt die Gültigkeit der nationalen Gründungsmythen in Frage und gestaltet einen europäischen Raum, der nicht auf eine projektierte Globalisierung hinausläuft.«[27]

Als Problem dieses Konzeptes gilt, dass trotz allem ein Kulturgefälle angenommen wird. »Ferner impliziert der Transfer den Weg von A nach B, schließt also nur zwei Objekte ein und lässt damit die oft mehrpoligen Beziehungsgeflechte außer Acht.«[28] Michel Espagne denkt wohl an einen trilateralen Kulturtransfer, er sieht ihn aber einerseits nur als Form der Durchquerung eines geographischen oder geistigen Raumes und andererseits als »Versuch, den Einfluss eines fremden Kulturraums mithilfe eines dritten abzuwehren.«[29] Obwohl das Konzept für die Neuzeit – und zwar für die Zeit nach der Durchsetzung einer Nationalkultur ab der Mitte des 18. Jahrhunderts – entwickelt wurde, gibt es mittlerweile eine große Anzahl von Kulturtransfer-Forschungen zum Mittelalter. Im Mittelpunkt des Interesses stehen weltliche und geistliche Höfe, Handel und Kunst, Kommunikation und natürlich Wissenstransfer. Kulturtransfer spielt vor allem in Zusammenhang mit Repräsentation eine bedeutende Rolle.

In den Bereich von Akkulturation, Transkulturation und Kulturtransfer sind dann die größeren Kulturströmungen des Mittelalters einzuordnen: Christianisierung und Islamisierung sowie Romanisierung und

26 Thomas Keller, Kulturtransferforschung: Grenzgänge zwischen den Kulturen. In: Kultur. Theorien der Gegenwart. Hgg. Stephan Moebius, Dirk Quadflieg. Wiesbaden ²2011, S. 106–119, hier S. 107.

27 Michel Espagne, Der theoretische Stand der Kulturtransferforschung. In: Kulturtransfer. Kulturelle Praxis im 16. Jahrhundert. Hg. Wolfgang Schmale (Wiener Schriften zur Geschichte der Neuzeit 2). Innsbruck u. a. 2003, S. 63–75, hier S. 73.

28 Hartmann/Rahn, Kulturtransfer – Akkulturation – Kulturvergleich, S. 483.

29 Espange, Der theoretische Stand, S. 69.

Germanisierung. Immerhin finden sich im Mittelalter durchgehend internationalisierte Kreise: Adel, Kirche und Experten aller Art. Sie sind höchst mobil und transferieren Ideen und Wissen quer über den Kontinent. Die Thematik reicht aufgrund der üppigen Überlieferung weit in das Fach Kunstgeschichte hinein, denn so können die Hauptströmungen Romanik, Gotik und Renaissance mit ihren vielfältigen Varianten am besten verstanden werden. Die mittelalterliche Geschichtsforschung geht mit diesen verschiedenen Konzepten überaus pragmatisch um. Michael Borgolte und Bernd Schneidmüller bringen das auf den Punkt mit der Feststellung: »Kulturen sind Kombinationen unterschiedlicher Elemente, Versatzstücke, Traditionen. Kulturen sind zusammengesetzt, hybrid.«[30] Vielleicht wäre liquid ein zusätzlicher Begriff, denn alles fließt ineinander und ist niemals gleich – *panta rhei!*

Leseempfehlungen

Robert Redfield, Ralph Linton, Melville J. Herskovits, Memorandum for the Study of Acculturation. In: American Anthropologist NS 38 (1936), S. 149–152.

Michel Espagne, Michael Werner, Deutsch-französischer Kulturtransfer im 18. und 19. Jahrhundert. Zu einem neuen interdisziplinären Forschungsprogramm des C.N.R.S. In: Francia 13 (1985), S. 502–510.

Michel Espagne, Michael Werner, Deutsch-französischer Kulturtransfer als Forschungsgegenstand. Eine Problemskizze. In: Transferts. Les relations interculturelles dans l'espace franco-allemand (XVIIIe et XIXe siècle). Hgg. Michel Espagne, Michael Werner. Paris 1988, S. 11–34.

John W. Berry, Psychology of Acculturation. Understanding Individuals Moving Between Cultures. In: Applied Cross-Cultural Psychology. Hg. Richard W. Brislin (Cross-Cultural Research and Methodology Series 14). Newbury Park-London-New Dehli 1990, S. 232–253.

30 Michael Borgolte, Bernd Schneidmüller, Vorwort. In: Hybride Kulturen im mittelalterlichen Europa. Vorträge und Workshops einer internationalen Frühlingsschule / Hybrid Cultures in Medieval Europe. Papers and Workshops of an International Spring School. Hgg. Michael Borgolte, Bernd Schneidmüller (Europa im Mittelalter 16). Berlin 2010, S. 7 f. hier S. 7.

Rudolf Hiestand, »Europa« im Mittelalter – vom geographischen Begriff zur politischen Idee. In: Europa – Begriff und Idee. Historische Streiflichter. Hg. Hans Hecker (Kultur und Erkenntnis 8). Bonn 1991, S. 33–48.

Jürgen Osterhammel, Kulturelle Grenzen in der Expansion Europas. In: Saeculum 46 (1995), S. 101–138.

John W. Berry, David L. Sam, Acculturation and Adaption. In: Handbook of Cross-Cultural Psychology 3: Social Behavior and Applications. Hgg. John W. Berry u. a. Boston u. a. ²1996, S. 291–326.

Spatial Turn. Das Raumparadigma in den Kultur- und Sozialwissenschaften. Hgg. Jörg Döring, Tristan Thielmann. Berlin 2008.

Florian Hartmann, Kerstin Rahn, Kulturtransfer – Akkulturation – Kulturvergleich. Reflexion über hybride Konzepte. In: Quellen und Forschungen aus italienischen Archiven und Bibliotheken 90 (2010), S. 470–492.

Thomas Keller, Kulturtransferforschung: Grenzgänge zwischen den Kulturen. In: Kultur. Theorien der Gegenwart. Hgg. Stephan Moebius, Dirk Quadflieg. Wiesbaden ²2011, S. 106–119.

Fernando Ortiz, Vom Phänomen der ›Transkulturation‹ und von seiner Bedeutung in Kuba (1940). In: Lateinamerikanische Kulturtheorien. Hgg. Isabel Exner, Gudrun Rath. Konstanz 2015, S. 51–57.

4 Handlungen und Zeichen

Bis heute sind weite Teile des öffentlichen Lebens – ob Staat, Politik, Religion, Unterhaltung oder natürlich Sport – von ritualisierten symbolischen Handlungen und Zeichen geprägt. Der lange vorherrschende Fokus auf Texte hat in den Kulturwissenschaften den Blick darauf weitgehend verstellt. Gerade in der zweiten Hälfte des 20. Jahrhunderts sind alte Rituale in der öffentlichen Diskussion immer häufiger hinterfragt und abgelehnt worden. Sie wurden als Ausdruck von vormodernen Machtverhältnissen verstanden, die einer modernen, auf Gleichheit aufbauenden Gesellschaft widersprachen. An ihrer Stelle sind neue Rituale in modernen Kontexten aufgekommen. In den Kulturwissenschaften wird die zunehmende Beschäftigung mit symbolischen Handlungen und Zeichen gerne als *performative turn* bezeichnet. Der dazu gehörige deutsche Neologismus Performanz beschreibt ein Verhalten in einer konkreten Situation. Im kulturwissenschaftlichen Kontext wird das Wort ähnlich dem englischen Verb *to perform* verwendet und verweist damit auf ein nicht wiederholbares kontextualisiertes Ereignis wie etwa in der darstellenden Kunst eine Performance. »Aus Ereignissen, Praktiken, materiellen Verkörperungen und medialen Ausgestaltungen werden die Hervorbringungs- und Veränderungsmomente des Kulturellen erschlossen.«[1]

Im *performative turn* wird Ritual als Begriff aus der Ethnologie und Religionswissenschaft mit den theaterwissenschaftlichen Terminologien Aufführung und Inszenierung verbunden. So entstand ein völlig neuer kulturwissenschaftlicher Ansatz, der erhebliche Parameter veränderte. Die Theaterwissenschaftlerin Erika Fischer-Lichte geht sogar so weit,

1 Bachmann-Medick, Cultural Turns, S. 104.

dass »Kultur als Text« von »Kultur als Performance« abgelöst worden sei: Seit den 1970er Jahren »trat eine Begrifflichkeit in den Vordergrund, die dem Theater entliehen ist – Inszenierung, Spiel, Maskerade, Spektakel, Verkörperung.«[2] Nun sind Beziehungen – vor allem aber Spannungsverhältnisse – von Interesse, als Begriff rückt auch für Rituale die Theatralität in den Mittelpunkt. Sie ist die Symbiose von Wahrnehmung, Bewegung und Sprache.[3]

Im Rahmen der Kulturwissenschaften ebenfalls untersucht wird die Körperverwendung in kommunikativen Prozessen außerhalb des Theaters. Das geht hin bis zum Tanz im öffentlichen Raum, der gerade in der Vormoderne ein zentraler Bestandteil der symbolischen Kommunikation ist: »Aus tänzerischen Bewegungsformen können Beobachter nicht nur Gesundheitszustand und Körperkontrolle des Tanzenden ablesen, sondern auch Rückschlüsse auf politische und militärische Kompetenzen ziehen.«[4] Es lässt sich sogar feststellen, »dass der Tanz im kirchlichen Kontext des Spätmittelalters kein Fremdkörper war, sondern in vielfacher Weise in die Religiosität eingebunden war.«[5] Kleriker tanzten selbst und richteten Tanzveranstaltungen aus, Tanzkritik und Tanzverbot bezogen sich auf Einzelbeispiele. »Tanzen wurde geachtet als ein ständisch differenziertes Recht und als eine soziale Pflicht.«[6] Ebenfalls in ganz Europa ihren Platz hatten Totentänze, die »real vollzogen wurden an der Bahre von Verstorbenen, auf Grabhügeln oder auf Friedhöfen im Umkreise von Kirchen.«[7]

---

2 Erika Fischer-Lichte, Ästhetische Erfahrung. Das Semiotische und das Performative. Tübingen-Basel 2001, S. 9.

3 Helmar Schramm, Karneval des Denkens. Theatralität im Spiegel philosophischer Texte des 16. und 17. Jahrhunderts (Literaturforschung). Berlin 1996, S. 44.

4 Philip Knäble, Gregor Rohmann, Julia Zimmermann, Tanz in der Vormoderne. In: Das Mittelalter 23 (2018), S. 241–253, hier S. 242.

5 Philip Knäble, Eine tanzende Kirche. Initiation, Ritual und Liturgie im spätmittelalterlichen Frankreich (Symbolische Kommunikation in der Vormoderne). Köln u. a. 2016, S. 382.

6 Walter Salmen, Tanz und Tanzen vom Mittelalter bis zur Renaissance (Terpsichore 3). Hildesheim u. a. 1999, S. 3.

7 Walter Salmen, Zur Praxis von Totentänzen im Mittelalter. In: Tanz und Tod in Kunst und Literatur. Hg. Franz Link (Schriften zur Literaturwissenschaft 8). Berlin 1993, S. 119–126, hier S. 119.

Im Zentrum der Beobachtung steht das Theatrale. Es »ereignet sich im Gesamtverhalten, in nahezu allen Ausdrucksmöglichkeiten der Körper, einschließlich des unmittelbaren Umgangs mit Dingen (Kostümierung).«[8] So wird dann – als Voraussetzung einer Wahrnehmung – Inszenierung als gestaltete Aufführung zu einem maßgeblichen Begriff. Sie steht in engem Zusammenhang mit Ästhetik. Damit »funktioniert der Begriff der Inszenierung als ein markanter Schnittpunkt im interdisziplinären Diskurs.«[9] Eine Aufführung stellt ein nicht wiederholbares Ereignis dar. Darstellende und Publikum sind nicht losgelöst voneinander, sondern interagieren. »In diesem Sinne laufen Produktion und Rezeption gleichzeitig ab und bedingen einander.«[10] Die Anwesenden müssen dabei mehrere Sinne zugleich einsetzen und können mitunter den Überblick verlieren. Hier öffnet sich dann der Raum für Illusionen. »In jedem Aufführungsaugenblick strömen von der Bühne gleichzeitig Ausdruckselemente auf die Zuschauer ein, die völlig unterschiedlichen Zusammenhängen entstammen.«[11] Zu berücksichtigen wären simultan zum Beispiel Sprache, Mimik, Gestik, Kleidung, Requisiten, Umgebung, Beleuchtung, Musik und Geräusche.[12] Deshalb werden Aufführungen zuerst einmal erfahren und später verstanden. Vieles erschließt sich erst in kommunikativen Prozessen aus der Retrospektive, indem Bilder hervorgerufen werden.

Ausgangspunkt vieler Ansätze in der Ritualforschung sind jene Überlegungen, die John L. Austin im Jahre 1955 im Rahmen einer Vorle-

8 Joachim Fiebach, Zur Geschichtlichkeit der Dinge und der Perspektiven. Bewegungen des historisch materialistischen Blicks. In: Theaterwissenschaft heute. Eine Einführung. Hg. Renate Möhmrann. Berlin 1990, S. 371–388, hier S. 382.

9 Fischer-Lichte, Ästhetische Erfahrung, S. 286.

10 Erika Fischer-Lichte, Performance, Inszenierung, Ritual. Zur Klärung kulturwissenschaftlicher Schlüsselbegriffe. In: Geschichtswissenschaft und »performative turn«. Ritual, Inszenierung und Performanz vom Mittelalter bis zur Neuzeit. Hgg. Jügen Martschukat, Steffen Patzold (Norm und Struktur 19). Köln u. a. 2003, S. 33–54, hier S. 39.

11 Guido Hiß, Zur Aufführungsanalyse. In: Theaterwissenschaft heute. Eine Einführung. Hg. Renate Möhmrann. Berlin 1990, S. 65–80, hier S. 70.

12 Tadeusz Kowzan, Le texte et le spectacle rapports entre la mise in scène et la parole. In: Cahiers de l'Association Internationale des Études Françaises 21 (1969), S. 63–72, hier S. 70.

sung zur Theorie der Sprechakte anstellte. Ihm war es dabei wichtig, die seit der Antike übliche alleinige Unterscheidung zwischen wahrer und falscher Aussage aufzubrechen. Für John L. Austin ist jedes Sprechen zugleich eine Handlung. Dabei unterscheidet er zwischen Lokution als einfache sprachliche Äußerung (etwas sagen), Illokution als durchgeführte Handlung (etwas vollziehen, *indem* man etwas sagt) und Perlokution als Folgewirkung (*dadurch, dass* man etwas sagt).[13] Kulturwissenschaftlich von großem Interesse sind Situationen, in denen formelhafte Sprache und Handlung zusammenfallen, wie das etwa bei Riten der Fall ist. Erika Fischer-Lichte fügt zu John L. Austins Überlegungen noch hinzu: »Ein performativer Akt ist ausschließlich als ein verkörperter zu denken.«[14]

Teilweise wendet sich der *performative turn* gegen einen zu ausgeklügelten Kulturbegriff, der als »ein kollektives System, als ein symbolischer Code oder als ein lesbarer Text« definiert wird. Dem wird eine Pragmatik der Kultur als soziale Praxis gegenübergestellt.[15] Dabei geht es in erster Linie um *knowing how* (Können) und nicht um *knowing that* (Wissen), das erst darauf aufbaut.[16] Übernommen wird des Weiteren eine These aus der Soziologie, die besagt, dass Menschen meist bestimmte soziale Praktiken ausleben und nicht intentional – also zielgerichtet – handeln.[17] In der Praxis verhält sich jeder unterschiedlich geschickt und extrem situativ, was zu ständigen Modifikationen führt. Damit kann die gelebte Praxis mitunter stark variieren. Für Erika Fischer-Lichte hingegen hat sich der *linguistic* bzw. *semiotic turn* keinesfalls erledigt: »Das Semiotische und das Performative bilden entsprechend nicht ein Oppositionspaar, sondern ein Wechselverhältnis.«[18]

---

13 John L. Austin, Zur Theorie der Sprechakte (How to Do Things with Words). Stuttgart 1972, S. 110–122.

14 Erika Fischer-Lichte, Performativität. Eine Einführung. Bielefeld 2012, S. 44.

15 Karl H. Hörning, Kultur als Praxis. In: Handbuch der Kulturwissenschaften. Bd. 1: Grundlagen und Schlüsselbegriffe. Hgg. Friedrich Jaeger, Burkhard Liebsch. Stuttgart-Weimar 2004, S. 139–151, hier S. 139.

16 Gilbert Ryle, Knowing How and Knowing That. The Presidential Address. In: Proceedings of the Aristotelian Societies NS 46 (1945/46), S. 1–16, hier S. 4 f.

17 Hörning, Kultur als Praxis, S. 142.

18 Fischer-Lichte, Ästhetische Erfahrung, S. 20.

Mit dem Ritual bzw. dem religiösen Kult beschäftigte sich bereits die wissenschaftliche Forschung im 19. Jahrhundert. Bei Anhängern der reformierten Kirchen war der Begriff allerdings belastet, denn es herrscht seit dem Reformator Johannes Calvin eine ausgeprägte antiritualistische Haltung.[19] So kommt es auch, dass Edward B. Tylor, der Begründer der britischen Sozial- bzw. Kulturanthropologie, den römisch-katholischen Glauben »wegen der Beibehaltung von Riten, die weit natürlicher mit einer barbarischen Cultur in Einklang stehen,« geringer schätzt und so in der »Culturwissenschaft wesentlich eine Wissenschaft der Reformation« sieht.[20] Im anglo-amerikanischen Raum wurde der Betriff Ritual im 19. Jahrhundert zunehmend gegenüber außereuropäischen Glaubensvorstellungen als Gegensatz zur eigenen christlichen Religion bzw. anderen monotheistischen Religionen verwendet. So wird er zum Beispiel mit Menschenopfer, Kannibalismus, Witwenverbrennung, Hexerei und Aberglaube sowie Unterdrückung der geistigen Freiheit und des Fortschritts durch die römisch-katholische Kirche gleichgesetzt.[21] Im frühen 20. Jahrhundert kamen Konnotationen mit dem Mystizismus, Exotismus und Okkultismus auf. Dadurch wurde das Ritual zu einer vormodernen Erscheinungsform der Unfreiheit, da man sich ihm unterwerfen musste.[22] Allerdings hat schon 1970 Mary Douglas in ihrer vergleichenden Analyse von Industriegesellschaft und Stammeskultur darauf hingewiesen, »daß magische Riten nicht überall auf der Welt gleichwertig sind und daß das Interesse an der Wirksamkeit magischer Handlungen mit der Stärke der sozialen Bindungen variiert.«[23] Das be-

19 Theo Sundermeier, Ritus I. In: Theologische Realenzyklopädie 29 (1998), S. 159–265, hier S. 260.

20 Edward B. Tylor, Anfänge der Cultur. Untersuchungen über die Entwicklung der Mythologie, Philosophie, Religion, Kunst und Sitte. Bd. 2. Leipzig 1873, S. 452 und S. 456.

21 Jan G. Platvoet, Ritual: Religious and Secular. In: Theorizing Rituals: Issues, Topics, Approaches, Concepts. Hgg. Jens Kreinath u. a. (Studies in the History of Religions 114/1). Leiden-Boston 2006, S. 161–205, hier S. 178.

22 Michael Wimmer, Alfred Schäfer, Einleitung: Zur Aktualität des Ritualbegriffs. In: Rituale und Ritualisierungen. Hgg. Alfred Schäfer, Michael Wimmer (Grenzüberschreitungen 1). Opladen 1998, S. 9–47, hier S. 10.

23 Mary Douglas, Ritual, Tabu und Körpersymbolik. Sozialanthropologische Studien in Industriegesellschaft und Stammeskultur (Conditio humana). Frankfurt a. M. 1974, S. 32.

deutet, dass Rituale bei der Auflösung von Gruppen ebenfalls verschwinden und neu formierte Gruppen wieder Rituale einrichten. Zwischen primitiv und religiös kann also kein kausaler Zusammenhang hergestellt werden. Gegenüber der anglo-amerikanischen Diskussion akzeptierte die katholische Religionswissenschaft den modernen Ritualbegriff relativ schnell, da dieser Glaube von alters her den Begriff Ritus als Konsens für geordnete Traditionen und Gebräuche vor allem in Bezug auf die Liturgie kennt.

> »Die Ritualwissenschaft profitiert davon, dass in allen bekannten Kulturen und auch in der aktuellen globalen Kultur rituelles Handeln ordnungs-, macht- und repräsentationspolitisch privilegiert wird, was dazu geführt hat, dass Rituale zu den am besten überlieferten und dokumentierten Bereichen kultureller Systeme gehören.«[24]

Mit einem Ritual werden zentrale Botschaften vermittelt. So konstituiert der Ritus maßgeblich die Gemeinschaft, daraus erst entstehen die Mythen.[25] Jane Ellen Harrison wies bereits 1912 darauf hin, dass der Ursprung des griechischen Theaters und der griechischen Religion eng miteinander verwoben sind.[26] Prägend für den modernen Ritualbegriff wurde der Ethnologe Victor Turner, der sich eingehend mit dem Themenkomplex Symbol, Mythos und Ritual beschäftigte. Er baute wiederum auf die Theorie der Übergangsriten von Arnold van Gennep auf. Dieser bettet Zeremonien in eine magisch-religiöse vormoderne Welt ein, die Riten bei allen Abläufen bzw. Veränderungen in Natur (wie die Jahreszeiten oder Mondphasen) und menschlichem Leben (von der Geburt bis zum Tod) kennt. Arnold van Gennep bildete schließlich drei Kategorien von Übergangsriten (*rites de passage*): Trennungsriten (*rites de séparation*) stehen für eine Ablösephase, Schwellen- bzw. Umwandlungsriten (*rites de marge*) für eine Zwischenphase – wobei sich Schwelle auf einen Raum und Umwandlung auf einen Zustand beziehen – und Angliederungsriten (*rites d'agrégation*) für eine In-

---

24 Burckhard Dücker, Rituale. Formen – Funktionen – Geschichte. Eine Einführung in die Ritualwissenschaft. Stuttgart-Weimar 2007, S. 189.

25 William Robertson Smith, Die Religion der Semiten. Freiburg i. B. u. a. 1899, S. 13–24.

26 Jane Ellen Harrison, Themis. A Study of the Social Origins of Greek Religion. Cambridge 1912, S. 31.

tegrationsphase.[27] Victor Turner beschäftigte sich daraufhin eingehender mit dem Schwellenzustand – der Liminalität – bzw. den Schwellenpersonen. »Schwellenwesen sind weder hier noch da; sie sind weder das eine noch das andere, sondern befinden sich zwischen den vom Gesetz, der Tradition, der Konvention und dem Zeremonial fixierten Positionen.«[28] Dementsprechend wird ihr Zustand bei den verschiedenen Stämmen als tot, im Mutterschoß, unsichtbar, bisexuell oder mit Sonnen- oder Mondfinsternis beschrieben. Es sind Wesen, die nichts besitzen, zum Teil als nackt gelten. Sie verhalten sich passiv und demütig. Es ist ein Zustand der Neuformierung, in dem sie sogar mit neuen Kräften ausgestattet werden. Untereinander haben diese Neophyten eine intensive und gleichrangige zwischenmenschliche Beziehung, die oft das ganze Leben lang währt. In weiterer Folge beschäftigt sich Turner mit dem Unterschied zwischen einer strukturierten hierarchischen Gesellschaft und der undifferenzierten unmittelbaren Gemeinschaft (*communitas*).

Der amerikanische Ritualforscher Ronald Grimes schlägt sechs Arten ritueller Erfahrung vor, die sich nicht immer ganz scharf voneinander unterscheiden lassen. Am Anfang steht die prinzipielle (1) Ritualisierung einfacher Handlungen, sie ist die Grundlage aller weiteren Formen. Eine (2) Anstandsregel, seit der Antike als *decorum* bekannt, drückt das angemessene Verhalten aus und wird oft im Sinne eines Interaktionsrituals interpretiert. Begrüßen und Verabschieden sind die einfachsten Beispiele dafür. (3) Zeremonien heben sich über das Soziale bereits hinaus. Hinter ihnen steht eine größere Absicht, hier tritt die Gemeinschaft schon deutlicher hervor. Oft geht es bei Zeremonien um den Ausdruck von Respekt gegenüber Ämtern, Vergangenheit oder Zielen einer Gesellschaft. Als (4) Magie wird eine Wirkung bezeichnet, die durch Rituale herbeigeführt werden soll. Die Spannbreite reicht von Flüchen bis zu Heilungsritualen. Schließlich folgt die (5) Liturgie, die deutlich von Magie zu unterscheiden ist. Sie weist Transzendenz und

27 Arnold van Gennep, Übergangsriten (Les rites de passage). Frankfurt a. M. u. a. 1986, S. 21.

28 Victor Turner, Das Ritual. Struktur und Anti-Struktur. Frankfurt a. M.-New York Neuaufl. 2005, S. 95.

Universalität auf und gibt Antworten auf die Frage des Seins. Sie steht für das Heilige selbst, man begegnet ihm demütig und wartet auf Erleuchtung. Liturgie drückt Anteilnahme an der Macht aus, vergegenwärtigt Ereignisse und gibt stabile Strukturen. Außerdem gibt es noch die (6) Feier, die spielerisch ist, Gefühle hervorruft und spontan sein kann. In ihr gibt es kein genau festgelegtes Handeln, kein Ziel und keine Magie.[29] Eine Feier kann mitunter eine Gegenwelt zu den anderen Typen von Ritualen sein, wie sie im Karneval vielleicht am besten repräsentiert ist.

Einen anderen Zugang wählt der Germanist Wolfgang Braungart. Für ihn sind Literatur und Ritual mitunter ähnlich:

> »Literatur weist in ihrer Produktion und Rezeption, ihrer ästhetischen Form, ihrer Struktur, ihrem Inhalt und ihrer thematischen Bezugnahme, ihrer sozialen Einbindung, ihrer sozialen Inszenierung und ihrer sozialen Organisation Bezüge zum Ritual auf. Sie kann selbst als Ritual inszeniert und praktiziert werden. Form ist beim Ritual wie beim Kunstwerk Bewältigung.«[30]

In literarischen Texten gibt es viele rituelle Elemente und nicht zuletzt Themen wie zum Beispiel die Liminalität. Wolfgang Braungart stellt Rituale fest:

> »a) durch die Wiederholung einer Handlung; b) durch Festlichkeit und Feierlichkeit; c) durch Selbstbezüglichkeit; d) durch Akteure und Zuschauer, die sich der Bedeutsamkeit des Rituals bewußt sind; e) durch eine ästhetisch-symbolische Ausgestaltung, die das Ritual heraushebt und unterscheidet.«[31]

Konsens der meisten Theorien ist, dass Rituale aus dem normalen Leben herausgehoben sind, ein anwesendes Publikum mit persönlicher Erfahrung brauchen, einem geregelten, reproduzierbaren Ablauf folgen und etwas Wichtiges für eine Gruppe ausdrücken müssen. Weitere Kriterien hängen meist von der Forschungsfrage ab.

---

29 Ronald Grimes, Typen ritueller Erfahrung. In: Ritualtheorien. Ein einführendes Handbuch. Hgg. Andréa Belliger, David J. Krieger. Opladen-Wiesbaden 1998, S. 119–134.

30 Wolfgang Braungart, Ritual und Literatur (Konzepte der Sprach- und Literaturwissenschaft 53). Tübingen 1996, S. 17.

31 Wolfgang Braungart, Ritual und Literatur. Literaturtheoretische Überlegungen im Blick auf Stefan George. In: Sprache und Literatur 23 (1992), S. 2–31, hier S. 4.

In der Geschichtswissenschaft ist erst in jüngster Zeit von Performanz die Rede, ältere Begriffe sind symbolische Kommunikation bzw. Ritualforschung. Der Begriff symbolische Kommunikation wird mitunter kritisch gesehen, denn streng genommen sind Schriftzeichen und Bilder ebenfalls Symbole.[32] Das Konzept der symbolischen Kommunikation geht davon aus, dass Bedeutungen, Werte, Zeichen und Metaphern zur sozialen Organisation führen. »Rituale lassen sich dementsprechend wie ein Text lesen bzw. interpretieren.«[33] Der Sozialanthropologe Edmund Leach geht davon aus, dass wir uns als Gesellschaft bzw. Gruppe in Ritualen selbst etwas sagen wollen, auch wenn die Interpretationen des Gesagten auseinander gehen: »Wir betätigen uns in Ritualen, um uns selber kollektive Botschaften zu übermitteln.«[34]

Gerade im Bereich der mittelalterlichen Geschichtsforschung ist der Ansatz der symbolischen Kommunikation weit gediehen, aber zum Teil heftig umstritten. Frühe Darstellungen stammen bereits von Marc Bloch, der 1924 auf Französisch ein Buch über wundertätige Könige veröffentlichte,[35] und Percy Ernst Schramm, der sich in den 1950er Jahren mit Herrschaftszeichen und Staatssymbolik auseinandersetzte.[36] Die neueren historischen Forschungen sind vor allem mit dem Kreis um Gerd Althoff verbunden, der bereits in den 1980er Jahren durch seine Forschungen zu Herrschaftsordnungen bzw. Konfliktführungen auf dieses Thema stieß. Für Gerd Althoff stellt sich die mittelalterliche Kommunikation als demonstrativ-rituell dar. Kleidung, Geste, Emotion transportierten Botschaften, klärten über Zustände und Verhältnisse positiver und negativer Art auf, was wiederum – sofern die Zeichen ver-

32 Silvia Serena Tschopp, Wolfgang E. J. Weber, Grundfragen der Kulturgeschichte (Kontroversen um die Geschichte). Darmstadt 2007, S. 113.

33 Christoph Wulf, Jörg Zirfas, Performative Welten. Einführung in die historischen, systematischen und methodischen Dimensionen des Rituals. In: Die Kultur des Rituals. Inszenierungen. Praktiken. Symbole. Hgg. Christoph Wulf, Jörg Zirfas. München 2004, S. 7–45, hier S. 25.

34 Edmund Leach, Kultur und Kommunikation. Zur Logik symbolischer Zusammenhänge. Frankfurt a. M. 1978, S. 59.

35 Marc Bloch, Die wundertätigen Könige. München 1998.

36 Percy Ernst Schramm, Herrschaftszeichen und Staatssymbolik. Beiträge zu ihrer Geschichte vom dritten bis zum sechzehnten Jahrhundert. 3 Bde. (Schriften der Monumenta Germaniae Historica 13/1–3). Stuttgart 1954–56.

standen wurden – die Ordnung stabilisierte. Eine entsprechende Inszenierung trug wesentlich zum Funktionieren dieses Systems bei. »Neben und teilweise anstelle der Sprache praktizierten die Führungsschichten Formen differenzierter nonverbaler Kommunikation, die eine wichtige Aufgabe erfüllten.«[37]

In diesem Zusammenhang spielt der Begriff der Öffentlichkeit eine besondere Rolle. Jürgen Habermas hat diese dem Mittelalter noch abgesprochen: »Öffentlichkeit als ein eigener, von einer privaten Sphäre geschiedener Bereich lässt sich für die feudale Gesellschaft des hohen Mittelalters soziologisch, nämlich anhand institutioneller Kriterien, nicht nachweisen.«[38] Er geht von einer feudal-repräsentativen Öffentlichkeit aus. Allerdings gab es bereits in den 1920er Jahren erste Begriffsbestimmungen von Öffentlichkeit im Mittelalter.[39] Und schon vor Gerd Althoff widersprach Bernd Thum der Behauptung Jürgen Habermas' heftig.[40] So kennt einerseits die mittelalterliche Literatur sehr genau den Begriff offenbaren für veröffentlichen,[41] andererseits haben Urkunden mit der sogenannten *publicatio* eine formelhafte Stelle, in der sogar die zukünftige Öffentlichkeit angesprochen wird. Für Gerd Althoff unterliegen vor allem aufgrund des öffentlichen Drucks alle Beteiligten einem »beträchtlichen Zwang zum ›Mitspielen‹, anderweitiges Verhalten bedeutete ein ›Aus-der-Rolle-Fallen‹, eine Störung dieser Ordnung. Durchdenkt man die Konsequenzen dieses Kommunikationsstils, so fällt es nicht schwer zu erkennen, wieviel Machtausübung mit ihm verbunden

37 Gerd Althoff, Spielregeln der Politik im Mittelalter. Kommunikation in Friede und Fehde. Darmstadt 1997, S. 12.

38 Jürgen Habermas, Strukturwandel der Öffentlichkeit. Untersuchungen zu einer Kategorie der bürgerlichen Gesellschaft (Politica 4). Neuwied 1962, S. 18.

39 Alois Dempf, Sacrum imperium. Geschichts- und Staatsphilosophie des Mittelalters und der politischen Renaissance. München-Berlin 1929, S. 31.

40 Bernd Thum, Öffentlichkeit und Kommunikation im Mittelalter. Zur Herstellung von Öffentlichkeit im Bezugsfeld elementarer Kommunikationsformen im 13. Jahrhundert. In: Höfische Repräsentation. Das Zeremoniell und die Zeichen. Hgg. Hedda Ragotzky, Horst Wenzel. Tübingen 1990, S. 65–87.

41 Bernd Thum, Öffentlich-Machen, Öffentlichkeit, Recht. Zu den Grundlagen und Verfahren der politischen Publizistik im Spätmittelalter (mit Überlegungen zur sog. »Rechtssprache«). In: Zeitschrift für Literaturwissenschaft und Linguistik 10/37 (1980), S. 12–69.

war. Man mußte mitspielen.«[42] Zugleich wird Absenz zu einer Aussage. Das bedeutet, dass politische Rituale des Mittelalters nicht magisch-geheimnisvoll sein konnten, auch wenn mitunter religiöse Rituale als Vorbild dienten: »Zumindest die aktiven Teilnehmer an dieser Kommunikation mussten Grammatik und Semantik der Zeichen beherrschen.«[43] Das bedeutet schließlich, dass besonders theatralisches Verhalten als abgesprochen, als inszeniert verstanden werden muss. Auf alle Fälle gehört das Theatrale unbedingt zu allen öffentlichen Akten dazu: »›Spektakel der Macht‹ waren es, weil sie politische und soziale Macht sowohl verliehen als auch sichtbar machten.«[44]

Noch eine weitere Dimension der symbolischen Kommunikation erschließt sich den heute lebenden Menschen nur schwer: Das mittelalterliche Recht funktionierte nach anderen Prinzipien als das moderne. Meist wird mit einer Geste nicht näher definiert, was genau vereinbart wurde. »Herrschende Prinzipien waren nicht Totalität und Egalität, wichtiger waren Situativität und Präsenz.«[45] Die Schriftlichkeit ist wenig ausgeprägt, Formulierungen bleiben meist vage, viel mehr wird immer wieder an ein allgemeines Verständnis – oft genug bezeichnet mit ›wie es Recht ist‹ – appelliert. »Symbolisch-rituelle Kommunikation im Mittelalter war in der Tat durch ein Ausmaß von Ambiguität gekennzeichnet, das sie in modernen Augen als ungeeignet für die Stiftung von Ordnung erscheinen lässt.«[46] Das mittelalterliche Recht kennt gar keine Rechtsnormen, das ist erst ein moderner

42 Althoff, Spielregeln der Politik, S. 13.

43 Gerd Althoff, Baupläne der Rituale im Mittelalter. Zur Genese und Geschichte ritueller Verhaltensmuster. In: Die Kultur des Rituals. Inszenierungen. Praktiken. Symbole. Hgg. Christoph Wulf, Jörg Zirfas. München 2004, S. 176–197, hier S. 181.

44 Gerd Althoff, Barbara Stollberg-Rilinger, Spektakel der Macht? Einleitung. In: Spektakel der Macht. Rituale im alten Europa. 800–1800. Katalog. Hgg. Barbara Stollberg-Rilinger u. a. Darmstadt 2008, S. 15–19, hier S. 15.

45 Thum, Öffentlichkeit und Kommunikation, S. 69.

46 Gerd Althoff, Spielregeln symbolischer Kommunikation und das Problem der Ambiguität. In: Alles nur symbolisch? Bilanz und Perspektiven der Erforschung symbolischer Kommunikation. Hgg. Barbara Stollberg-Rilinger u. a. (Symbolische Kommunikation in der Vormoderne). Köln u. a. 2013, S. 35–51, hier S. 45 f.

Begriff.[47] Vielfach wird daher der Terminus Rechtsgewohnheiten verwendet. Diese sind »als Bestandteile einer Kultur zu begreifen, in der Rechtsentwicklung und gerichtliche Streitentscheidung weithin noch nicht durch Gesetzgebung und Rechtswissenschaft vorgeprägt sind« und Schriftlichkeit noch weitgehend fehlt.[48] Gerd Althoff möchte mit dem Begriff Spielregeln genau dieses Unverbindliche ausdrücken.

> »Diese Praktiken regelten das Mit- und Gegeneinander der politisch Mächtigen. Sie lieferten das Gerüst, auf dessen Grundlage der Kampf um Macht und Einfluss gemeinhin geführt wurde, der unter ihrem Eindruck dann wie eine Auseinandersetzung um Ansehen und Anerkennung aussah.«[49]

Lange genug wurde dieses Verhalten in der Geschichtswissenschaft nicht wahrgenommen.

Aus Gerd Althoffs Initialzündung, die sich vor allem den mittelalterlichen Führungsschichten widmete, entwickelten sich zahlreiche neue Fragestellungen zur symbolischen Kommunikation, denen öffentlich geförderte Großprojekte folgten. »Das Thema scheint wie wenige andere geeignet, die mediävistischen Disziplinen in großer Zahl zusammenzuführen und auch über sie hinaus Interesse zu finden.«[50] Oft genug befindet sich dabei als Ausgangspunkt weiterhin der Hof – vor allem der Kaiser- oder Papsthof – im Mittelpunkt. Beide Oberhäupter stehen für eine spezifische Art von Repräsentation und Herrschaftshandeln. Gleich daran knüpft sich aber die Frage des Ranges und in weiterer Folge die Frage der Ehre innerhalb der höfischen Gesellschaft an, womit zusätzli-

---

47 Martin Pilch, Der Rahmen der Rechtsgewohnheiten. Kritik des Normsystemdenkens entwickelt am Rechtsbegriff der mittelalterlichen Rechtsgeschichte. Wien u. a. 2009.

48 Reiner Schulze, »Gewohnheitsrecht« und »Rechtsgewohnheiten« im Mittelalter – Einführung. In: Gewohnheitsrecht und Rechtsgewohnheiten im Mittelalter. Hgg. Gerhard Dilcher u. a. (Schriften zur Europäischen Rechts- und Verfassungsgeschichte 6). Berlin 1992, S. 9–20, hier S. 13.

49 Hermann Kamp, Die Macht der Spielregeln in der mittelalterlichen Politik. Eine Einleitung. In: Spielregeln der Mächtigen. Mittelalterliche Politik zwischen Gewohnheit und Konvention. Hgg. Claudia Garnier, Hermann Kamp. Darmstadt 2010, S. 1–18, hier S. 5.

50 Gerd Althoff, Rituale – symbolische Kommunikation. Zu einem neuen Feld der historischen Mittelalterforschung. In: Geschichte in Wissenschaft und Unterricht 50 (1999), S. 140–154, hier S. 154.

che Höfe in den Blickpunkt kommen. Die Kultur der Bitte und jene der Unterwerfung – beide begleitet von Interventionen – spielen beim Funktionieren dieses Systems eine entscheidende Rolle. Sogar das Scheitern einer repräsentativen Handlung, was oft genug in Gelächter oder Tumult endet, kann Thema von Untersuchungen sein. Auf gleicher gesellschaftlicher Ebene spielt die Freundschaft eine Rolle, zu Konflikten wurde ebenfalls geforscht. Exotischere Themen reichen bis hin zur Barfüßigkeit oder einer tanzenden Kirche. Allgemeiner sind Emotionen wie Trauer und ihr Verhältnis zu Ritualen, Herrschafts- bzw. Machtrepräsentation. Selbstverständlich ist ebenfalls das Etablieren, Verwandeln und Auslaufen von mittelalterlichen Ritualen ein Forschungsthema geworden. Es liegt in der Natur der mittelalterlichen Welt, dass Rituale nicht präzise wiederholt werden, sondern jeweils der Situation angepasst sind. Unter dem Begriff Ritualdynamik wird das über alle Kulturwissenschaften hinweg erforscht. Es fällt auf, dass die meisten Arbeiten im Hochmittelalter angesiedelt sind und selten die Unterschicht umfassen. Erst in jüngster Zeit folgten Untersuchungen zum Spätmittelalter. Diese konnten vor allem auf den vielen bislang unveröffentlichten Quellen aufbauen.

Die in Deutschland besonders favorisierte Verfassungsgeschichte kann ebenfalls um den Aspekt Handlungen und Zeichen erweitert werden. Immerhin sollte es dabei nicht nur – wie es die traditionelle Geschichtswissenschaft betreibt – um die Amtsträger gehen, sondern darum, dass diese ihr Amt aktiv – also in ritualisierten Handlungszusammenhängen – ausüben müssen. Eine besondere Bedeutung kommt in diesem Zusammenhang dem Stab zu – sei es als geistliche (Bischof und Abt) oder weltliche Insignie (König und Richter).

> »Die Zeichenhaftigkeit der Insignien war den Quellenautoren nicht nur bewusst, sie stellten auf sie sogar mit Vorliebe ab. Die Interpretation der Stabssymbolik diente den mittelalterlichen Autoren vielfach zur Formulierung einer idealtypischen Darstellung dessen, wozu das Amt seines Trägers Gott und dem Volk diente, welche Eigenschaften der Träger selbst haben und wie er sich in Ausübung seines Amtes verhalten sollte.«[51]

51 Paul Töbelmann, Stäbe der Macht. Stabssymbolik in Ritualen des Mittelalters (Historische Studien 502). Husum 2011, S. 267.

Die Bedeutung von Insignien ist kaum zu überschätzen, immerhin dreht sich der sogenannte Investiturstreit gerade darum.

In Bezug auf Quellen lässt sich die Ritualforschung um eine sonst in der Mediävistik vernachlässigte Gattung erweitern: Bilder bzw. Sachquellen. Bilder sind zuerst einmal in einer doppelten Rolle zu sehen: einerseits als Kultbilder, die am Kultort in rituelle Handlungen einbezogen sein können, andererseits als Abbildungen ritueller Handlungen. In einer zweiten Ebene ist der Unterschied geringer. So können rituelle Handlungen sehr sakral dargestellt werden und umgekehrt Kultbilder theatralisch sein. »Vom Hofzeremonienmeister bis zum heutigen Event-Manager werden Rituale, insbesondere in der politischen Sphäre, stets von Experten arrangiert, die auch Meister der medialen Vermittlung sind.«[52] Nur so kann Bildmächtigkeit zum Ausdruck kommen.

Der Ansatz, Rituale für die Interpretation der politischen Geschichte herzunehmen, kommt allerdings bald an seine Grenzen. Zu unterschiedlich sind die Erzählungen zu ein und demselben politischen Ereignis, ihre individuelle Auslegung kann sogar zu weiteren Konflikten führen. Das hängt immanent mit dem Aufführungscharakter und der Aufmerksamkeit des Publikums zusammen.

> »Weil politische Rituale, wenn sie einmal vollzogen waren, sofort Mehrdeutigkeiten hervorbringen konnten, waren diese Rituale, die so viele Historiker als politisch förderlich und gesellschaftlich stabilisierend begriffen haben, in Wahrheit gefährlich für die Teilnehmer. Sie konnten kaum verhindern, die Kontrolle über die Interpretation des Ereignisses zu verlieren.«[53]

Die Kritik am Ritual und an seiner Erforschung ist schon alt. Der britische Kulturwissenschaftler Jack Goody rügte bereits 1961 die Beliebigkeit der Ritualforschung,[54] lehnte 1977 die Verwendung des Begriffes

---

52 Marion Steinicke, 3 x 3 Könige. Zum Wechselverhältnis von Bild und Ritual. In: Bild und Ritual. Visuelle Kulturen in historischer Perspektive. Hgg. Claus Ambos u. a. Darmstadt 2010, S. 68–80, hier S. 68.

53 Philippe Buc, Nach 754. Warum weniger die Handelnden selbst als eher die Chronisten das politische Ritual erzeugten – und warum es niemandem auf die wahre Geschichte ankam. In: Die Macht des Königs. Herrschaft in Europa vom Frühmittelalter bis in die Neuzeit. Hg. Bernhard Jussen. München 2005, S. 27–37, hier S. 35.

54 Jack Goody, Religion and Ritual: The Definitional Problem. In: The British Journal of Sociology 12 (1961), S. 142–164.

für die säkulare Welt ab und schlug als Alternative repetitive und formale Handlungen vor.[55] Die amerikanische Religionswissenschaftlerin Catherine Bell führte diesen Gedanken weiter und plädierte für den Begriff ritualisierte Handlungen anstelle von Ritual.[56] Der Historiker Philippe Buc forderte schließlich, das Wort Ritual in Bezug auf das Mittelalter als fremden Begriff überhaupt zu vergessen. Für ihn handelt es sich dabei um eine Konstruktion und schlussendlich seien nicht die Rituale selbst, sondern nur die wenigen Berichte darüber überliefert.[57] Er fordert damit nichts anderes als eine stärkere Quellenkritik, die allerdings in der professionellen Forschung eine Selbstverständlichkeit sein sollte!

Mit Kritik am »Panritualismus« wird nicht gespart. Peter Dinzelbacher ist diesbezüglich in einem 2009 veröffentlichten Buch geradezu der Kragen geplatzt. Er spricht von einer kulturwissenschaftlichen Modeerscheinung, der viel zu unkritisch begegnet werde. In der konkreten Kritik an Gerd Althoff nimmt er eine Szene von 1035 heraus: Kaiser Konrad II. erlitt laut Quellen einen Zusammenbruch, als ihm sein Sohn Heinrich III. die Unterstützung bei der Absetzung Herzog Adalberos von Kärnten versagte. Peter Dinzelbacher bezweifelt eine Absprache von Vater und Sohn und damit eine Inszenierung des Vorfalls:

> »Offenbar hat sich in Wirklichkeit der Kaiser so über den Sohn aufgeregt, daß er tatsächlich einen Nervenzusammenbruch erlitt, und offenbar hat ihn das so bewegt, daß er sich nicht zurückhielt, Heinrich unter Tränen umzustimmen zu versuchen. Dieser seinerseits konnte sich einer solchen Emotionalität nicht entziehen, brach ebenfalls spontan in Tränen aus und ließ den Kärntner im Stich.«[58]

Im Kern spricht Peter Dinzelbacher an, dass zwar viel inszeniert sein kann, aber in einer emotionalen Gesellschaft, wie es die mittelalterliche

55 Jack Goody, Against »Ritual«: Loosely Structured Thoughts on a Loosely Defined Topic. In: Secular Ritual. Hgg. Sally F. Moore, Barbara G. Myerhoff. Assen-Amsterdam 1977, S. 25–35, hier S. 33.

56 Catherine Bell, Ritual Theory, Ritual Practice. Oxford-New York 1992.

57 Philippe Buc, The Dangers of Ritual. Between Early Medieval Texts and Social Scientific Theory. Princeton-Oxford 2001, S. 247 f.

58 Peter Dinzelbacher, Warum weint der König? Eine Kritik des mediävistischen Panritualismus. Badenweiler 2009, S. 27.

ist, eine Szene auch eine spontane Wende erfahren kann. Frank Rexroth schließlich bezweifelt die innovativen interdisziplinären Absichten im Bereich der symbolischen Kommunikation, denn es ging um Erklärungen für die Dauerhaftigkeit sozialer Bindungen und damit meist um verfassungsgeschichtliche Fragestellungen: »Die Hinwendung zu Ritualen und anderen Phänomenen mittelalterliche Performanzkultur folgte somit gleichsam organisch aus zentralen, allgemein akzeptierten Fragen der eigenen Profession heraus und war nicht das Resultat eines grundlegenden Paradigmenwechsels.«[59] Schließlich wären auch keine neuen Quellen erschlossen, sondern nur altbekannte neu gelesen worden.

Prinzipieller Natur sind Vorwürfe, die ähnlich gegenüber dem modernen Kulturbegriff angebracht werden: Der Begriff Ritual werde zu wenig differenziert eingesetzt, alles werde unter Ritual subsumiert. Praktisch jede Handlung kann mit dem Zusatz ›-ritual‹ bezeichnet werden. »Dabei ist zu beachten, dass die Anwendung von Typologien und universalisierenden Vergleichen oft den kulturellen Eigenwert und die Akteursperspektiven ausblendet, umgekehrt aber das Vorverständnis des Betrachters implizit oder explizit transportiert und privilegiert.«[60] Die Forschungen zu mittelalterlichen Handlungen und Zeichen haben einerseits die aktuelle interdisziplinäre Ritualdiskussion gefördert, andererseits aber ihre Verbindung mit der Vormoderne verstärkt. Woran es noch stark mangelt, ist eine passende Terminologie, denn weder symbolische Kommunikation noch Ritualismus oder Performanz sind treffende Bezeichnungen.

---

59 Frank Rexroth, Rituale und Ritualismus in der historischen Mittelalterforschung. Eine Skizze. In: Mediävistik im 21. Jahrhundert. Stand und Perspektiven der internationalen und interdisziplinären Mittelalterforschung. Hgg. Hans-Werner Goetz, Jörg Jarnut (MittelalterStudien 1). München 2003, S. 391–406, hier S. 397 f.

60 Christiane Brosius u. a., Ritualforschung heute – ein Überblick. In: Ritual und Ritualdynamik. Schlüsselbegriffe, Theorien, Diskussionen. Hgg. Christiane Brosius u. a. Göttingen 2013, S. 9–24, hier S. 10.

Leseempfehlungen

John L. Austin, Zur Theorie der Sprechakte (How to Do Things with Words). Stuttgart 1972.

Arnold van Gennep, Übergangsriten (Les rites de passage). Frankfurt a. M. u. a. 1986.

Victor Turner, Das Ritual. Struktur und Anti-Struktur. Frankfurt a. M.-New York 1989.

Gerd Althoff, Spielregeln der Politik im Mittelalter. Kommunikation in Friede und Fehde. Darmstadt 1997.

Ritualtheorien. Ein einführendes Handbuch. Hgg. Andréa Belliger, David J. Krieger. Opladen-Wiesbaden 1998.

Gerd Althoff, Rituale – symbolische Kommunikation. Zu einem neuen Feld der historischen Mittelalterforschung. In: Geschichte in Wissenschaft und Unterricht 50 (1999), S. 140–154.

Philippe Buc, The Dangers of Ritual. Between Early Medieval Texts and Social Scientific Theory. Princeton-Oxford 2001.

Erika Fischer-Lichte, Ästhetische Erfahrung. Das Semiotische und das Performative. Tübingen-Basel 2001.

Erika Fischer-Lichte, Performance, Inszenierung, Ritual. Zur Klärung kulturwissenschaftlicher Schlüsselbegriffe. In: Geschichtswissenschaft und »performative turn«. Ritual, Inszenierung und Performanz vom Mittelalter bis zur Neuzeit. Hgg. Jügen Martschukat, Steffen Patzold (Norm und Struktur 19). Köln u. a. 2003, S. 33–54.

Frank Rexroth, Rituale und Ritualismus in der historischen Mittelalterforschung. Eine Skizze. In: Mediävistik im 21. Jahrhundert. Stand und Perspektiven der internationalen und interdisziplinären Mittelalterforschung. Hgg. Hans-Werner Goetz, Jörg Jarnut (MittelalterStudien 1). München 2003, S. 391–406.

Die Kultur des Rituals. Inszenierungen. Praktiken. Symbole. Hgg. Christoph Wulf, Jörg Zirfas. München 2004, S. 7–45.

Theorizing Rituals: Issues, Topics, Approaches, Concepts. Hgg. Jens Kreinath u. a. (Studies in the History of Religions 114/1). Leiden-Boston 2006.

Burckhard Dücker, Rituale. Formen – Funktionen – Geschichte. Eine Einführung in die Ritualwissenschaft. Stuttgart-Weimar 2007.

Peter Dinzelbacher, Warum weint der König? Eine Kritik des mediävistischen Panritualismus. Badenweiler 2009.

Bild und Ritual. Visuelle Kulturen in historischer Perspektive. Hgg. Claus Ambos u. a. Darmstadt 2010.

Spielregeln der Mächtigen. Mittelalterliche Politik zwischen Gewohnheit und Konvention. Hgg. Claudia Garnier, Hermann Kamp. Darmstadt 2010.

Erika Fischer-Lichte, Performativität. Eine Einführung. Bielefeld 2012.

Alles nur symbolisch? Bilanz und Perspektiven der Erforschung symbolischer Kommunikation. Hgg. Barbara Stollberg-Rilinger u. a. (Symbolische Kommunikation in der Vormoderne). Köln u. a. 2013.
Ritual und Ritualdynamik. Schlüsselbegriffe, Theorien, Diskussionen. Hgg. Christiane Brosius u. a. Göttingen 2013.

5 Kommunikation und Medien

Kaum etwas hat das alltägliche Leben der Menschen in den letzten Jahrzehnten so verändert wie die Verbreitung von Computern und das Aufkommen des Internets. Diese Technologien haben allerdings durchaus ihre Vorläufer. So gab es Rechensteine bzw. -bretter bereits in der Antike. Damit konnten die vier Grundrechenarten durchgeführt und die Wurzel gezogen werden. Von den Rechensteinen, lateinisch *calculi*, stammt das deutsche Wort *kalkulieren*. Auch die Entwicklung von Zeitmessern brachte eine große Veränderung: »Uhren als Mechanismen sind die ersten symbolverarbeitenden Maschinen. Sie leisten nicht Arbeit, sondern produzieren Information.«[1] Innovativ war besonders das 17. und 18. Jahrhundert. Rechenautomaten wurden immer ausgeklügelter, daneben wurden erste Musikautomaten und fingierte Wundermaschinen gebaut. Der Universalgelehrte Gottfried Wilhelm Leibniz entwickelte schließlich das binäre Zahlensystem,[2] das viel später erst die Grundlage des elektronischen Rechnens wurde. Erste Programme fanden sich ebenfalls im 18. Jahrhundert in Form von Lochkarten für Webstühle. Viele Konzepte folgten bis zum Beginn des 20. Jahrhunderts. 1945 stellte sich Vannevar Bush schließlich ein *Memex* vor: »ein Gerät, in dem ein Individuum all seine Bücher, Akten und seine gesamte Kommunikation speichert und das so konstruiert ist, daß es mit außerordentlicher Geschwindigkeit und Flexibilität benutzt werden kann.«[3] Außerdem sollten

1 Christian Eder u. a., Eine Geschichte des Computers. Eine Ausstellung im Museum Industrielle Arbeitswelt in Steyr. Steyr 1993, S. 7.

2 Gottfried Wilhelm Leibniz, Explication de l'arithmetique binaire. In: Memoires de mathematique et de physique (1703), S. 85–89.

3 Vannevar Bush, As We May Think. In: FormDiskurs 2 (1997), S. 136–147, hier S. 140.

verschiedene Medien aufeinander verweisen. Bush wird gerne an den Beginn des Internets gestellt. »Wo sich auch andere angeboten hätten, stellt man einen Ingenieur an den Ursprung der Hypertextgeschichte,« wird kritisiert. »Wirft man einen Blick in die Literatur über hypermediale Inszenierungen, scheint es genügend Künstler, Wissenschaftler und Philosophen zu geben, die sich für diese Stelle angeboten hätten.«[4]

Die Entwicklung immer kleinerer und leistungsfähiger Computerchips und Speicher sowie die zunehmende Vernetzung der Geräte führte zum Durchbruch dieser Technologie. Tim Berners-Lee entwickelte schließlich am CERN, der europäischen Kernforschungsinstitution in Genf, zu Beginn der 1990er Jahre das Grundkonzept des modernen Internets mit der Auszeichnungssprache HTML, dem Transferprotokoll HTTP und der URL. Damit begann die Öffnung des Netzes, das vorher Wissenschaft und Militär vorbehalten war. Nachdem 1993 der erste graphische Browser MOSAIC erschien, war das Internet nicht mehr aufzuhalten. Heute ist online zu sein eine Selbstverständlichkeit.

Die dadurch ausgelösten gravierenden Veränderungen führten unter anderem dazu, mittelalterliches Kommunikations- und Medienverhalten zu untersuchen. Mediengeschichte wird meist betrieben »als Geschichte der Medienorganisation und Medieninhalte sowie der Mediensystemgeschichte, während die Geschichte der Öffentlichkeit oder gar die Alltags- und Kulturgeschichte der Kommunikation schon aufgrund der problematischen Quellenlage sehr viel weniger gut erforscht ist.«[5] Geradezu klassische Themen sind Medienevolution und -revolution, der Medienwandel und Medien in Zusammenhang mit dem allgemeinen gesellschaftlichen Wandel. Unter Medien werden dabei meist nur Massenmedien verstanden. Offensichtlich ereignete sich aber am Ende des Mittelalters ein ebenso revolutionärer Prozess wie an der Schwelle zum dritten Jahrtausend: die Erfindung einer neuen Technologie zur Verbreitung von Texten. Schnell war auch eine Analogie hergestellt. Stefan Freisler sprach bereits 1994 davon,

4 Stephan Porombka, Hypertext. Zur Kritik eines digitalen Mythos. München 2001, S. 27.

5 Klaus Beck, Kommunikationswissenschaft. Konstanz [2]2010, S. 235.

»[...] daß die derzeit produzierten Hypertexte allesamt ›elektronische Inkunabeln‹ sind. Während die ersten Drucke zunächst versucht haben, Handschriften nachzuahmen, versuchen noch viele Hypertexte, gedruckte Bücher nachzuahmen, weil sie so (zumindest kurzfristig) mit der Zustimmung der Leser rechnen können.«[6]

Doch auch der Beginn des Mittelalters ist von einem Wechsel des Trägermediums gekennzeichnet: Die Schriftrolle – oft genug noch auf Papyrus – wurde ab dem 3. Jahrhundert abgelöst vom Pergamentcodex, bis er um 400 die Normalform wird. Dieser Siegeszug ist leicht zu begründen: Der Codex ist praktischer zu handhaben, länger haltbar und kann umfangreicher sein als eine Schriftrolle.[7] Da die Etablierung des Pergamentcodex mit der Legalisierung des Christentums einherging, wird er geradezu zu einem christlichen Medium. Was nicht in dieses neue Format gebracht wurde, ging meist verloren, was im Rahmen von Digitalisierungsstrategien durchaus ein aktuelles Thema ist.

Eine bedeutende medienwissenschaftliche Überlegung ist, dass kein jemals entstandenes Trägermedium vollständig verschwindet. Das erst in den 1980er Jahren rezipierte und oft kritisierte, dann wieder bestätigte sogenannte Riepl'sche Gesetz[8] als Grundgesetz der Entwicklung des Nachrichtenwesens besagt,

»[...] daß die einfachsten Mittel, Formen und Methoden, wenn sie nur einmal eingebürgert und brauchbar befunden worden sind, auch von den vollkommensten und höchst entwickelten niemals wieder gänzlich und dauernd verdrängt und außer Gebrauch gesetzt werden können, sondern sich neben diesen erhalten, nur daß sie genötigt werden, andere Aufgaben und Verwertungsgebiete aufzusuchen.«[9]

6 Stefan Freisler, Hypertext – Eine Begriffsbestimmung. In: Deutsche Sprache 22 (1994), S. 19–40, hier S. 20.

7 Egert Pöhlmann, Einführung in die Überlieferungsgeschichte und in die Textkritik der antiken Literatur. Bd. I: Altertum (Die Altertumswissenschaft). Darmstadt 1994, S. 87.

8 Wolfram Peiser, Riepls »Gesetz« von der Komplementarität alter und neuer Medien. In: Kommunikationsgeschichte. Positionen und Werkzeuge. Ein diskursives Hand- und Lehrbuch. Hgg. Klaus Arnold u. a. (Kommunikationsgeschichte 26). Berlin 2008, S. 155–183.

9 Wolfgang Riepl, Das Nachrichtenwesen des Altertums. Mit besonderer Rücksicht auf die Römer. Leipzig-Berlin 1913, S. 5.

So kennt die Gegenwart genauso noch Inschriften in Stein oder handschriftliche Notizen. Trotz aller Konkurrenz durch das Internet haben Fernsehen und gedruckte Zeitung immer noch ihre Berechtigung. In diesem Sinne gliedert Horst Wenzel die Medienumbrüche: Das Körpergedächtnis (*brain memory*) wird vom Schriftgedächtnis (*script memory*) abgelöst, von der Handschrift geht es dann zur Druckkultur (*print memory*), die nun von Bildschirmen (*electronic memory*) abgelöst wird.[10] Horst Wenzel folgt dabei weitgehend der Strukturierung Marshall McLuhans, der auf eine nicht-alphabetische Kultur zuerst eine Manuskriptkultur folgen lässt, dann eine Buchdruckkultur, die er als Gutenberg-Galaxis bezeichnet, und schließlich das elektronische Zeitalter mit der Rückkehr in die orale Welt eines globalen Dorfs.[11] Ein textuelles Internet, das die direkte persönliche Kommunikation zu verschriftlichen vermag, konnte er sich in den 1960er Jahren freilich noch nicht vorstellen.

Alle Umbrüche im Medienbereich sind mit sehr viel Skepsis betrachtet worden und laden zur Reflexion ein. Bereits Platon lässt Sokrates im Dialog *Phaidros* an der Schrift zweifeln:

> »Denn diese Kunst wird Vergessenheit schaffen in den Seelen derer, die sie erlernen, aus Achtlosigkeit gegen das Gedächtnis, da die Leute im Vertrauen auf das Schriftstück von außen werden sich erinnern lassen durch fremde Zeichen, nicht von innen heraus durch Selbstbesinnen.«[12]

Ähnlich verhält es sich beim Aufkommen des Drucks. Der Abt Johannes Trithemius bezweifelt in *De laude scriptorum manualium* von 1494 die Haltbarkeit von Papier im Vergleich zu Pergament und lobt den gottesdienstlichen Charakter des Schreibens. *Scriptis enim codicibus nunquam impresse exequo comparantur* – Geschriebene Bücher seien also niemals mit gedruckten vergleichbar, auch weil Orthographie und Buchschmuck viel zu sehr vernachlässigt würden.[13] Marshall McLuhans

---

10 Horst Wenzel, Einleitung. Vom Anfang und Ende der Gutenberg-Galaxis. Historische Medienumbrüche im Für und Wider der Diskussion. In: Horst Wenzel, Mediengeschichte vor und nach Gutenberg. Darmstadt ²2008, S. 10–26, hier S. 11.

11 Marshall McLuhan, Die Gutenberg-Galaxis. Das Ende des Buchzeitalters. Düsseldorf-Wien 1968, S. 42–49.

12 Platon, Phaidros, 275 a.

13 Johannes Trithemius, De laude scriptorum manualium. Mainz 1494 [GW M47538], fol. 10 v.

Befürchtung, die Menschheit stehe vor einem neuen oralen Zeitalter, ist im 20. Jahrhundert genauso wenig eingetroffen. Kurioserweise verbindet er das Ende des Buchzeitalters mit der Veröffentlichung von Albert Einsteins Spezieller Relativitätstheorie: »Mit dieser Anerkennung eines gekrümmten Raumes im Jahr 1905 wurde die Gutenberg-Galaxis offiziell aufgelöst.«[14]

Hinter den zahlreichen Ansätzen stehen verschiedene Theorien aus der Medien- und Kommunikationswissenschaft. Sie hat in den letzten Jahrzehnten durchaus den Anspruch einer Leitwissenschaft erhoben: »Die Geisteswissenschaften reorganisieren sich derzeit am Leitfaden des Paradigmas der Kultur, und die Sozialwissenschaften reorganisieren sich derzeit am Leitfaden des Paradigmas der Kommunikation.«[15] Die Medien- und Kommunikationswissenschaft möchte die Integration dieser beiden Richtungen sein. Allerdings beschäftigt sich dieses Fach vor allem mit der modernen gedruckten und elektronischen Massenkommunikation, weshalb viele Theorien nicht ohne Weiteres auf das Mittelalter übertragbar sind. Lediglich mit dem Buchdruck steht am Ende des Mittelalters ein erstes modernes Medium zur breiten Massenkommunikation zur Verfügung. Allerdings können die Begriffe Kommunikation und Medien viel weiter gefasst und auf diese Weise für das Mittelalter verwendet werden. Immerhin geht es um Verständigungsmittel und Informationsverarbeitung, zudem wird die Steuerungs- und Orientierungsfunktion von Medien ins Treffen geführt. »Anders gesagt dienen Kommunikation und Medien der Herstellung, Organisierung, Speicherung und Vermittlung von Sinn und Bedeutung: Sie bilden daher nichts weniger als das, was Kultur im Innersten zusammenhält.«[16]

Für das Mittelalter gilt es, eher Kommunikations- als Medienwissenschaft zu betreiben. Harry Pross teilt die Kommunikationsmittel in drei Arten ein: Bei den primären Medien liegen demnach noch alle Kennt-

---

14 McLuhan, Gutenberg-Galaxis, S. 341.

15 Mike Sandbothe, Medien – Kommunikation – Kultur. Grundlagen einer pragmatischen Kulturwissenschaft. In: Handbuch der Kulturwissenschaften. Bd. 1: Grundlagen und Schlüsselbegriffe. Hgg. Friedrich Jaeger, Burkhard Liebsch. Stuttgart-Weimar 2004, S. 119–127, hier S. 119.

16 Achim Landwehr, Stefanie Stockhorst, Einführung in die Europäische Kulturgeschichte. Paderborn u. a. 2004, S. 124.

nisse bei den interagierenden Personen selbst (Sprache, Gesten, Ritual), bei den sekundären benötigt der Sender bereits ein technisches Hilfsmittel wie Bild, Schrift oder Druck, bei tertiären Medien benötigen Sender und Empfänger ein Gerät wie zum Beispiel beim Rundfunk.[17] Die mittelalterliche Kommunikation verwendet demnach primäre und sekundäre Medien. Josef Benzinger versteht die Kommunikation im Mittelalter als eine, die in Kreisen gegliedert ist. Die Kirche stellt dabei die einzige übergreifende Gemeinschaft dar, »sie ist der eigentliche Raum einer Öffentlichkeit.«[18] Ein relevanter mittelalterlicher Nachrichtenmarkt scheint einerseits nicht existiert zu haben. »Auch in der mittelalterlichen Stadtwirtschaft konnte die Nachricht keinen erheblichen wirtschaftlichen Wert erlangen, soweit sich das Leben in politisch und sozial eng geschlossenen Kreisen bewegte.«[19] Auf der anderen Seite war das Botenwesen – getragen von verschiedensten Institutionen – sehr ausgeprägt.

Diese grundlegende Überlegung führt Werner Faulstich weiter aus: Den Menschen des Mittelalters standen nicht dieselben Medien wie heute zur Verfügung.

> »Aus medienwissenschaftlicher Sichtweise erscheint die mittelalterliche Ständeordnung – vom König und den Fürsten über die Ritter und Landvögte bis zu den Bauern und letztlich den Tagelöhnern und Bettlern – als ein Gesamtsystem spezifischer, markant unterschiedlicher Teil- oder Binnenöffentlichkeiten, d. h. bestimmter, aufeinander bezogener Kommunikationsräume, die zunächst weitgehend voneinander abgegrenzt waren, im Hoch- und Spätmittelalter aber strukturelle Veränderungen durchliefen: teils medial begleitet, teils medial bedingt, sogar medial gesteuert.«[20]

Werner Faulstich erklärt den Übergang zu Druckmedien mit Bevölkerungswachstum sowie der Entgrenzung von Teilöffentlichkeiten, die

---

17 Harry Pross, Medienforschung. Film, Funk, Presse, Fernsehen. Darmstadt [1972], S. 127 f.

18 Josef Benzinger, Zum Wesen und zu den Formen von Kommunikation und Publizistik im Mittelalter. Eine bibliographische und methodologische Studie. In: Publizistik 15 (1970), S. 295–318, hier S. 301.

19 Hans-Jochen Bräuer, Die Entwicklung des Nachrichtenverkehrs. Eigenarten, Mittel und Organisation der Nachrichtenbeförderung. Nürnberg 1957, S. 7.

20 Werner Faulstich, Medien und Öffentlichkeit im Mittelalter. 800–1400 (Geschichte der Medien 2). Göttingen 1996, S. 9.

beide eine Eigendynamik auslösten: »Die durch diese Verlagerung geformte enorme Abstraktifikation der medialen Kommunikation, nämlich vom Hören und Sprechen zum Sehen und Lesen, zur Literalität, konnte nur durch deren Mechanisierung geleistet werden.«[21]

Kommunikationsgeschichtlich ist das Mittelalter besser als primär orale Kultur einzuordnen, der Anteil der Schrift ist für lange Zeiträume verschwindend gering. Das, was heute als Literatur bezeichnet wird, wurde im Mittelalter noch vorgetragen bzw. gesungen und damit eher gehört als gelesen. Es wäre in diesem Zusammenhang also besser, von Sängern zu sprechen, die ihre Lieder vortragen, als von Autoren, die Texte verfassen.

Walter J. Ong versuchte in einem Gedankenexperiment, eine rein orale Kultur zu rekonstruieren, also eine Kultur, welche die Schrift überhaupt nicht kennt und der damit jede Form der literarischen Aufbewahrung genommen ist. Gerade in dieser Abstraktion wird deutlich, dass ein Laut immer auch ein Ereignis sein muss, das zwar in Erinnerung gerufen, aber nicht nachgeschlagen werden kann. Wörtern wird daher in oralen Kulturen große Macht zugeschrieben. Gravierend sind aber die Auswirkungen auf das Wissen, denn alles muss im eigenen Gedächtnis bewahrt und über persönliche Kommunikation anderen vermittelt werden.

> »Um in einer primären oralen Kultur das Problem der Konservierung genau formulierter Gedanken effektiv zu lösen, muß sich das Denken in mnemonischen Mustern vollziehen, die auf unmittelbare orale Darbietung zugeschnitten sind. Die Gedanken müssen in der Form von tief rhythmischen ausgewogenen Mustern entstehen, als Wiederholung oder Antithese, Alliterationen und Assonanzen, Epithetons oder in Form von anderen formelhaften Ausdrücken, eingebunden in standardisierte thematische Anordnungen (die Versammlung, das Mahl, der Zweikampf, der Gehilfe des Helden usw.), in Gestalt von Sprichwörtern, die jeder kennt und deswegen rasch erinnert, oder anderer mnemonischer Systeme.«[22]

Freilich war das Mittelalter keine schriftlose Zeit, aber diese Technik stand nur einer kleinen elitären Minderheit – meist Geistlichen – und

21 Ebd, S. 272.

22 Walter J. Ong, Oralität und Literalität. Die Technologisierung des Wortes. Opladen 1987, S. 40.

lange ausschließlich in lateinischer Sprache zur Verfügung. Die große Masse konnte nicht lesen und auch kein Latein. Dieser Umstand erklärt zum Beispiel die Gestaltung und den Aufbau früh- und hochmittelalterlicher Kaiserurkunden genauso wie Prachthandschiften von Bibeltexten – sie sollten in erster Linie die vielen Analphabeten beeindrucken. Heute können wir aus dem Mittelalter fast nur die schriftlichen Überreste wissenschaftlich betrachten, denn das bloß Gesagte ist verloren. Entsprechend beschränkt ist unser Zugang zur Alltagsgeschichte.

Gerade in diesem Spannungsfeld wird klar, wie zentral Erinnern und Vergessen nicht nur für die Geschichtswissenschaft ist. Johannes Fried fordert daher eine Memorik als neuen Wissenschaftszweig ein:

> »Die Geschichtswissenschaft ist eine Erfahrungswissenschaft, und die erste Erfahrung, der sie sich zuwenden muß, obgleich sie es bislang zumeist unterließ, ist die Schöpfermacht der die ursprünglichen Wahrnehmungen deformierenden, jegliche Erfahrung transformierenden, individuelles und kollektives Wissen konstituierenden Erinnerungen, die das Vergessen mit einschließen.«[23]

Untersucht werden sollten dabei alle – vergangenen und heute lebenden – Schreibenden von Geschichte. Zweifellos könnten damit neue Erkenntnisse nicht nur zu geschichtswissenschaftlichen Quellen – wie Chroniken – gewonnen werden.

Da die mittelalterliche Gesellschaft vorwiegend ohne die Schrift auskommt, ist der Anteil der Intermedialität besonders hoch. Unter Intermedialität wird gängig die »nachweisliche Verwendung oder Einbeziehung wenigstens zweier konventionell als distinkt angesehener Ausdrucks- oder Kommunikationsmedien« verstanden.[24] Dieses »Zusammenspiel verschiedener Medien« wird heute oft als hybrid bezeichnet und besteht zum Beispiel in der Kombination von Schrift und Bild oder Text, Bild und Ton.[25] »Intermedialität ist per se interdisziplinär, insofern sie Phänomene beleuchtet, die traditionell von unterschiedli-

23 Johannes Fried, Der Schleier der Erinnerung. Grundzüge einer historischen Memorik. München 2004, S. 360.

24 Werner Wolf, Intermedialität. In: Grundbegriffe der Literaturtheorie. Hg. Ansgar Nünning. Stuttgart-Weimar 2004, S. 107 f., hier S. 107.

25 Uwe Wirth, Intermedialität. In: Handbuch der Literaturwissenschaft. Bd. 1: Gegenstände und Begriffe. Hg. Thomas Anz. Stuttgart-Weimar 2007, S. 254–264, hier S. 254.

chen Disziplinen untersucht wurden, nun aber unter einem Konzept zusammengeführt werden konnten.«[26] Gerade diese Interdisziplinarität führt nun zu einem gravierenden Problem. Es ist zwar schnell für alle klar, was Intermedialität bedeutet, aber es gibt »hinsichtlich einzelner Phänomenbereiche des Intermedialen nach wie vor das Desiderat einer terminologischen, konzeptionellen und theoretischen Präzisierung.«[27] Irina O. Rajewsky schlägt als Gegenstandsbereich der intermedialen Forschung die Phänomene Medienkombination, Medienwechsel und intermediale Bezüge vor.[28] Allerdings ist zu berücksichtigen, dass die Theorien durchweg im Zusammenspiel von Film und Literatur entwickelt wurden.

Die mittelalterliche Intermedialität tritt weniger in Zusammenhang mit Literaturgeschichte als vielmehr im Bereich der Kunstgeschichte und Religion zutage und ist zumindest für das Ende dieser Epoche geradezu alltäglich. Vor allem in und um den Kirchenraum werden zum Teil überbordende Fresken mit Text kombiniert zu einer *Biblia Pauperum* an der Wand, wobei hier durchaus auch Politik- und Gesellschaftskritik zutage treten. Sie können als erstes Mittel zur Massenkommunikation verstanden werden. Dabei ist auch zu berücksichtigen, »dass Bilder die Entstehung und Entwicklung der Massenkommunikation von Beginn an begleitet haben und insofern einen ganz zentralen, integralen Faktor im langfristigen Prozess des Medienwandels darstellen – und schon immer dargestellt haben.«[29]

Inter- bzw. Transtextualität bezeichnet hingegen die Bezogenheit auf andere Texte. Der französische Literaturwissenschaftler Gérard Genette unterscheidet gleich fünf Dimensionen von transtextuellen Beziehun-

26 Werner Wolf, Intermedialität: Konzept, literaturwissenschaftliche Relevanz, Typologie, intermediale Formen. In: Intertextualität, Intermedialität, Transmedialität. Zur Beziehung zwischen Literatur und anderen Medien. Hgg. Volker C. Dörr, Tobias Kurwinkel. Würzburg 2014, S. 11–45, hier S. 13.

27 Irina O. Rajewsky, Intermedialität. Tübingen-Basel 2002, S. 3.

28 Ebd., S. 15–19.

29 Stephanie Geise u. a., Zur Einleitung: Visuelle Kommunikationsgeschichte – Historische Perspektiven auf den Iconic Turn: Die Entwicklung der öffentlichen visuellen Kommunikation. In: Historische Perspektiven auf den Iconic Turn. Die Entwicklung der öffentlichen visuellen Kommunikation. Hgg. Stephanie Geise u. a. Köln 2016, S. 11–18, hier S. 12.

gen, die zunehmend komplexer werden. Im engeren Sinn ist (1) Intertextualität das Zitat, die Anspielung, aber auch das Plagiat. (2) Paratextualität ist das übliche Beiwerk wie Titel, Untertitel, Vorwort oder Anmerkung. (3) Metatextualität bezieht sich auf Kommentar und Kritik. (4) Die Hypertextualität ist schließlich die komplexeste und beliebteste Form: Hier geht es vor allem um Transformation, Nachahmung und Ableitung eines Textes zum Beispiel im Rahmen einer Parodie, Persiflage oder Nachbildung. Abschließend konstatiert Gérard Genette noch (5) die Architextualität, bei der es nur um die simple Einordnung in eine Textgattung geht.[30] Das Konzept der Inter- bzw. Transtextualität kommt dem mittelalterlichen Lehr- und Wissenschaftsbetrieb sehr nahe. Prinzipiell gilt nach dem Dictum Bernhards von Chartres für Gelehrte, dass sie *quasi nanos, gigantium humeris incidentes* – also Zwerge auf den Schultern von Riesen – sind.[31] Sie folgen in ihrem gesamten gelehrten Tun weitgehend anerkannten Autoritäten. »Lehrtätigkeit vollzog sich damit typischerweise als *docere verbo et exemplo* in Wort und eigenem Vorbild, Lernvorgänge waren neben der Aneignung von Wissensbeständen auch verhaltensbezogene *imitatio*.«[32] Das bezog sich ebenfalls auf Aufbau und Gestaltung *eigener* Werke. Erst mit der Scholastik brach dieses System etwas auf. »Im Zentrum des wissenschaftlichen Denkens stand jetzt das logisch stringente Fragen, aus eigenem intellektuellen Antrieb formuliert und bevorzugt an die vermeintlich aus Tradition gesicherte Überlieferung herangetragen.«[33] Nun konnten auch die eigenen Lehrer hinterfragt werden. Das bekannteste Beispiel dazu ist Petrus Abaelardus, der offen Anselm von Laon und Wilhelm von Champeaux kritisierte. »Von den Zeitgenossen wurde Abaelards

30 Gérard Genette, Palimpseste. Die Literatur auf zweiter Stufe. Frankfurt a. M. 1993, S. 10–15.

31 Joannis Saresberiensis, Metalogicon 3/4 (Patrologia Latina 199). Paris 1855, Sp. 900.

32 Sita Steckel, Kulturen des Lehrens im Früh- und Hochmittelalter. Autorität, Wissenskonzepte und Netzwerke von Gelehrten (Norm und Struktur 39). Köln u. a. 2011, S. 1200.

33 Martin Kintzinger, Gelehrte Autorität. Das späte Mittelalter und die Anfänge der europäischen Wissensgesellschaft. In: Autorität und Akzeptanz. Das Reich im Europa des 13. Jahrhunderts. Hgg. Hubertus Seibert u. a. Ostfildern 2013, S. 203–222, hier S. 206 f.

Verweigerung der Unterordnung unter seinen Lehrer offenbar als recht unerhört empfunden.«[34] Geschätzt wurde vielmehr, alles mit der göttlichen Ordnung in Einklang zu bringen.

Gleich unter mehreren Schlagworten wurde ab Anfang der 1990er Jahre eine Wende hin zum Bild ausgerufen. 1991 propagierte Ferdinand Fellmann den *imagic turn*,[35] im Jahr darauf W. J. T. Mitchell den *pictoral turn*,[36] dann 1994 Gottfried Boehm den *iconic turn*[37] und schließlich etwas verspätet 2003 Klaus Sachs-Hombach den *visualistic turn*.[38] Diese *turns* sind aus der Ablehnung der Textdominanz zu verstehen und wollen das Phänomen Bild in seiner gesamten Breite untersuchen. »Damit wird der Boden bereitet für einen umfassenderen *visual turn*, der sich auf visuelle Praktiken und Medien der Wahrnehmung wie Aufmerksamkeit, Erinnerung, Sehen, Beobachten ebenso ausdehnt wie auf Kulturen des Blicks.«[39] Eine Bildwissenschaft muss sich also ganz im Zentrum der Kulturwissenschaften befinden. Zudem hat Hans Jonas bereits 1961 darauf hingewiesen, dass vor allem das Bildmachen den Menschen vom Tier unterscheidet. Der *homo pictor* könne über das Gestalten abstrakte Dinge ausdrücken, er könne genau nachbilden, aber auch stark davon abweichen. Tiere hingegen können bloß wiedererkennen: »Nur die Wirklichkeit zählt, und Wirklichkeit weiß nichts von Repräsentation.«[40] Die Darstellung komme aber aus der Vorstellung.

Interessant ist das Verhältnis zur Kunstgeschichte: Diese hatte sich gerade angesichts der Reproduzierbarkeit von Kunst und neuer Formen wie Fotografie weg von Unikat und Hochkultur bewegt und den *linguistic turn* inkludiert, womit Kunst zu einem Zeichensystem unter Konventionen mutiert und im Diskurs mit anderen Kunstwerken steht. Hans

34 Steckel, Kulturen des Lehrens, S. 49.

35 Ferdinand Fellmann, Symbolischer Pragmatismus. Hermeneutik nach Dilthey. Reinbeck bei Hamburg 1991, S. 26.

36 W. J. T. Mitchell, The Pictorial Turn. In: Artforum 30/7 (1992), S. 89–95.

37 Gottfried Boehm, Die Wiederkehr der Bilder. In: Was ist ein Bild? Hg. Gottfried Boehm (Bild und Text). München 1994, S. 11–38.

38 Klaus Sachs-Hombach, Das Bild als kommunikatives Medium. Elemente einer allgemeinen Bildwissenschaft. Köln 2003, S. 10.

39 Bachmann-Medick, Cultural Turns, S. 331.

40 Hans Jonas, Homo Pictor und die Differentia des Menschen. In: Zeitschrift für philosophische Forschung 15 (1961), S. 161–176, hier S. 169 f.

Belting ging sogar so weit, nach einem Ende der Kunstgeschichte auch im deutschen Sprachraum zu fragen: »Die Geschichte der modernen Kunst, ob sie nun von Kunsthistorikern, Kritikern oder Künstlern geschrieben wurde, als eine Geschichte der Avantgarde, in der sich die Ereignisse technischer und künstlerischer Erfindungen überstürzen, läßt sich nicht weiter fortschreiben.«[41] Nun waren es also die Kulturwissenschaften, die eine neue Bildwissenschaft forderten, allerdings unter ihren eigenen Voraussetzungen. Dabei propagierte der *pictoral turn* schlussendlich

> »[…] keine Invasion des Visuellen in den Text, sondern eine linguistische Überfrachtung des Bildlichen. Es fehlen den Verfechtern der Cultural Studies oftmals selbst Ansätze einer Kultur der Beschreibung, der Erörterung von Formproblemen und der historischen Tiefenkenntnis von Bildern. Dies führt immer wieder zur Anmaßung, Bilder oder Kunstwerke als ›Illustrationen‹ neben dem Schrift- oder Vortragstext herlaufen zu lassen.«[42]

Bildwissenschaften müssen über eigene Theorien und Methoden verfügen. Ferdinand Fellmann geht noch einen Schritt weiter: Bilder – vor allem aber bewegte Bilder bzw. Bildserien – liefern Argumente, die außerhalb des Diskurses stehen. »Nach dieser Konzeption müsste der *iconic turn* zu einer neuen philosophischen Grundlagendisziplin führen, welche neben diskursiven Argumentationen bildhafte Evidenzen als originäre Bedeutungsträger zulässt.«[43] Die Entwicklung einer Theorie und Methode von Bildwissenschaften im Rahmen der Kulturwissenschaften fällt schwer, vieles hängt vom fachlichen Zugang ab. Bilder allgemein treten den Menschen in unterschiedlichen Kontexten entgegen: in anschaulicher Art und Weise (Bild, Statue), als optische Erscheinung (Projektion, Spiegel), als Erscheinung im Geiste (Träume, Erinnerungen, Phantasien, Ideen) oder verbal (Metaphern, Beschreibungen). Sie sind damit Gegenstand höchst unterschiedlicher Wissenschaften.[44] Roland

41 Hans Belting, Das Ende der Kunstgeschichte? München 1983, S. 12.

42 Horst Bredekamp, Einbildungen. In: kritische berichte 28 (2000), S. 31–37, hier S. 35.

43 Ferdinand Fellmann, Anthropologische Grundlagen der Bildsemantik. In: Bildwissenschaft zwischen Reflexion und Anwendung. Hg. Klaus Sachs-Hombach. Köln 2005, S. 45–55, hier S. 46.

44 W. J. T. Mitchell, Iconology. Image, Text, Ideology. Chicago-London 1987, S. 10.

Posner warnt vor Fehlschlüssen, die dadurch entstehen, dass zum Beispiel sprachwissenschaftliche Begriffsinstrumente unreflektiert übernommen werden, Bildnisse generell als Kunstwerke angesehen werden oder sie als Kommunikationsmittel wie Sätze gedeutet werden. »Wer ein Bild malt, muss es nicht zum Kommunizieren benutzen.« Es sollte also ein »Gebrauchsbild des Alltags«[45] im Mittelpunkt stehen. Marion G. Müller schlägt drei Ebenen visueller Kommunikationsforschung vor. In einer (1) Produktionsanalyse sollte das Warum und Wie der Entstehung des Bildes untersucht werden. Es geht also um Künstler, Auftraggeber und Produktionsbedingungen. Die (2) Produktanalyse umfasst die Bedeutungsebene mit genauer Beschreibung und Motivanalyse. Sie fragt ebenso nach eventuellen Vorbildern. Schließlich untersucht die (3) Wirkungs- und Rezeptionsforschung, wie unterschiedlich das Bild aufgenommen wird.[46]

Da es in der Geschichtswissenschaft immer auch um einen Kontext geht, ist das kunstgeschichtliche Konzept von Ikonographie und Ikonologie ein vielversprechendes. Entwickelt wurde es von Erwin Panofsky. Er stammte aus dem Kreis um Aby Warburg und begründete diese Methode zu Beginn der 1930er Jahre in Deutschland.[47] Nach seiner Emigration in die USA publizierte Erwin Panofsky dieses erweiterte Konzept 1939 als Einleitung zu einem Buch.[48] Erst 1975 fand der Text durch eine Übersetzung wieder den Weg zurück in die deutschsprachige Kunstgeschichte, die Erwin Panofsky damit posthum auf eine neue Höhe brachte. An erster Stelle des Vorgehens steht eine simple vorikonographische Beschreibung des Kunstwerks, bei der die dargestellten Objekte identifiziert und in Beziehung gesetzt werden. In einer zweiten

45 Roland Posner, Ebenen der Bildkompetenz. In: Was ist Bildkompetenz? Studien zur Bildwissenschaft. Hg. Klaus Sachs-Hombach (Bildwissenschaft). Wiesbaden 2003, S. 17–23, hier S. 18.

46 Marion G. Müller, Grundlagen der visuellen Kommunikation. Theorieansätze und Methoden. Konstanz 2003, S. 15–17.

47 Erwin Panofsky, Hercules am Scheidewege und andere antike Bildstoffe in der neueren Kunst. Berlin 1930, S. VIII–X. Erwin Panofsky, Zum Problem der Beschreibung und Inhaltsdeutung von Werken der bildenden Kunst. In: Logos 21 (1932), S. 103–119.

48 Erwin Panofsky, Studies in Iconology. Humanistic Themes in the Art of the Renaissance. New York 1939.

Phase geht es um das dargestellte Motiv bzw. das Thema, das ist die eigentliche ikonographische Analyse. Schließlich erfolgt die ikonologische Interpretation, in deren Rahmen allgemeinere zeitgenössische Einstellungen untersucht werden. Zur Absicherung der Erkenntnisse schlägt Erwin Panofsky noch Korrektivprinzipien vor, das sind analog zum Fortschreiten Stilgeschichte, Typengeschichte und die Geschichte kultureller Symbole.[49] Die Geschichtswissenschaft beschränkt sich allerdings nicht nur auf jene Bilder, denen ein künstlerischer Wert zugestanden wird. Für die Zeit seit Erfindung des Smartphones wird wahrscheinlich sogar eine Massenbildforschung notwendig werden.

Bernd Roeck fordert im Rahmen eines historischen Zugangs zu Bildwissenschaften die Beschäftigung mit der ökonomischen Dimension von Kunst ein. Im 19. Jahrhundert stand die »Mystifizierung der Kunst und damit die Sakralisierung des Kunstwerks« im Mittelpunkt. Ganz im Trend der Zeit sollte ein höherer Geist am Werke entdeckt werden. Gerade aber die Geschichtswissenschaft müsse zu einer Auflösung dieser Idealisierung beitragen: »Wenn nämlich klar wird, daß der Künstler von jeher immer auch Handwerker und vielleicht Unternehmer ist, der auf die Bedürfnisse von Auftraggebern und Märkten Rücksicht nimmt.«[50] Des Weiteren können – und das ist durchaus schon länger üblich – natürlich die diversen Darstellungen auf kulturelle Praktiken hin untersucht werden: Körpergeschichte, Geschlecht, Individualität und vor allem Imagination.

Zum Bild gehört unmittelbar die Farbe, allerdings ist dieser Aspekt in den Kulturwissenschaften bislang nur marginal beachtet worden. »Die Art und Weise, wie sich in den abendländischen Kulturen das Farbenerleben ausgeprägt und entwickelt hat, sprengt jeden fachlichen Rahmen. Farbe ist beinahe jedermanns Sache, aber man hat sich ihrer selten in einheitlicher Form angenommen.«[51] Farbwahrnehmung, Farbbenennung, Farbbedeutung und Farbverständnis veränderten sich im

49 Erwin Panofsky, Sinn und Deutung in der bildenden Kunst. Köln 1975, S. 38–50.

50 Bernd Roeck, Visual turn? Kulturgeschichte und die Bilder. In: Geschichte und Gesellschaft 29 (2003), S. 294–315, hier S. 298 f.

51 John Gage, Kulturgeschichte der Farbe. Von der Antike bis zur Gegenwart. Leipzig 2009, S. 7.

Laufe der Jahrhunderte stark. Heute spiegelt sich diese Veränderung noch im Phänomen der Modefarben. Michel Pastoureau konstatiert drei Schwierigkeiten der Geschichtswissenschaft mit dem Thema Farbe: (1) Die Farben haben sich im Laufe der Zeit verändert, ihr Originalzustand ist verloren, (2) die heutigen Lichtverhältnisse sind andere und (3) jahrhundertelang erfolgte die breite Wahrnehmung von Kunst mithilfe von Schwarzweißbildern – zuerst in Form von Stichen, dann Fotos. »400 Jahre lang waren ausschließlich schwarz-weiße Abbildungen als Bildquellen zur Vergangenheit und zur Malerei verfügbar, bis Historiker schließlich selbst nur noch schwarz-weiß dachten und fühlten.«[52] Zusätzlich stellen sich zahlreiche methodologische Probleme: »Sobald es um das Thema Farbe geht, erscheinen für den Historiker alle Fragen auf einmal: physische, chemische, materielle, technische, aber auch ikonographische, ideologische, emblematische und symbolische Fragen.«[53] Es wundert daher nicht, dass Forschungen zum Thema Farbe im Mittelalter erst am Anfang stehen. Trotzdem konnten bereits wichtige Erkenntnisse gewonnen werden. »Dabei wird zum einen deutlich, wie bunt die (architektonische) Welt des Mittelalters war, zum anderen, dass Farbe und Buntheit nicht Selbstzweck waren, sondern stets als Bedeutungsträger fungierten.«[54] Nicht zuletzt wird das in der Heraldik deutlich. Mittelalterliche Wappen mit ihren Tinkturen können als Farbcodes verstanden werden, zusammen mit den heraldischen Figuren symbolisieren sie ihren Besitzer. Noch heute sind Farben in Zusammenhang mit Fahnen und Flaggen, die im Rahmen der Vexillologie erforscht werden, von höchster Bedeutung für Gemeinwesen.

Das Mittelalter war geradezu ein visuelles Zeitalter. Das hängt mit dem Christentum zusammen, das eine sehr spezifische Bildkultur hervorbrachte. Dabei geht es nicht nur um die Darstellung biblischer oder heiliger Personen oder gar um Gott bzw. die Trinität selbst, sondern um die Ausgestaltung des Kirchenraumes sowie der Liturgie und

52 Michel Pastoureau, Schwarz. Geschichte einer Farbe. Darmstadt 2016, S. 9.

53 Michel Pastoureau, Blau. Die Geschichte einer Farbe. Berlin ^{3}2015, S. 8.

54 Ingrid Bennewitz, Andrea Schindler, Vorwort. In: Farbe im Mittelalter. Materialität – Medialität – Semantik. Akten des 13. Symposiums des Mediävistenverbandes vom 1. bis 5. März 2009 in Bamberg. Bd. 1. Hgg. Ingrid Bennewitz, Andrea Schindler. Berlin 2011, S. 11 f., hier S. 11.

ihrer Gerätschaften. Zentral ist dabei das Sakrament und seine Vorbereitung in Familie und Gemeinde.

> »Bilder assistieren der liturgischen Feier der Sakramente und kommentieren sie. Das *Zeichen, das zugleich bewirkt, was es bezeichnet* ist die Definition des Sakraments, in der eine bildliche Weise des Bedeutens mitschwingt, die aber umgekehrt auch bereits früh zu einem christlichen Maßstab des Bildes geworden ist.«[55]

Das frühe Christentum lehnte Bilder noch strikt ab, erst ab der Konstantinischen Wende und der damit verbundenen Legalisierung und Verbreiterung des Christentums setzte sich die Meinung durch, Bilder helfen den einfachen Leuten beim Verstehen des Glaubens. »Generell dürften die Kaiserbildnisse eine katalysatorische Wirkung auf die zunehmende Bejahung christlicher Bildkunst ausgeübt haben.«[56] Die Theologie musste aber erst den Bedürfnissen angepasst werden. Vor allem eine Darstellung Christi wurde noch als problematisch gesehen. Erst Johannes Damascenus, der letzte der Kirchenväter, konnte im 8. Jahrhundert den Bildgebrauch des Göttlichen legitimieren: Gott selbst habe den Menschen ja nach seinem Abbild geschaffen und den Propheten in Visionen Bilder gezeigt.[57] Nun erst ist die christliche Bilderwelt des Mittelalters möglich.

> »Mit seiner Konzeption hat Johannes sowohl die bilderfeindliche Theologie als auch die apologetischen Ansätze seiner Vorgänger hinter sich gelassen und den Blick geöffnet für eine neue Sicht des Universums, die einen gewaltigen Bogen spannt vom unsichtbaren und nicht darstellbaren Gott, der in Christus eine reale und darstellbare Gestalt angenommen hat, über Maria und die Heiligen als lebendige Verweise auf Christus bzw. Gott bis hin zu den Gestalten auf gemalten Tafeln, durch die Gott sein Heil wirken kann genau wie in den Evangelien und Heiligenviten.«[58]

Im Westen setzt sich diese Ansicht nur langsam durch. Die Karolinger verboten den Bilderkult mit Ausnahme des Kreuzes, das nicht als Bild

---

55 Reinhard Hoeps, Einleitung. In: Handbuch der Bildtheologie. Bd. I: Bild-Konflikte. Hg. Reinhard Hoeps. Paderborn u. a. 2007, S. 7–23, hier S. 9.

56 Franz Dünzl, Bilderstreit im ersten Jahrtausend. In: BilderStreit. Theologie auf Augenhöhe. Hg. Erich Garhammer. Würzburg 2007, S. 47–76, hier S. 55.

57 Joannes Damascenus, Oratio II. Adversos eos qui sacras imagines abjiciunt (Patrologia Graeca 94). Paris 1864, Sp. 1307.

58 Dünzl, Bilderstreit im ersten Jahrtausend, S. 73.

gesehen wurde. Mit dem Karolingischen Reich ging allerdings dieses Verbot mit unter.

Erst im Laufe der Neuzeit sind die Bilder allmählich verloren gegangen. Im Kirchenraum ist es die scharfe Kritik vonseiten des Protestantismus, in der Buchkultur die Drucktechnik, welche die Welt in ein schwarz-weißes Aussehen taucht. Gerade das Aufkommen der in immer kürzeren Intervallen erscheinenden Periodika hat nachhaltig das neue Bildverständnis geprägt. Es waren »sowohl technische als auch inhaltliche Gründe, derentwegen die Zeitungen in Deutschland im 17. und 18. Jahrhundert, ja noch im 19. Jahrhundert, fast durchgängig keine Illustrationen enthielten.«[59] Gerade die Seriosität eines Publikationsorgans wird bis heute mit Bilderlosigkeit gleichgesetzt. Ob Fachbuch oder wissenschaftliche Zeitschrift, es gilt gerade für den akademischen Bereich, ein schlichtes, pragmatisches Auftreten umzusetzen, wenn möglich ganz ohne Einsatz von Farbe. Bis heute fällt es schwer, einem bunten Magazin Autorität zu zuschreiben. Die Macht der Bilder wird geradezu gefürchtet. Im Mittelalter wurden allerdings vielfältige Visualisierungsmöglichkeiten genutzt, hier ist also eine epochenspezifische Bildkompetenz gefragt. So werden zum Beispiel Texte und Buchstaben farblich hervorgehoben, Initialen kunstvoll in Büchern ausgeschmückt. Besonders charakteristisch für christliche Fresken sind dargestellte Gesten – vor allem der Hand. »Als Religion des Wortes und der Predigt war das Christentum mithin unmittelbar empfänglich für den Symbolwert der Hand wie ihre kommunikative Funktionen.«[60] Im Lateinischen *dicere* fallen zeigen und sagen zusammen, im Griechischen *graphein* schreiben mit zeichnen und malen. In Zusammenhang mit Bildern ist auch immer auf die Täuschungsabsicht hinzuweisen. Gerade die Kontextualisierung ist eine beliebte Vorgehensweise: Auf diese Art wird auf gut oder böse hingewiesen und die Eigenschaften werden zugeschrieben.

59 Jürgen Wilke, Simultaneität und Dissoziation. Die Wechselbeziehung von Wort und Bild in der Geschichte visueller (Massen-)Kommunikation. In: Historische Perspektiven auf den Iconic Turn. Die Entwicklung der öffentlichen visuellen Kommunikation. Hgg. Stephanie Geise u. a. Köln 2016, S. 19–47, hier S. 36.

60 Jean-Claude Schmitt, Die Logik der Gesten im europäischen Mittelalter. Stuttgart 1992, S. 62.

Die Bedeutung von Bildern im Mittelalter zeigt sich besonders im byzantinischen Ikonoklasmus des 8. und 9. Jahrhunderts. Bilderstürme sind zu allen Zeiten und in allen Gesellschaften bekannt, es ist eine spezielle Art der *damnatio memoriae*, ebenso wie zum Beispiel Bildzauber. Grundvoraussetzung dafür ist ein wie auch immer falsch verstandenes Zusammenfallen von Bild und Abgebildetem. Damit hat sich bereits die antike Philosophie auseinander gesetzt. In Platons Ideenlehre gilt das Urbild als *paradeigma*, es ist Vorbild und Muster und gehört zur Welt der Ideen. Ins Reich der Erscheinungen kommen diese Muster als Abbildungen, auch *eidola* oder Schattenbilder genannt. Prinzipiell geht es dabei immer um die Frage, wie das Urbild im Abbild präsent sein könnte. Im Christentum kommt zusätzlich noch das alttestamentarische Bilderverbot zum Tragen, das zwar eine wichtige Funktion bei der Etablierung des Monotheismus hatte, aber im Neuen Testament durch das Auftreten Jesu relativiert wird. Dessen Doppelnatur – Christus gilt als göttlich und menschlich zugleich – führte zwischen 730 und 843 immer wieder zu bürgerkriegsähnlichen Zuständen im byzantinischen Reich. Gerade diese Bildkrise hatte große Auswirkungen auf das Abendland. So musste sich in dieser Frage die lateinische Kirche positionieren und propagierte Bilder neben der üblichen Reliquienverehrung. Politisch wurde dadurch nicht nur das römische Papsttum selbstständiger, sondern die Entwicklung führte schlussendlich zur Etablierung eines Kaisers im Westen. »Der byzantinische Bilderstreit, dessen Protagonisten um die Beziehung zwischen Bild und Abbild bzw. Typ und Prototyp gerungen hatten, wurde von den Franken in das Medium der politischen Sprache transportiert.«[61]

Die Auseinandersetzung mit Kommunikation und Medien sowie in weiterer Folge mit Bildern hatte in der Geschichtswissenschaft bis dato einen schweren Stand. Dem steht – und das scheint schnell Common Sense geworden zu sein – »die enorme gesellschaftliche Bedeutung und Omnipräsenz visueller Kommunikate unübersehbar«[62] gegenüber, die

61 Thomas Ertl, Byzantinischer Bilderstreit und fränkische Nomentheorie. Imperiales Handeln und dialektisches Denken im Umfeld der Kaiserkrönung Karls des Großen. In: Frühmittelalterliche Studien 40 (2006), S. 13–42, hier S. 39.

62 Stephanie Geise, Thomas Birkner, Vom Iconic Turn zum Iconic Drift? – Ausblick und weiterführende Fragen im Spannungsfeld zwischen Kommunikationsgeschichte und Visueller Kommunikationsforschung. In: Historische Perspektiven

jedoch schnell als Bilderflut wahrgenommen wird. Gerade die Geschichtswissenschaft beruft sich auf den Text als zentrale Interpretationsquelle, doch wenn es um ein umfassendes Verständnis der mittelalterlichen Welt geht, dann sollte das Bildliche nicht ausgelassen werden.

Leseempfehlungen

Marshall McLuhan, Die Gutenberg-Galaxis. Das Ende des Buchzeitalters. Düsseldorf-Wien 1968.

Josef Benzinger, Zum Wesen und zu den Formen von Kommunikation und Publizistik im Mittelalter. Eine bibliographische und methodologische Studie. In: Publizistik 15 (1970), S. 295–318.

Erwin Panofsky, Sinn und Deutung in der bildenden Kunst. Köln 1975.

Walter J. Ong, Oralität und Literalität. Die Technologisierung des Wortes. Opladen 1987.

Ferdinand Fellmann, Symbolischer Pragmatismus. Hermeneutik nach Dilthey. Reinbeck bei Hamburg 1991.

W. J. T. Mitchell, The Pictorial Turn. In: Artforum 30/7 (1992), S. 89–95.

Jean-Claude Schmitt, Die Logik der Gesten im europäischen Mittelalter. Stuttgart 1992.

Gottfried Boehm, Die Wiederkehr der Bilder. In: Was ist ein Bild? Hg. Gottfried Boehm (Bild und Text). München 1994, S. 11–38.

Werner Faulstich, Medien und Öffentlichkeit im Mittelalter. 800–1400 (Geschichte der Medien 2). Göttingen 1996.

Horst Bredekamp, Einbildungen. In: kritische berichte 28 (2000), S. 31–37.

Marion G. Müller, Grundlagen der visuellen Kommunikation. Theorieansätze und Methoden. Konstanz 2003.

Bernd Roeck, Visual turn? Kulturgeschichte und die Bilder. In: Geschichte und Gesellschaft 29 (2003), S. 294–315.

Johannes Fried, Der Schleier der Erinnerung. Grundzüge einer historischen Memorik. München 2004.

Bildwissenschaft zwischen Reflexion und Anwendung. Hg. Klaus Sachs-Hombach. Köln 2005.

Klaus Beck, Kommunikationswissenschaft. Konstanz 2007.

---

auf den Iconic Turn. Die Entwicklung der öffentlichen visuellen Kommunikation. Hgg. Stephanie Geise u. a. Köln 2016, S. 318–332, hier S. 319.

John Gage, Kulturgeschichte der Farbe. Von der Antike bis zur Gegenwart. Leipzig 2009.

Farbe im Mittelalter. Materialität – Medialität – Semantik. Akten des 13. Symposiums des Mediävistenverbandes vom 1. bis 5. März 2009 in Bamberg. 2 Bde. Hgg. Ingrid Bennewitz, Andrea Schindler. Berlin 2011.

6 Materialität

Die Geschichtswissenschaft versteht sich traditionell als eine Disziplin der Schriftkultur. Daher stehen Texte im Mittelpunkt der Erkenntnis und weniger Objekte. Dabei muss die klassische Geschichtswissenschaft »ihre Erkenntnisse auf die Aussagen weniger schriftkundiger Gruppen stützen, die überdies zur Selbstdarstellung und zur Archivierung fähig waren.«[1] Allerdings gibt es in den historischen Hilfs- bzw. Grundwissenschaften sowie in den zahlreichen Nachbarwissenschaften durchaus materielle Aspekte. Gerade weil Geschichte auf Quellen aufbaut, muss das Material, auf dem Quellen überliefert und mit dem sie geschrieben sind, beachtet werden. Für das Mittelalter bedeutet das vor allem die Untersuchung von Pergament und Papier sowie Tinten im Zusammenhang mit Urkunden und Handschriften. Bei der Numismatik spielt das jeweilige Edelmetall oft nur eine untergeordnete Rolle, untersucht wird in der Regel allein das Münzbild. Meist endet in der Geschichtswissenschaft die Beschäftigung mit Realien schnell, denn Materielles wird eigentlich als Aufgabe von Nachbarwissenschaften wie Archäologie, Kunstgeschichte oder Ethnologie angesehen. Ihre Objekte befinden sich in einem Museum und nicht in einem Archiv oder einer Bibliothek. Dabei ist die Beschäftigung mit Sachen ebenso in der historischen Forschung sinnvoll, so etwa im Bereich der Alltags- oder Technikgeschichte. Des Weiteren können bedeutungsgeladene Gegenstände – wie liturgisches Gerät, Reliquien oder Insignien – von hohem Interesse sein. Nicht zuletzt ist die Landschaft von Bauten aus verschiedenen Epochen geprägt. So finden

1 Gabriele Isenberg, Forschungsbereiche der Mittelalter- und Neuzeit-Archäologie. Abgrenzung und Vernetzung. In: Zeitschrift für Archäologie des Mittelalters 25/26 (1997/98), S. 49–57, hier S. 53.

sich allerorts Objekte von kleinster bis größter Dimension, zu deren Bearbeitung sich in der Geschichtswissenschaft bislang keine eigene Theorie oder Methode entwickelt hat. »Ob es allerdings zu einem *material turn* in der Geschichtswissenschaft kommen wird, ist nicht absehbar.«[2]

In der modernen Kulturwissenschaft hat das Materielle immerhin einen gewissen Stellenwert. »Der institutionelle und inhaltliche Erfolg der Kulturwissenschaft während der 1990er Jahre ist nicht ohne den methodischen Baustein der innovativen Integration der Materiellen Kultur zu erklären.«[3] Verantwortlich dafür sind Paradigmenwechsel in gleich mehreren Fächern. So verstand sich die Kunstgeschichte auf akademischer Ebene lange als eine Bildwissenschaft mit hohem Bedeutungsanspruch, weshalb sie sich nicht mit dem Material selbst beschäftigte. »Die Aufgabe der heutigen Generation ist es, eine Geschichte der Dinge zu begründen, die sowohl der Bedeutung als auch der Existenzform, sowohl dem Entwurf als auch der Erfüllung im Dasein, sowohl dem Schema als auch dem Ding gerecht wird.«[4] Das Problem einer Neudefinition liegt allerdings darin, dass Kunst mitunter als Gegenteil von Nutzen definiert wird und Kunstgeschichte weitgehend mit der Geschichte der Malerei gleichgesetzt wird. »Die neuzeitliche Privilegierung der Malerei gegenüber anderen Kunstgattungen verdankt sich unter anderem dem medialen Charakter des Bildes und seiner Fähigkeit – unter Preisgabe der eigenen Materialität – andere Materialien zu illusionieren.«[5] Mittlerweile definiert die Kunstgeschichte Kunstwerke als »historische Zeugnisse, die sowohl an der materiellen wie an der geistigen Kultur Anteil haben.«[6]

---

2 Andreas Ludwig, Geschichtswissenschaft. In: Handbuch Materielle Kultur. Bedeutungen, Konzepte, Disziplinen. Hgg. Stefanie Samida u. a. Stuttgart-Weimar 2014, S. 287–292, hier S. 287.

3 Knut Ebeling, Kulturwissenschaft. In: Handbuch Materielle Kultur. Bedeutungen, Konzepte, Disziplinen. Hgg. Stefanie Samida u. a. Stuttgart-Weimar 2014, S. 293–298, hier S. 293.

4 George Kubler, Die Form der Zeit. Anmerkungen zur Geschichte der Dinge. Frankfurt a. M. 1982, S. 197.

5 Monika Wagner, Kunstgeschichte. In: Handbuch Materielle Kultur. Bedeutungen, Konzepte, Disziplinen. Hgg. Stefanie Samida u. a. Stuttgart-Weimar 2014, S. 298–305, hier S. 300.

6 Willibald Sauerländer, Die Gegenstandssicherung allgemein. In: Kunstgeschichte. Eine Einführung. Hgg. Hans Belting u. a. Berlin [7]2008, S. 51–61, hier S. 53.

Das Kunstwerk rückt in die Nähe des Artefakts, trotzdem bleibt die Ästhetik maßgeblich. Allerdings sind Material- und Realienkunde Teil der Kunstgeschichte geworden – sie hat sich also die Materialität wieder angeeignet.

Den umgekehrten Weg hat die Archäologie beschritten. Sie konzentrierte sich lange auf jene Bereiche, wo die schriftliche Überlieferung aussetzt. Heute versucht sie, in Kombination mit Texten neue Fragestellungen zu erschließen. Dahinter steckt die Überlegung, dass schriftliche Zeugnisse das Denken und Handeln dokumentieren, »dagegen zeigen archäologische Quellen die realen Auswirkungen dieses Handelns und Denkens an den Orten, wo es sich abspielte, und belegen so den Ablauf der Geschichte und die Aktivitäten der Menschen in ihrem jeweiligen materiellen Niederschlag.«[7] Diesem Ansatz und der Sachkultur verschreibt sich besonders die Mittelalterarchäologie, die erst in den 1980er und 1990er Jahren ihren großen Durchbruch hatte und lange als »direkte Fortsetzung der vor- und frühgeschichtlichen Archäologie«[8] definiert wurde. Die Integration alltagsgeschichtlicher Fragestellungen beförderte sowohl »die Entfremdung von der Prähistorie als auch den Kontakt zur geschichtswissenschaftlichen Nachbardisziplin, welche durch Bereitstellung des theoretischen Hintergrundes die Neuorientierung überhaupt erst ermöglichte.«[9] In vielen Dingen ist die Mittelalterarchäologie der Mikrogeschichte nicht unähnlich. Sie versteht sich im größeren Kontext als eine historische Kulturwissenschaft mit der Aufgabe, die vielfältigen materiellen Hinterlassenschaften des Mittelalters mit geistes- ebenso wie mit naturwissenschaftlichen Methoden zu analysieren. »Sie ist eine historische Archäologie, die die materiellen Überreste in den Kontext einer überwiegend schriftlichen und bildlichen Parallelüberlieferung stellt und so zum Verständnis vergangener

7 Barbara Scholkmann, Das Mittelalter im Fokus der Archäologie. Stuttgart 2009, S. 11.

8 Barbara Scholkmann, Archäologie des Mittelalters und der Neuzeit heute. Eine Standortbestimmung im interdisziplinären Kontext. In: Zeitschrift für Archäologie des Mittelalters 25/26 (1997/98), S. 7–18, hier S. 9

9 Sören Frommer, Historische Archäologie. Ein Versuch der methodologischen Grundlegung der Archäologie als Geschichtswissenschaft (Tübinger Forschungen zur historischen Archäologie 2). Büchenbach 2007, S. 81.

Gesellschaften beiträgt.«[10] Zu beachten ist allerdings: »Die Arbeitsgrundlage bilden die archäologischen, in der Regel stratigraphisch, d. h. schichtmäßig in den Boden eingebetteten Sachquellen.«[11] Im Mittelpunkt stehen trotzdem »kulturelle Erscheinungen und Entwicklungen, begriffen als Manifestationen des Menschen in seinen materiellen Hinterlassenschaften.«[12] Zusätzlich zu Bodenfunden und Schriftquellen wertet die Archäologie des Mittelalters kartographische und bildliche Quellen aus. »Das primäre Forschungsobjekt ist eine Gesellschaft, die sich von Stammes-/Häuptlingsgesellschaften zu zentralisiert geleiteten Staatsgesellschaften bewegt.«[13] Gerade deshalb wurde sie in den letzten Jahren nicht nur in die Neuzeit fortgeführt, sondern sogar für das 20. Jahrhundert betrieben.

Die Mittelalterarchäologie versteht sich als ein »Kontaktfach« mit den Naturwissenschaften (vor allem mit der Botanik und Zoologie), aber auch mit jenen »Wissenschaften, die sich vornehmlich auf schriftliche oder gar mündlich tradierte Quellen stützen.«[14] Erst in der transdisziplinären Synthese lassen sich also fruchtbare Erkenntnisse gewinnen, als Ziel kann daher durchaus eine Mittelalterkunde angegeben werden – »zu konstruieren als Gesamtbild der Epoche mit Methoden und Quellen vieler Disziplinen.«[15] Erforscht wurden bisher vor allem Gräberfelder, ländliche und städtische Siedlungen sowie Sakralbauten und Wehranlagen. Ein besonderes Spezifikum ist, »daß der Mittelalterarchäologe in Kulturräumen arbeitet, die durchwegs eine Kontinuität bis zur Gegenwart aufweisen, wodurch eine besondere Nähe zum Forschungsob-

10 Barbara Scholkmann u. a., Archäologie des Mittelalters und der Neuzeit. Grundwissen. Darmstadt 2016, S. 9.

11 Günter P. Fehring, Einführung in die Archäologie des Mittelalters (Die Archäologie). Darmstadt 1987, S. 2.

12 Barbara Scholkmann, Archäologie des Mittelalters, S. 18.

13 Ingolf Ericsson, Archäologie des Mittelalters – eine Kulturwissenschaft? In: Das Mittelalter 5 (2000), S. 141–147, hier S. 145.

14 Hermann Hinz, Mittelalterarchäologie. In: Zeitschrift für Archäologie des Mittelalters 10 (1982), S. 11–20, hier S. 12.

15 Heiko Steuer, Entstehung und Entwicklung der Archäologie des Mittelalters und der Neuzeit in Mitteleuropa – auf dem Weg zu einer eigenständigen Mittelalterkunde. In: Zeitschrift für Archäologie des Mittelalters 25/26 (1997/98), S. 19–38, hier S. 21.

jekt gegeben ist.«[16] Gefunden werden viele Kleingegenstände, die der Mensch in unterschiedlichen Zusammenhängen für die Lebensführung genutzt und irgendwann weggeworfen, vernichtet oder schlichtweg verloren hat. »Was die Archäologie freilegt, ist also längst kein direktes Zeugnis ehemaliger Lebensrealität mehr und macht Interpretation notwendig.«[17] Zugleich kommen damit menschliche Faktoren und gegenwärtige Zusammenhänge ins Spiel.

Gerade bei Kirchen und Burgen trifft die Mittelalterarchäologie auf die historische Bauforschung, die wiederum mit der Kunstgeschichte verknüpft ist. Diese will vor allem die baulichen Zustände und Zusammenhänge erforschen und ist definitiv »kein eigenes Fach wie Kunstgeschichte, Volkskunde oder Architektur«, vielmehr »steht sie in engem Kontext mit einer anderen Fachrichtung oder ist gar deren Teil.«[18] Im Mittelpunkt der Betrachtung befindet sich »das Bauwerk selbst, in diesem Sinne ist die Bauforschung sozusagen die Quellenkritik der Architekturgeschichte.«[19] Der wesentlichste Punkt der Bauforschung ist ihre Interdisziplinarität. »Bauforschung funktioniert nur durch das Zusammenwirken verschiedenster Disziplinen, und ohne dieses Zusammenwirken bleiben Ergebnisse extrem unbefriedigend.«[20]

Bei der Bauforschung geht es um die Geschichte eines konkreten Gebäudes, wobei der Schwerpunkt auf dem Bauprozess selbst liegt. An die-

16 Sabine Felgenhauer-Schmiedt, Die Sachkultur des Mittelalters im Lichte der archäologischen Funde (Europäische Hochschulschriften 38/42). Frankfurt a. M. ²1995, S. 8.

17 Heiko Steuer, Archäologie und Realität mittelalterlichen Alltagslebens. In: Die Vielfalt der Dinge. Neue Wege zur Analyse mittelalterlicher Sachkultur. Internationaler Kongress Krems an der Donau 4. bis 7. Oktober 1994. Gedenkschrift in Memoriam Harry Kühnel. Hgg. Helmut Hundsbichler u. a. (Forschungen des Instituts für Realienkunde des Mittelalters und der Frühen Neuzeit 3). Wien 1998, S. 399–428, hier S. 407.

18 G. Ulrich Großmann, Einführung in die historische Bauforschung. Darmstadt 1993, S. 1.

19 G. Ulrich Großmann, Einführung in die historische und kunsthistorische Bauforschung. Darmstadt 2010, S. 10.

20 G. Ulrich Großmann, Bauforschung – ganz oder gar nicht. In: Bauforschung. Eine kritische Revision. Historische Bauforschung zwischen Marketing und öffentlichem Abseits. Hgg. Johannes Cramer u. a. Berlin 2005, S. 50–52, hier S. 51.

sem Beispiel werden Bauphasen und Bauzustand unter Heranziehung von Baufugen beim Mauerwerk, dendrochronologischen Untersuchungen des verwendeten Holzes, historischen Bauaufzeichnungen oder verschiedenen Darstellungen rekonstruiert. So entsteht ein umfassender Baubefund, der durch die Beschäftigung mit der jeweiligen Bautechnik noch abgerundet wird. Mitunter problematisch ist die Intensität der Erfassung, vor allem wenn jeder einzelne Stein einer Mauer untersucht und verzeichnet wird. »In der Flut der Daten drohen aber die eigentlich wichtigen Erkenntnisse verloren zu gehen. Maximale Detailgenauigkeit garantiert keinen optimalen Erkenntnisprozeß oder maximalen Erkenntnisgewinn.«[21] Kritisiert wird mitunter, dass meist nur ein Objekt für sich steht und vergleichende Untersuchungen und Fragestellungen fehlen. In der Bauforschung werde zu oft vergessen, »daß ein Gebäude niemals für sich allein existiert, sondern immer in städtebauliche, typologische und stilgeschichtliche Zusammenhänge eingebunden ist.«[22] Das könnte zum Beispiel zur Identifizierung personaler Netzwerke führen, was allerdings eine Aufgabe der Geschichtswissenschaft wäre. Die Ergebnisse der Bauforschung sind jedenfalls als eigenständige Sichtweise zu werten.

> »Indem sie sich mit Abläufen und Entwicklungen beschäftigt, die zu dem status quo geführt haben, entsteht ein dynamisches Beschreibungs- und Erklärungsmodell für ein Objekt, das auch dessen heutige Situation und den zukünftigen Umgang mit dem Bewahrten einschließt.«[23]

Bauforschung wird so zur Untersuchung eines Mikrokosmos, die sich immer wieder mit dem Makrokosmos rückkoppeln muss. Im Kleinen spiegelt sich die Welt wider, was ebenfalls die Mikrogeschichte aufzeigen möchte.

---

21 Matthias Donath, Erkenntnis versus Genauigkeit. Kritische Fragen an die Bauforschung. In: Bauforschung. Eine kritische Revision. Historische Bauforschung zwischen Marketing und öffentlichem Abseits. Hgg. Johannes Cramer u. a. Berlin 2005, S. 53–72, hier S. 58.

22 Ebd., S. 64.

23 Stefan Breitling, Wenn dem Kunsthistoriker der Gegenstand und dem Bauhistoriker die Worte fehlen. Anmerkungen zum Selbstverständnis der historischen Bauforschung. In: Bauforschung. Eine kritische Revision. Historische Bauforschung zwischen Marketing und öffentlichem Abseits. Hgg. Johannes Cramer u. a. Berlin 2005, S. 205–222, hier S. 208.

Wie die Mittelalterarchäologie muss die historische Bauforschung auf Ergebnisse vieler anderer Wissenschaften, insbesondere der Architektur und ihrer Geschichte, zurückgreifen. Nicht zuletzt gehört ein Verständnis in Bezug auf das Aufmaß dazu – Pläne müssen gelesen und erstellt werden können. Im Gegensatz zur Mittelalterarchäologie aber, die sich mit Bodenfunden auseinandersetzt, geht die historische Bauforschung »von oberirdisch erhaltenen Bauten und hierbei von deren ältestem Erscheinungsbild aus.«[24] Diese fachliche Trennung auf ›Höhe Null‹ – »eine von beiden Seiten respektierte Demarkationslinie«[25] – wird durchaus auch kritisiert, denn Bauten werden in den seltensten Fällen ganz abgerissen, sondern Bauteile oft genug wiederverwendet. Ein gutes Beispiel für Archäologie im Obergeschoss ist Schloss Lengberg im Oberen Drautal. Dort wurde in einem Raum im zweiten Stock im 16. Jahrhundert ein Gewölbe errichtet. In den Zwickelfüllungen wurde nicht nur Schutt gefunden, sondern eine Wachstafel aus Holz, eine Flöte, Münzen, Textilien (darunter Unterwäsche) sowie Fragmente von Briefen und eines Rechnungsbuches. Es scheint, dass hier Unrat auf kurzem Wege entsorgt worden ist.[26] Nicht nur dieses Beispiel zeigt, die Bauforschung hat »durch zahlreiche Einzelforschungen das Bild unserer Vergangenheit und der früheren Lebensumstände radikal verändert. Die Ergebnisse einer vorausgehenden und baubegleitenden Bauforschung haben vor allem in Süddeutschland und in der Schweiz unsere Vorstellung von der Entstehung der Städte vom 11. bis zum 15. Jahrhundert revolutioniert.«[27]

---

24 Barbara Scholkmann, Bau und Boden. Zur Zusammenarbeit zwischen Archäologie des Mittelalters und Historischer Bauforschung. In: Bauforschung und Archäologie. Stadt- und Siedlungsentwicklung im Spiegel der Baustrukturen. Hg. Dirk Schumann. Berlin 2000, S. 12–20, hier S. 13.

25 Armand Baeriswyl, Wo ist die Höhe Null? Über die angebliche Grenze zwischen Bauforschung und Bodenarchäologie. In: Bauforschung und Archäologie. Stadt- und Siedlungsentwicklung im Spiegel der Baustrukturen. Hg. Dirk Schumann. Berlin 2000, S. 21–31, hier S. 21.

26 Philipp Plattner, Schriftfunde aus den Gewölbezwickelfüllungen von Schloss Lengberg in Osttirol (Nearchos Beiheft 14 / Lengberger Studien zur Mittelalterarchäologie 4). Innsbruck 2013.

27 Johannes Cramer, Sehnsucht nach Geschichte, oder: Braucht die Bauforschung neue Marketing-Strategien? In: Bauforschung. Eine kritische Revision. Historische

Eine umfassende Analyse des Bauwerks ist ebenfalls maßgeblich für die Denkmalpflege. Sie wird seit dem 19. Jahrhundert professionell betrieben, nachdem das Interesse an der eigenen Vergangenheit, die sich auch in Gebäuden manifestiert, geweckt wurde. Zugleich ist das 19. Jahrhundert eine Zeit, in der unglaublich viele Gebäude im Namen von Säkularisation, Stadterweiterung und Infrastrukturausbau zerstört wurden. Das zeitgenössische Bauen im Sinne des Historismus kam hingegen dem Baudenkmal entgegen, zudem wurden große, noch im Mittelalter begonnene Kirchenbauten abgeschlossen. Außerdem wurden Restaurierungsarbeiten durchgeführt, die eine Vollendung zum Ziel hatten, »das heißt eine Purifizierung der Denkmäler im Sinn einheitlicher stilistischer Konzepte, der die jeweils als ›unpassend‹ empfundenen Partien des Baus und seiner Ausstattung zu weichen hatten.«[28] Das führte zu heftiger Kritik. Welcher Zustand bewahrt bzw. hergestellt werden sollte, wurde fortan zu einer Leitfrage der Denkmalpflege. Die Kriegseinflüsse des 20. Jahrhunderts warfen diese Frage erneut auf. »Als Geschichtsdokumente sind diese Bauten mit ihrer Zerstörung endgültig verloren. Auch die gekonnte Reproduktion des Zerstörten sieht nur noch historisch aus, ohne es doch wirklich zu sein.«[29] Schon im 19. Jahrhundert wurde klar, »daß die Spuren, die die Zeit und die Schicksale der Geschichte an und in den Bauwerken hinterlassen haben, ein zentrales Moment ihres Denkmalcharakters sind.«[30] Damit trat die Konservierung in der Debatte in den Vordergrund. In der Praxis hat die Baudenkmalpflege immer wieder Kompromisse einzugehen, da Gebäude dann am besten erhalten bleiben, wenn sie genutzt werden. Allerdings kann es in diesem Zusammenhang zu einer »Ausbeu-

---

Bauforschung zwischen Marketing und öffentlichem Abseits. Hgg. Johannes Cramer u. a. Berlin 2005, S. 18–31, hier S. 22.

28 Michael Petzet, Gert Mader, Praktische Denkmalpflege. Stuttgart u. a. ²1995, S. 16.

29 Johannes Cramer, Vorwort. In: Bauforschung und Denkmalpflege. Umgang mit historischer Bausubstanz. Hg. Johannes Cramer. Stuttgart 1987, S. 6–11, hier S. 6.

30 Norbert Huse, Das Baudenkmal und seine Ausstattung – Aus der Geschichte der Denkmalpflege. In: Das Baudenkmal und seine Ausstattung. Substanzerhaltung in der Denkmalpflege. Dokumentation der Tagung des Deutschen Nationalkomitees für Denkmalschutz 27. und 28. Mai 1986, Liederhalle Stuttgart. Hg. Deutsches Nationalkomitee für Denkmalschutz (Schriftenreihe des Deutschen Nationalkomitees für Denkmalschutz 31). Bonn 1986, S. 9–13, hier S. 13.

tung des Denkmals« kommen unter Missachtung einer Grundvoraussetzung des Umgangs mit einem Bestand: der »Orientierung jeder Maßnahme zu allererst am Bedarf des Denkmals, an den Belangen des Denkmals als Geschichtszeugnis.«[31] Es sollte also selbst aussagekräftig für seine Geschichte stehen.

Der Alltag ist besonders von materiellen Kleingegenständen geprägt: »Der Mensch wird in eine Dingwelt hineingeboren.«[32] Diesen Aspekten wollen sich auf interdisziplinärem Weg die Forschungen zur materiellen Kultur widmen. Stark beteiligt ist daran die Ethnologie. Sie entstand einerseits aus der Beschäftigung mit fremden Sitten, andererseits an den Schränken der Exotica der Wunderkammern, womit sie von Anfang an objektbezogen ist. Meist ohne auf schriftliche Zeugnisse zurückgreifen zu können, versucht die Ethnologie, Kulturkreise und ihre Entwicklung zu bestimmen. Die Volkskunde bzw. europäische Ethnologie wurde lange im Sinne eines romantischen Nationalbewusstseins betrieben. »Die Hinwendung zum eigenen Volk und das Erwachen eines historischen Bewußtseins brachte eine Begeisterung für die Traditionsgüter der Vergangenheit mit sich, einen Enthusiasmus für das Aufsammeln der Volküberlieferungen auf zahlreichen Gebieten.«[33] Damit konnte zum Welt- und Zeitgeist auch ein Volksgeist hinzutreten. Als wichtiger Zweig der Volkskunde etablierte sich die Sachkulturforschung, deren Ziel die Analyse materieller Alltagskultur der bäuerlich-ländlichen Bevölkerung – was eben im 19. Jahrhundert unter Volk verstanden wurde – ist. Die Fülle des Materials hat früh zu einer Ausarbeitung der Fachbegriffe geführt. So unterscheidet die Volkskunde zwischen *Sache* als Arte-

---

31 August Gebeßler, Voraussetzung für den Umgang mit Baudenkmälern und ihrer Ausstattung. Für die Denkmalpflege. In: Das Baudenkmal und seine Ausstattung. Substanzerhaltung in der Denkmalpflege. Dokumentation der Tagung des Deutschen Nationalkomitees für Denkmalschutz 27. und 28. Mai 1986, Liederhalle Stuttgart. Hg. Deutsches Nationalkomitee für Denkmalschutz (Schriftenreihe des Deutschen Nationalkomitees für Denkmalschutz 31). Bonn 1986, S. 21–25, hier S. 22.

32 Hans Peter Hahn u. a., Einleitung: Materielle Kultur in den Kultur- und Sozialwissenschaften. In: Handbuch Materielle Kultur. Bedeutungen, Konzepte, Disziplinen. Hgg. Stefanie Samida u. a. Stuttgart-Weimar 2014, S. 1–12, hier S. 1.

33 Ingeborg Weber-Kellermann, Andreas C. Bimmer, Einführung in die Volkskunde/Europäische Ethnologie. Eine Wissenschaftsgeschichte. Stuttgart ^{2}1985, S. 22.

fakt und *Ding* als Kategorie. Zusammen mit der Erforschung mündlicher Überlieferungen zeigt die europäische Ethnologie einen Weg auf, weitgehend ohne Schriftquellen eine analytische Kulturwissenschaft zu betreiben. Heute will die ehemalige Volkskunde die Alltagskultur der gesamten Gesellschaft untersuchen, »in den letzten Jahren hat sich der Fokus von der Produktions- zur Konsumsphäre verschoben.«[34] In der Ethnologie wurde die Trennung in materielle und immaterielle Kultur ausgiebig reflektiert. So entstand als Kompromiss die Überlegung, »daß die in einer Gesellschaft verwendeten materiellen Dinge stets aus dem Kontext des Handelns heraus zu verstehen sind. Gesellschaftlicher Alltag wird nicht nur von den materiellen Dingen geprägt, aber auch nicht allein vom Handeln und Wissen.«[35] Moderne ethnologische Ansätze sind kulturwissenschaftlich ausgerichtet, für sie ist »die Reziprozität der materiellen Kultur (Menschen formen Dinge – Dinge formen Menschen) zentral.«[36] Dementsprechend werden »nicht nur die Objekte, sondern gleichermaßen die zugehörigen Tätigkeiten, das Herstellen der Objekte wie deren Nutzungsgefüge, also Bauen und Wohnen, Fertigen und Tragen von Kleidung« untersucht.[37] Das Geistige und das Materielle sind also nicht voneinander zu trennen, »denn was vom Menschen nicht nach seinen Ideen, seinen Vorstellungen gestaltet ist, steht außerhalb seiner Kultur.«[38]

Die anglo-amerikanischen *material culture studies* sind im deutschen Sprachraum noch wenig rezipiert worden. Dieser Ansatz kann »als eine

34 Gudrun M. König, Europäische Ethnologie/Empirische Kulturwissenschaft. In: Hans Peter Hahn, Ethnologie. In: Handbuch Materielle Kultur. Bedeutungen, Konzepte, Disziplinen. Hgg. Stefanie Samida u. a. Stuttgart-Weimar 2014, S. 279–287, hier S. 284.

35 Hans Peter Hahn, Materielle Kultur. Eine Einführung. Berlin 2005, S. 9.

36 Hermann Heidrich, Von der Ästhetik zur Kontextualität: Sachkulturforschung. In: Methoden der Volkskunde. Positionen, Quellen, Arbeitsweisen der Europäischen Ethnologie. Hgg. Silke Göttsch, Albrecht Lehmann. Berlin ²2007, S. 33–56, hier S. 34.

37 Günther Wiegelmann u. a., Volkskunde. Eine Einführung (Grundlagen der Germanistik 12). Berlin 1977, S. 97.

38 Günter Wiegelmann, Theoretische Konzepte der Europäischen Ethnologie. Diskussionen um Regeln und Modelle (Grundlagen der Europäischen Ethnologie 1). Münster 1990, S. 16.

Beschäftigung mit der Beziehung zwischen Menschen und Dingen innerhalb von Raum und Zeit definiert werden. Die angewandte Perspektive kann global und lokal sein.«[39] Ziel ist es, das Anfertigen und Verwenden von Gegenständen auf die gleiche Stufe wie die Sprache zu heben und analog zur Sprachwissenschaft eine Art Materialwissenschaft zu etablieren. Gerade durch den *linguistic turn* war ja das Materielle in den Hintergrund getreten, obwohl die reale Welt schon in der frühen griechischen Philosophie ein beliebter Gegenstand der Erörterung war. Thomas von Aquin setzte sich im Mittelalter in seinem Werk *De ente et essentia* maßgeblich mit dem Thema auseinander. Dieser philosophische Zugang wurde ab dem 16. Jahrhundert als Ontologie bezeichnet und ist Teil der Metaphysik. Im 20. Jahrhundert beschäftigte sich in Verbindung von Philosophie und Physik vor allem Werner Heisenberg mit dem Problem und begründete die Quantenlehre.

Im deutschsprachigen Raum werden für die Beschäftigung mit Materialität mitunter die Begriffe Sachkultur und Realienkunde verwendet. Dabei geht es darum,

> »[...] zu konkreten Kenntnissen über die Vielfalt der Lebensäußerungen und der Erzeugnisse menschlicher Betätigung zu gelangen. In den Mittelpunkt der Betrachtung und Untersuchung muß das pulsierende Leben im Alltag gestellt werden, der gesamte Lebensablauf mit seinen durch die ständische Gliederung bedingten Modifikationen.«[40]

Ziel ist es, eine »Rekonstruktion der mittelalterlichen Mensch-Objekt-Beziehung«[41] zu versuchen, indem aussagekräftige Verbindungen zwischen Menschen, Objekten, Situationen und Qualitäten vorgenommen

39 Haidy Geismar u. a., Material Culture Studies. In: Handbuch Materielle Kultur. Bedeutungen, Konzepte, Disziplinen. Hgg. Stefanie Samida u. a. Stuttgart-Weimar 2014, S. 309–315, hier S. 311.

40 Harry Kühnel, Realienkunde des Mittelalters und der frühen Neuzeit. In: Jahrbuch für Landeskunde von Niederösterreich NF 37 (1965/67), S. 215–247, hier S. 215.

41 Gerhard Jaritz, Mittelalterliche Realienkunde: Quellbefund und Quelleninterpretation. In: Die Erforschung von Alltag und Sachkultur des Mittelalters. Methode – Ziel – Verwirklichung. Internationales Round-Table-Gespräch Krems an der Donau 20. September 1982 (Österreichische Akademie der Wissenschaften, Philosophisch-historische Klasse, Sitzungsberichte 433 / Veröffentlichungen des Instituts für mittelalterliche Realienkunde Österreichs 6). Wien 1984, S. 33–44, hier S. 36.

werden. Der Weg dahin führte vor allem über den Aufbau von Datenbanken, in denen die verschiedenen Sach-, Bild- und Schriftzeugnisse gesammelt werden. Schnell stellte es sich heraus, dass es eine Fülle von Zeugnissen gibt, die sich vor allem in der Beachtung von vermeintlichen Nebensächlichkeiten erschließen. Allerdings haben alle diese Quellen »das Manko, daß sie nicht zur Beantwortung jener Fragen entstanden sind, die wir heute rückblickend an sie richten.«[42]

Prinzipiell können »Dinge als Bausteine materieller Kultur«[43] verstanden werden. Vor allem die Dinge des täglichen Lebens blieben lange Zeit unbeachtet. Die Untersuchung der Alltagserfahrung ist Teil der Frage nach den Lebensumständen der Menschen. Alltagsgegenstände »vermitteln nicht nur einen Eindruck davon, in welchem Mikrokosmos von Objekten des täglichen Gebrauchs sich ein Individuum oder eine soziale Gruppe bewegte. Ihre Objektqualitäten erlauben es auch, Rückschlüsse auf die ökonomische Situation und die soziale Stellung ihrer Besitzer zu ziehen.«[44] Gerade so entstehen Dinglandschaften von Regionen und sozialen Verhältnissen, dabei ist kein Gegenstand zu unbedeutend für eine Betrachtung. In diesem Kontext wird der regionale und internationale Handel wichtig. Luxusgüter, aber genauso Getreide, Öl und Wein sind quer über die Kontinente vermittelt worden.

Dinge erfüllen für Menschen nicht nur praktische Funktionen, sie können zu Objekten der Erinnerung werden – über das moderne Souvenir hinaus. Prinzipiell haben Gegenstände eine extrem unterschiedliche Lebensdauer. Sie sind kurzfristige Konsumgüter oder über Generationen weitergegebene Gegenstände. Beiden können jedoch individuelle bzw. kollektive Bedeutungen zugeschrieben werden, beide können damit Ver-

42 Helmut Hundsbichler, Sachen und Menschen. Das Konzept Realienkunde. In: Die Vielfalt der Dinge. Neue Wege zur Analyse mittelalterlicher Sachkultur. Internationaler Kongress Krems an der Donau 4. bis 7. Oktober 1994. Gedenkschrift in Memoriam Harry Kühnel. Hgg. Helmut Hundsbichler u. a. (Forschungen des Instituts für Realienkunde des Mittelalters und der Frühen Neuzeit 3). Wien 1998, S. 29–62, hier S. 44.

43 Hahn, Materielle Kultur, S. 50.

44 Anke Ortlepp, Alltagsdinge. In: Handbuch Materielle Kultur. Bedeutungen, Konzepte, Disziplinen. Hgg. Stefanie Samida u. a. Stuttgart-Weimar 2014, S. 161–165, hier S. 162.

gangenes vergegenwärtigen. »Langlebige Gegenstände wie auch materielle Kultur insgesamt sind insbesondere in Gesellschaften ohne schriftlich kodifizierte Geschichte eine wichtige Quelle und Ausgangspunkt für ein eigenes Geschichtsbewußtsein.«[45] Das schließt allerdings eine Uminterpretation der Gegenstände nicht aus, wie die Diskussionen über Statuen im öffentlichen Raum immer wieder zeigen. Gerade in diesem Kontext sind Objektbiographien von Interesse, die den Umgang mit den Gegenständen und die ihnen jeweils zugeschriebene Bedeutung aufzeigen. Zu diesem Bestreben ist eine Reflexion über *damnatio memoriae* ebenfalls notwendig, denn zur Tilgung der Erinnerung gehört das Vernichten der materiellen Hinterlassenschaft.

Mit extrem hoher Bedeutung versehen sind sakrale Objekte. Bei Dingen wird »der Wert eines Gegenstandes immer erst im Tauschakt realisiert. Zu den Besonderheiten sakraler Objekte gehört, daß sie sich dieser für andere Gegenstände üblichen Form der Wertermittlung entziehen.«[46] Sakrale Objekte werden daher eher geraubt als gekauft und bestenfalls geschenkt. Gerade das Christentum verwendet sakrale Objekte, Reliquien sollen die Erinnerung an Personen und Ereignisse bewahren. »Die Heiligen füllten mit ihrem Segen wie mit ihrem Fluch jene Lücke, für die das Christentum zunächst kein Angebot hatte machen können.«[47] Dabei ging es meist um die Bändigung der Naturkräfte, die in einer agrarisch geprägten Gesellschaft, wie sie im Mittelalter existierte, von besonderer Wichtigkeit ist.

Zentral in der Beschäftigung mit Materialität ist das Sammeln, es ist geradezu eine grundlegende Aktivität, die bis in das Alltägliche hineinreicht. »Menschen können sammeln, weil sie mit ihren Sinnen wahrnehmen, mit ihren Händen greifen, mit ihren Füßen gehen können. Sie sind fähig, Dinge zu erblicken, zu nehmen und zu tragen.«[48] Men-

45 Hahn, Materielle Kultur, S. 22.

46 Karl-Heinz Kohl, Die Macht der Dinge. Geschichte und Theorie sakraler Objekte. München 2003, S. 152.

47 Arnold Angenendt, Heilige und Reliquien. Die Geschichte ihres Kultes vom frühen Christentum bis zur Gegenwart. München 1994, S. 13.

48 Manfred Sommer, Sammeln. In: Handbuch Materielle Kultur. Bedeutungen, Konzepte, Disziplinen. Hgg. Stefanie Samida u. a. Stuttgart-Weimar 2014, S. 109–117, hier S. 111.

schen sammeln Abfall genauso wie Nahrung, Geld, Bücher oder Computerspiele. Erst im zweiten Schritt wird über Verwertung oder Aufbewahren entschieden. Sammeln wird in den Wissenschaften ambivalent betrachtet: Es ist die Grundlage jeder wissenschaftlichen Tätigkeit, aber deren Krönung ist erst die Interpretation des Gesammelten. Außerhalb der Wissenschaft wird Sammeln gerne als Leidenschaft, Stolz und Abenteuer mitunter als Exzentrik beschrieben. Vor allem wird Sammeln oft auf Kunstwerke reduziert. »Es gibt nur *ein* Sammeln. Dieses ist wesentlich konservativ und findet im ästhetischen Sammeln seinen reinsten Ausdruck.«[49] Da prinzipiell alles gesammelt werden kann, hat das Gesammelte zuerst einmal nur einen subjektiven Wert, auch wenn manche Sammlungen sogar einen hohen ökonomischen Wert darstellen. In diesem Sinne ist jede Schatzkammer eine Sammlung.

Während das repräsentative und legitimatorische Sammeln von Westeuropa bis Ostasien verbreitet ist, kam nur in Europa eine Motivation hinzu:

> »[M]it einer neuen wissenschaftlichen Weltschau, mit den Entdeckungs- und Eroberungsreisen der Europäer scheint der Wunsch entstanden zu sein, sich hier und jetzt der Schöpfung dadurch zu versichern, daß man *exempla* ihrer Phänomene zusammenträgt und so die Welt in der eigenen Stube symbolisch widerspiegelt. Der Makrokosmos wird also in den Mikrokosmos gebracht.«[50]

Moderne Museen als Orte der Sammlung dieser Objekte gehen also zurück auf die Wunderkammern, die seit dem 15. Jahrhundert angelegt worden sind. »Wichtig waren die Eigenschaft ›Seltenheit‹ sowie der vermutete Wert. Die praktische Bedeutung dieser überwiegend nicht öffentlichen Sammlungen bestand in der Kontemplation des Eigentümers, aber mehr noch im Vorzeigen gegenüber Gästen.«[51] Eine weitere Besonderheit hebt die Wunderkammer ab: »Anders als in den Schatz-

49 Manfred Sommer, Sammeln. Ein philosophischer Versuch. Frankfurt a. M. 1999, S. 47.

50 Andreas Grote, Vorrede – Das Objekt als Symbol. In: Macrocosmos in Microcosmo. Die Welt in der Stube. Zur Geschichte des Sammelns 1450 bis 1800. Hg. Andreas Grote. Opladen 1994, S. 11–17, hier S. 11.

51 Hans Peter Hahn, Ethnologie. In: Handbuch Materielle Kultur. Bedeutungen, Konzepte, Disziplinen. Hgg. Stefanie Samida u. a. Stuttgart-Weimar 2014, S. 269–278, hier S. 270.

kammern sind die Gegenstände der in derartigen Interieurs zur Schau gestellten Sammlungen geordnet und klassifiziert, um zu zeigen, daß keine Kategorie vergessen ist; das ist ein entscheidender Punkt, denn man strebt Vollständigkeit an.«[52] Diese Wunderkammern sind Teil der fürstlichen Repräsentation, ab dem 18. Jahrhundert werden sie als Museen öffentlich zugänglich.

Mit sämtlichen musealen Phänomenen beschäftigt sich die Museologie. Das Konzept geht auf den tschechischen Museumswissenschaftler Zbyněk Zbyslav Stránský zurück, der damit eine interdisziplinäre Wissenschaft begründen wollte. »Schon Ende der sechziger Jahre wurde vielen Fachleuten die Tatsache bewußt, daß die Museen ihren Kontakt zur Gesellschaft verlieren«[53]. So mussten neue Wege bis hin zur Kommunikation und Museumspädagogik gegangen werden, damit Museen nicht länger als verstaubte Orte wahrgenommen werden. Im Mittelpunkt standen:

> »Zeitgemäße Ausstellungsgestaltung, die didaktischen Aufgaben und Möglichkeiten des Museums, Fragen einer speziellen Ausbildung von wissenschaftlichem und technischem Museumspersonal, die täglichen Probleme des Museumsleiters, die Behandlung der Objekte und nicht zuletzt Fragen der wissenschaftlichen Arbeit und Aufgaben der objektbezogenen Forschung«[54].

Die Museologie möchte nach Peter van Mensch die Beziehung der Individuen zur Realität untersuchen, Kultur- und Naturerbe erhalten und sich natürlich mit der Institution Museum befassen. »In diesem Zusammenhang beschäftigt sich die Museologie also mit der Erhaltung, For-

---

52 Krysztof Pomian, Sammlungen – eine historische Typologie. In: Macrocosmos in Microcosmo. Die Welt in der Stube. Zur Geschichte des Sammelns 1450 bis 1800. Hg. Andreas Grote. Opladen 1994, S. 107–126, hier S. 113.

53 Zbyněk Z. Stránský, Die theoretischen Grundlagen der Museologie als Wissenschaft. In: Museologie. Neue Wege – Neue Ziele. Bericht über ein internationales Symposium, veranstaltet von den ICOM-Nationalkomitees der Bundesrepublik Deutschland, Österreichs und der Schweiz vom 11. bis 14. Mai 1988 am Bodensee. Hg. Hermann Auer. München u. a. 1989, S. 38–47, hier S. 39.

54 Wolfgang Klausewitz, Zur Geschichte der Museologie (1878–1988). In: Museologie. Neue Wege – Neue Ziele. Bericht über ein internationales Symposium, veranstaltet von den ICOM-Nationalkomitees der Bundesrepublik Deutschland, Österreichs und der Schweiz vom 11. bis 14. Mai 1988 am Bodensee. Hg. Hermann Auer. München u. a. 1989, S. 20–37, hier S. 26.

schung und Vermittlung von Objekten in einem museologischen Kontext. Dabei handelt es sich besonders um die Erhaltung usw. der im Objekt enthaltenen Daten.«[55] So werden Überlieferung und Kontext berücksichtigt. Gerade in Großausstellungen seit den 1970er Jahren, die oft als Landesausstellungen firmierten und einen touristischen Hintergrund hatten, wurden diese modernen Konzepte der Objektpräsentation erfolgreich umgesetzt. Wesentlicher Punkt der Museologie ist die historische Museologie, die sich als Geschichte des Sammelns versteht. »Sie ist nicht Ausdruck eines temporären individuellen Interesses, vielmehr zeigt sie, dass auch die Vor- und Frühformen des modernen Museums das Ergebnis einer spezifischen menschlichen Äußerung sind, die den Charakter einer schöpferischen Tätigkeit haben.«[56]

Dinge beeinflussen die menschliche Lebensführung, sie »entfalten prägende Wirkung, sie verändern und modellieren den Habitus, und Innovationen führen zu neuen habituellen Ausdrucksformen, etwa im Bereich des Verhaltens beim Sitzen, Essen, Bewegen.«[57] So setzte sich die Gabel im Mittelalter nur langsam ausgehend von Konstantinopel in ganz Europa durch, das am meisten verwendete Essbesteck blieb noch lange der Löffel. Auch im Bereich des Sitzens auf Stühlen – bis hin zum Thron – hat Europa einen Sonderweg beschritten. Dazu zählt gleichfalls das beliebte Sitzen auf Bänken in Fensternischen der Burgen. Das Sitzen auf Stühlen und Bänken bei hohen Tafeln wird schließlich sogar beim Essen üblich.[58]

Die materielle Kultur wird in den Geisteswissenschaften immer noch allzu gerne vernachlässigt. Allerdings stellt es sich bei näherer Beschäftigung bald heraus, dass gerade Objekte viel zur historischen Erkenntnis

55 Peter van Mensch, Die Methodik der Museologie und ihre Verwendung in der musealen Praxis. In: Museologie. Neue Wege – Neue Ziele. Bericht über ein internationales Symposium, veranstaltet von den ICOM-Nationalkomitees der Bundesrepublik Deutschland, Österreichs und der Schweiz vom 11. bis 14. Mai 1988 am Bodensee. Hg. Hermann Auer. München u. a. 1989, S. 48–57, hier S. 54.

56 Katharina Flügel, Einführung in die Museologie. Darmstadt [2]2009, S. 13 f.

57 Heidrich, Von der Ästhetik zur Kontextualität, S. 34.

58 Dietrich W. H. Schwarz, Sachgüter und Lebensformen. Einführung in die materielle Kulturgeschichte des Mittelalters und der Neuzeit (Grundlagen der Germanistik 11). Berlin 1970, S. 44–46.

beitragen können. Schlussendlich ist der Mensch selbst vor allem Materie und nicht Geist. Allein um die primären Bedürfnisse des Alltags bewältigen zu können, werden zahlreiche Artefakte benötigt. Vieles zur Erforschung der Materialität geht über die klassischen geschichtswissenschaftlichen Methoden hinaus, weshalb Kooperationen mit anderen Fächern unentbehrlich sind. Das eröffnet umgekehrt ein Feld breiter Fragestellungen.

Leseempfehlungen

Günter P. Fehring, Einführung in die Archäologie des Mittelalters (Die Archäologie). Darmstadt 1987.

G. Ulrich Großmann, Einführung in die historische Bauforschung. Darmstadt 1993.

Barbara Scholkmann, Archäologie des Mittelalters und der Neuzeit heute. Eine Standortbestimmung im interdisziplinären Kontext. In: Zeitschrift für Archäologie des Mittelalters 25/26 (1997/98), S. 7–18.

Bauforschung und Archäologie. Stadt- und Siedlungsentwicklung im Spiegel der Baustrukturen. Hg. Dirk Schumann. Berlin 2000.

Katharina Flügel, Einführung in die Museologie. Darmstadt 2005.

Hans Peter Hahn, Materielle Kultur. Eine Einführung. Berlin 2005.

Sören Frommer, Historische Archäologie. Ein Versuch der methodologischen Grundlegung der Archäologie als Geschichtswissenschaft (Tübinger Forschungen zur historischen Archäologie 2). Büchenbach 2007.

Barbara Scholkmann, Das Mittelalter im Fokus der Archäologie. Stuttgart 2009.

G. Ulrich Großmann, Einführung in die historische und kunsthistorische Bauforschung. Darmstadt 2010.

Handbuch Materielle Kultur. Bedeutungen, Konzepte, Disziplinen. Hgg. Stefanie Samida u. a. Stuttgart-Weimar 2014.

Barbara Scholkmann u. a., Archäologie des Mittelalters und der Neuzeit. Grundwissen. Darmstadt 2016.

7 Emotionen

Emotionen sind einerseits anthropologische Konstanten, andererseits ändern sie sich erheblich in verschiedenen kulturellen und historischen Kontexten.[1] Im Rahmen der Erziehung und des Erwachsenwerdens – vor allem der Pubertät – lernen Menschen mit Emotionen umzugehen. Dabei wird situativ der Umgang mit Gefühlen, die durchlebt werden, trainiert. Emotionen widerfahren Menschen und hängen nicht von deren Willen ab.[2] Trotzdem ist der Mensch ihnen durch Lernprozesse und gesellschaftlichen Normen nicht restlos ausgeliefert. Deshalb plädiert Rob Buddice dafür, die Emotionsforschung auf das Erleben als Ganzes auszudehnen: »Der Vorteil liegt darin, dass der spezifische Untersuchungsgegenstand nicht dem Risiko des Anachronismus ausgesetzt ist,« zudem ist es möglich, »Fragen in Bezug auf Emotionen und Konzepte nachzugehen, die existierten, bevor der Begriff Emotion etwas bedeutet hat.«[3] Die Soziologie befasst sich außerdem mit dem »Gefühlsmanagement – dem Versuch, die empfundenen Gefühle in Einklang mit den Gesellschaftsnormen zu bringen.«[4] Mit diesen Denkmodellen stehen eine Fülle von Quellen zur Auswertung zur Verfügung, denn es geht um eingefordertes genauso wie unerwünschtes menschliches Handeln und damit um Fragen der Moral.

---

1 Christoph Kann, Einleitung. In: Emotionen in Mittelalter und Renaissance. Hg. Christoph Kann (Studia Humaniora 44). Düsseldorf 2014, S. 9–18, hier S. 11.

2 Dieter Birnbacher, Emotionen im Wandel des Zeitgeists. In: Emotionen in Mittelalter und Renaissance. Hg. Christoph Kann (Studia Humaniora 44). Düsseldorf 2014, S. 21–53, hier S. 21.

3 Rob Boddice, Die Geschichte der Gefühle von der Antike bis heute. Darmstadt 2020, S. 217.

4 Helena Flam, Soziologie der Emotionen. Eine Einführung. Konstanz 2002, S. 119.

Die Kulturwissenschaften können individuelle und kollektive Gefühle in ihrer ganzen Breite untersuchen. Veränderungen und Differenzierungen des Emotionshaushalts stehen genauso im Mittelpunkt der Forschungen, wie der persönliche, soziale oder kulturelle Umgang mit der Gefühlswelt. Analysiert wird die Evokation, Inszenierung und Kommunikation von Gefühlen, ihr Ausdruck oder das emotionale Handeln bis hin zum Sinngebrauch. So kann es gelingen, »über die Welt der Emotionen und ihre Äußerungsformen Aufschluss über die kulturelle Welt der Werte, Symbole und Bedeutungsgehalte zu erlangen.«[5] Dabei wird die individuelle Lebenswelt genauso wie die geschlechtsspezifische Emotionalität untersucht. Frauen und Männern werden völlig verschiedene Ausdrucksformen von Gefühlen zugeschrieben.

> »Die Befreiung von alten Vorstellungen und die Entwicklung neuer Fragestellungen erscheint um so wichtiger, als die Emotionsforschung nach wie vor mit impliziten Gendernormen arbeitet, die dringend historisiert und in ihren Entstehungskontexten beleuchtet werden müssen, da sie sogar in der feministischen Theoriebildung zu problematischen Verallgemeinerungen geführt haben.«[6]

In der Emotionsforschung stehen sich zwei Positionen gegenüber:

> »Den einen zufolge sind die Gefühle der Menschen über Jahrtausende gleichgeblieben (nur die Ausdrucksweisen haben sich geändert); den anderen zufolge haben die einzelnen Emotionen eine Geschichte, bedingt durch allgemeine historische Veränderungen.«[7]

Im Prinzip steht dahinter die alte wissenschaftliche Auseinandersetzung zwischen Natur und Kultur.[8] Dementsprechend setzen sich mehrere Disziplinen – allen voran die Literaturwissenschaften und die Psycholo-

---

5 Eva Labouvie, Leiblichkeit und Emotionalität: Zur Kulturwissenschaft des Körpers und der Gefühle. In: Handbuch der Kulturwissenschaften. Bd. 3: Themen und Tendenzen. Hgg. Friedrich Jäger, Jörn Rüsen. Stuttgart-Weimar 2011, S. 79–91, hier S. 85.

6 Ingrid Kasten u. a., Einleitung. Lucien Febvre und die Folgen. Zu einer Geschichte der Gefühle und ihrer Erforschung. In: Quer*elles* 7 (2002), S. 9–25, hier S. 18.

7 Rüdiger Schnell, Historische Emotionsforschung. Eine mediävistische Standortbestimmung. In: Frühmittelalterliche Studien 38 (2004), S. 173–276, hier S. 180.

8 Jan Plamper, Geschichte und Gefühl. Grundlagen der Emotionsgeschichte. München 2012, S. 16.

gie – mit der Erforschung von Emotionen auch in zeitlicher Dimension auseinander. Dadurch gibt es zwar eine Vielzahl an Ansätzen und Interpretationsmustern, zugleich aber eine ordentliche Konfusion in der Terminologie. Unterschiedliche Fachdiskurse greifen ineinander, welche die Dekodierung von Zeichen geradezu beliebig erscheinen lassen.

Die Gefühlswelt des Mittelalters ist uns heute nicht mehr unmittelbar (also durch Anwesenheit) zugänglich, sondern nur über mediale Vermittlung. »Eine kulturhistorische Beschäftigung mit dem Thema ›Emotionalität‹ muß sich allerdings der Tatsache stellen, daß sie es immer mit Repräsentation von Gefühlen zu tun hat.«[9] Daher ist es notwendig, die Zuverlässigkeit der Vermittlung stets zu hinterfragen, es ist eine besondere Quellenkritik nötig. Kritischer sieht dieses Faktum Rüdiger Schnell: »Das geschichtswissenschaftliche Projekt ›Geschichte der Gefühle‹ ist aufzugeben, ebenso das Projekt einer ›History of emotions‹, sofern darunter die *Geschichte von Gefühlen als subjektiven Erfahrungen* bzw. als eine Geschichte des inneren Erlebens verstanden wird.«[10] Menschen könnten sich schlicht nicht in einen anderen Menschen hinein fühlen.

Bei der historischen Erforschung der Gefühle schlägt Johannes F. Lehmann zwei Fragestellungen vor: »Zum einen geht es um die Rolle von Gefühlen in der und für die Geschichte (1.), zum anderen um die Historizität der Gefühle selbst (2.).«[11] Dazu gehört auch eine Begriffsgeschichte. In der frühgriechischen Epik wurden Gefühle noch als Mächte verstanden, von denen die Menschen beherrscht waren. Die frühe Philosophie brach diese Vorstellung bereits auf, die Seele wurde als Ort der Gefühle erfunden und diese wurden dort diszipliniert. Leib, Seele und Geist wurden folgenreich voneinander getrennt. »Und zudem wurde

9 Claudia Benthien u. a., Einleitung. In: Emotionalität. Zur Geschichte der Gefühle. Hgg. Claudia Benthien u. a. (Literatur – Kultur – Geschlecht Kleine Reihe 16). Köln u. a. 2000, S. 7–20, hier S. 9.

10 Rüdiger Schnell, Haben Gefühle eine Geschichte? Aporien einer *History of emotions*. Teil 2. Göttingen 2015, S. 967.

11 Johannes F. Lehmann, Geschichte der Gefühle. Wissensgeschichte, Begriffsgeschichte, Diskursgeschichte. In: Handbuch Literatur & Emotionen. Hgg. Martin von Koppenfels, Cornelia Zumbusch (Handbücher zur kulturwissenschaftlichen Philologie 4). Berlin-Boston 2016, S. 140–157, hier S. 140.

eine Hierarchisierung errichtet, in der das Leibliche als das Niedrige galt, dessen widerborstige Macht zu brechen war.«[12] Augustinus transferierte diesen Gedanken in das Christentum. Gefühle gelten für ihn als Ursprung aller Laster, so »kommt dem Körper die Rolle eines Gefängnisses für die Seele zu. Heftige Emotionen, Affekte und Leidenschaften als *perturbatio mentis* wie vor allem die sexuelle Begierde stören die Seele und verkehren den Willen.«[13] So kommt es schon in der Spätantike zu einer Christianisierung der Gefühle, was im Mittelalter noch ausgebaut wird.[14] Auf diese Weise entwickelten sich Emotionen zu Vorstellungen und Ideen, bis schließlich das Gefühl an der Wende zum 20. Jahrhundert neben Verstand und Wille eine eigene Kategorie wurde. Rüdiger Schnell schlägt drei Abgrenzungen für die Emotionsforschung vor: (1) das individuelle Gefühl einer Person selbst, (2) der Ausdruck dieses Gefühls in Zeichen und Handlungen sowie (3) die Darstellung des Gefühls, die (a) körpersprachlich non-verbal, (b) sprachlich, (c) in Form von Handlungen oder (d) durch eine Erzählerfigur erfolgen kann. Er gibt allerdings zu bedenken, dass Ausdruck und Wiedergabe von Emotionen nicht gleich zum Verstehen der Psyche führen und dass Codes des emotionalen Verhaltens das tatsächliche emotionale Befinden nur andeutungsweise erfassen können.[15]

In der Emotionsforschung gibt es noch zahlreiche unklare Begrifflichkeiten, die durch Literatur in verschiedenen Sprachen noch verstärkt werden: So unterscheidet Charles Stephen Jaeger zwischen *emotions*, die naturgegeben und unbeherrscht tief im Menschen verankert sind und in den privaten Raum gehören, und *sensibilities*, die soziokulturell kontrolliert öffentlich angezeigt werden.[16] Gerade Handlungen

12 Hartmut Böhme, Gefühl. In: Vom Menschen. Handbuch Historische Anthropologie. Hg. Christoph Wulf. Weinheim-Basel 1997, S. 525–548, hier S. 531.

13 Gabriele Müller-Oberhäuser, Gender, Emotionen und Modelle der Verhaltensregulierung in den mittelenglischen *Courtsey Books*. In: Quer*elles* 7 (2002), S. 27–51, hier S. 31.

14 Damien Boquet, Piroska Nagy, Sensible Moyen Âge. Une histoire des émotions dans l'Occident médiéval. Paris 2015.

15 Schnell, Historische Emotionsforschung, S. 179 f.

16 C. Stephen Jaeger, Emotions and Sensibilities. Some Preluding Thoughts. In: Codierung von Emotionen im Mittelalter / Emotions and Sensibilities in the Middle

aus dem Affekt, die aus dem Mittelalter durchaus bezeugt sind, widersprechen seiner Kategorisierung. Daran wird die ganze Problematik der Emotionsforschung deutlich: Wie kann die Wissenschaft heute »von den medial vermittelten Beschreibungen von Gefühlen auf die Gefühle selbst schließen?«[17] Immerhin können Menschen die Gefühle Dritter nicht unmittelbar selbst psychisch erfahren. Es fehlt ebenso, weil Gefühle individuell unterschiedlich ausgeprägt sind, an einem ausreichend exakten Vokabular. In der Psychologie werden Emotionen als Handlungen begriffen, ja sogar als Verhaltensweisen. Hier aber ergibt sich ein weiteres Problem der Terminologie, nämlich wenn Emotionen als inneres psychisches Ereignis verstanden werden, dem ein Zeichensystem zur Dekodierung fehlt. Vielleicht steckt dahinter aber eine gewisse Entwicklung. Manche Studien suggerieren, dass in literarischen Darstellungen des Mittelalters Emotionen als Handlungen verstanden wurden, während sie erst danach zu psychischen Befindlichkeiten werden. Peter Dinzelbacher stellt außerdem die historische Äußerung von Emotionen in den Kontext der Ich-Entwicklung. Erst als sich die Gelehrten des Mittelalters von ihrer Wir-Gruppe lösen konnten, begannen sie sich mit der Psyche zu beschäftigen und hinterließen damit Quellen. »Erst jetzt äußern Menschen ihre Gefühle, sei es irdischen Partnern gegenüber, sei es himmlischen.«[18] Das trifft besonders auf die Liebe zu.

Eine weitere Unklarheit ergibt sich aus der sprachlich-literarischen Codierung. Hat sie erst – vor allem im Sinne des *linguistic turn* – das Entstehen von Emotionen verursacht? Hier werden sprachphilosophische Aspekte als Argumente eingebracht. Allerdings geht die Emotionspsychologie davon aus, dass es individuelle emotionale Erlebnisse gibt. Daher stellt sich eine weitere Problemlage zur Diskussion: Äußere Zei-

---

Ages. Hgg. C. Stephen Jaeger, Ingrid Kasten (Trends in Medieval Philology 1). Berlin-New York 2003, S. VII–XII.

17 Schnell, Historische Emotionsforschung, S. 183.

18 Peter Dinzelbacher, Gefühl und Gesellschaft im Mittelalter. Vorschläge zu einer emotionsgeschichtlichen Darstellung des hochmittelalterlichen Umbruchs. In: Höfische Literatur, Hofgesellschaft, höfische Lebensformen um 1200. Kolloquium am Zentrum für Interdisziplinäre Forschung der Universität Bielefeld (2. bis 5. November 1983). Hgg. Gert Kaiser, Jan-Dirk Müller (Studia Humaniora 6). Düsseldorf 1986, S. 213–241, hier S. 222.

chen – wie Gestik und Mimik – werden als Bedeutungsträger für emotionale Zustände gewertet. Gleichzeitig bringen diese Zeichen die Emotionen erst hervor. Damit entsteht ein Zirkelschluss.

Eine Abgrenzungsproblematik tut sich zur historischen Psychologie bzw. Psychohistorie auf. Dort herrscht ebenfalls eine große Begriffsverwirrung. Da die Emotionsforschung im 19. Jahrhundert eine Blüte erlebte, dann aber zurückging und erst ab den 1980er Jahren wieder verstärkt betrieben wurde, entstand eine große theoretische und methodische Lücke. Klaus Scherer brachte das 1990 so auf den Punkt: »Der Zustand der gesamten Emotionsforschung ist desolat und stark verbesserungsbedürftig.«[19] Vieles hängt innerhalb des Faches Psychologie auch davon ab, ob die Emotionsforschung unter naturwissenschaftlichen oder sozialwissenschaftlichen Aspekten aufgegriffen wird.

Heftig diskutiert wird die Kulturabhängigkeit von Emotionen. Paul Ekman fand nach zahlreichen Studien in den 1970er Jahren heraus, dass Gesichtsausdrücke einerseits universal und andererseits kulturell unterschiedlich sein können. In seinen aus der ganzen Welt stammenden Untersuchungsgruppen werden Angst, Überraschung, Wut, Ekel, Kummer und Fröhlichkeit gleich ausgedrückt und verstanden, eine etwas geringere Übereinstimmung gibt es bei Überraschung, schon mehr kulturell bedingt sind Interesse, Verachtung und Scham.[20] Das könnte in historischer Betrachtung ebenso sein. Ein gutes Beispiel für eine überaus individuelle Ausprägung ist der psychische genauso wie der physische Schmerz, er »entsteht nur an den Schnittpunkten von Körper, Gehirn und Kultur.«[21] Die Schmerzforschung als neue medizinische Disziplin hat dazu in den letzten Jahren viele Erkenntnisse geliefert. Ähnlich komplex bewertet Jacques Le Goff das Lachen, das »eine soziale Praxis mit ihren eigenen Codes, Ritualen, Akteuren und Schauplätzen«[22] darstellt

19 Stephan Vogel, Emotionspsychologie. Grundriß einer exakten Wissenschaft der Gefühle. Opladen 1996, S. 17.

20 Paul Ekman, Expression and the Nature of Emotion. In: Approaches to Emotion. Hgg. Klaus Scherer, Paul Ekman. Hillsdale, NJ 1984, S. 319–343, hier S. 330.

21 David B. Morris, Geschichte des Schmerzes. Frankfurt a. M.-Leipzig 1994, S. 11.

22 Jacques Le Goff, Lachen im Mittelalter. In: Kulturgeschichte des Humors. Von der Antike bis heute. Hgg. Jan Bremmer, Herman Roodenburg. Darmstadt 1999, S. 43–56, hier S. 43.

und »zwischen den vier Bereichen Wertvorstellungen, Mentalitäten, Sitten/Gebräuche und Ästhetik«[23] zu untersuchen ist. In diesem Kontext wirkt Lachen verschieden, als »eine jeweils historisch spezifische Handlungs- und Verhaltensweise, die identifikatorische, kritische oder sogar subversive Ziele verfolgen konnte.«[24] Was die Erheiterung auslöst, hängt zusätzlich noch von der jeweiligen Situation ab. »Man wird also schwerlich die Begriffe ›Humor‹ oder ›Scherz‹ in ihrer heutigen Bedeutung und Dimension auf das Mittelalter anwenden können.«[25]

Sprachlich fällt auf, dass die verschiedenen Wörter für Gefühle schwer in ihren vielschichtigen Dimensionen übersetzbar sind, in ihnen also zahlreiche Bedeutungen mitschwingen. Das gilt nicht nur für Schriftsprachen, sondern gerade für Dialekte und in weiterer Form für ältere Sprachvarianten. So bedeutet allein schon das englische Wort *emotion* nicht dasselbe wie das deutsche Emotion oder das viel ältere französische *émotion*. Dieses Wort geht auf das Lateinische *emovere* zurück, das für wegschaffen, vertreiben, aufwühlen und verrenken steht. In Bezug auf den Verstand drückt *mens emota* sogar Verrücktheit aus.

Der Beginn der historischen Emotionsforschung – die Literaturwissenschaften beschäftigten sich schon länger damit – wird allgemein mit Lucien Febvre angesetzt. Allerdings gab es bereits im Zeitalter des Historismus im deutschen Sprachraum eine intensive Beschäftigung mit Emotionen.

> »Besonders bürgerliche Männer hatten ihren emotionalen Haushalt so zu organisieren, dass sie weder als zu wenig emotional und damit als langweilig oder gar abgestumpft erschienen, noch dass sie in ihrer zu großen Emotionalität rationale Überlegenheit vermissen ließen.«[26]

---

23 Jacques Le Goff, Das Lachen im Mittelalter. Stuttgart 2004, S. 15.

24 Christian Kuhn, Stefan Bießenecker, Einleitung. In: Valenzen des Lachens in der Vormoderne (1250–1750). Hgg. Christian Kuhn, Stefan Bießenecker (Bamberger Historische Studien 8). Bamberg 2012, S. 11–25, hier S. 12.

25 Stefan Bießenecker, Das Lachen im Mittelalter. Soziokulturelle Bedingungen und sozial-kommunikative Funktionen einer Expression in den »finsteren Jahrhunderten«. Bamberg 2012, S. 51.

26 Uffa Jensen, Daniel Morat, Die Verwissenschaftlichung des Emotionalen in der langen Jahrhundertwende (1880–1930). In: Rationalisierungen des Gefühls. Zum Verhältnis von Wissenschaft und Emotionen 1880–1930. Hgg. Uffa Jensen, Daniel Morat. München 2008, S. 11–34, hier S. 25.

Das gilt entsprechend auch für die Historiker des 19. Jahrhunderts. Sie übernahmen von den Naturwissenschaften das Gebot der Objektivität, die sich vor allem in Rationalität ausdrückt.

> »Der Umgang mit Gefühlen schwankte insgesamt zwischen schierer Ausblendung (wobei das vermutete Verschwinden starker Affekte gleich zur Prämisse von historischen Darstellungen gemacht wurde) und einer normativen Statusabwertung oder aber einer kulturellen Exotisierung.«[27]

Damit rückten die Methodik genauso wie die Vorstellung einer Mechanik der Geschichte in den Mittelpunkt. »Bei genauerem Hinsehen waren Gefühle jenseits ihrer expliziten Thematisierung als Untersuchungsgegenstand in häufig verdeckter Weise eng verbunden mit der Methode und der Praxis (politischer) Geschichtsschreibung im 19. und frühen 20. Jahrhundert.«[28] So gehört das Hinein- bzw. Nachfühlen in dieser Zeit zu einer wichtigen Fähigkeit des Geschichtsforschers, das gemeinsam mit dem Verstand erst zur richtigen Erkenntnis führt. Untersucht wurden – vor allem im Rahmen der damaligen Kulturgeschichte – die individuelle Seele als Synonym für Psyche genauso wie die Volksseele als kollektive Äußerung des Gefühlslebens.

Am Beginn des 20. Jahrhunderts schrieb Johan Huizinga dem Spätmittelalter wirkungsmächtig »unbegrenzten Spielraum für glühende Leidenschaftlichkeit und kindliche Phantasie«[29] zu. Lucien Febvre beklagte schließlich 1941, dass Emotionen mit zunehmender Intellektualität als »Störung des Handelns« angesehen wurden: »Dies mehr oder weniger langsame Zurückdrängen der emotionalen durch die Verstandestätigkeiten, das ist das lange Drama, das man in allen sich entwickelnden Zivilisationen ablaufen sehen kann.«[30] Ein paar Jahre zuvor, als er sich mit

27 Jakob Tanner, Unfassbare Gefühle. Emotionen in der Geschichtswissenschaft vom *Fin de siècle* bis in die Zwischenkriegszeit. In: Rationalisierungen des Gefühls. Zum Verhältnis von Wissenschaft und Emotionen 1880–1930. Hgg. Uffa Jensen, Daniel Morat. München 2008, S. 35–59, hier S. 38.

28 Hannes Ziegler, Emotionen und die Geschichte des Politischen. Perspektiven in der Mittelalter- und Frühneuzeitforschung. In: Zeitschrift für Historische Forschung 44 (2017), S. 661–691, hier S. 663.

29 Huizinga, Herbst des Mittelalters, S. 9.

30 Lucien Febvre, Sensibilität und Geschichte. In: Lucien Febvre, Das Gewissen des Historikers. Berlin 1988, S. 91–107, hier S. 95.

Geschichte und Psychologie beschäftigte, bekannte er angesichts des Lebens in der Renaissance, »verblüfft zu sein vom erstaunlichen Schwanken der Stimmungslagen, der außerordentlichen Empfänglichkeit für alle Außenreize, die die Menschen jener Zeit an den Tag legen. Flugs erzürnt, flugs begeistert, stets bereit, das Schwert zu ziehen, aber ebenso, sich zu umarmen. Man tanzt, man weint, man riecht das Blut und daneben die Rosen.«[31] In der Folge wurde in der französischen Geschichtsforschung das Thema Emotionen bald aufgegriffen.

Der Soziologe Norbert Elias argumentierte 1939 ähnlich und wurde für das weitere 20. Jahrhundert maßgeblich. Am neuzeitlichen Hof werden Affektausbrüche der Höflinge nicht geduldet, Selbstdisziplinierung sichert die Teilhabe am Geschehen. »Die Verwandlung des Adels in Richtung des ›zivilisierten‹ Verhaltens ist unverkennbar.«[32] Norbert Elias setzt das Zurücknehmen der Emotionen in den Prozess der Zivilisation. Für ihn entstand erst am neuzeitlichen Hof das Über-Ich. Er steht damit der Theorie Sigmund Freuds nahe, der Ich, Es und Über-Ich differenzierte. So kommt Sigmund Freud zu dem Schluss,

> »[…] dass Es und Überich bei all ihrer fundamentalen Verschiedenheit die eine Übereinstimmung zeigen, dass sie die Einflüsse der Vergangenheit repräsentieren, das Es den der ererbten, das Überich im wesentlichen den von den Anderen übernommenen, während das Ich hauptsächlich durch das selbst Erlebte, also Akzidentelle und Aktuelle bestimmt wird.«[33]

Dementsprechend kann Norbert Elias feststellen, dass sich der Affekthaushalt des Einzelnen umbaut und ebenso die Betrachtung anderer Menschen. »Das Bild, das der Mensch vom Menschen hat, wird reicher an Schattierungen, es wird freier von momentanen Emotionen: es ›psychologisiert‹ sich.«[34] Zu überlegen wäre, ob es zu dieser Situation nicht eher durch die permanente Beobachtung und Bewertung am Hof ge-

---

31 Lucien Febvre, Geschichte und Psychologie. In: Lucien Febvre, Das Gewissen des Historikers. Berlin 1988, S. 79–90, hier S. 86.

32 Norbert Elias, Über den Prozess der Zivilisation. Soziogenetische und psychogenetische Untersuchungen. Bd. 2: Wandlungen der Gesellschaft. Entwurf zu einer Theorie der Zivilisation. Basel 1939, S. 371.

33 Sigmund Freud, Schriften aus dem Nachlass (Gesammelte Werke 17). London 1941, S. 69.

34 Elias, Prozess der Zivilisation 2, S. 372.

kommen ist, denn gegenüber Menschen geringeren Standes war ein Auftreten ohne Beherrschung möglich.

Die frühen Theorien von Johan Huizinga, Lucien Febvre und Norbert Elias kritisiert die US-amerikanische Historikerin Barbara Rosenwein als hydraulische Modelle, die sich letztendlich auf eine Vier-Säfte-Lehre zurückführen lassen.[35] Sie beruft sich dabei auf Erkenntnisse der Kognitionspsychologie sowie den sozialen Konstruktivismus und plädiert vielmehr für die Erforschung von »emotional communities«,[36] die sich wie Familien, Gilden, Klöster usw. mit sozialen Gemeinschaften decken und sich ihnen jeweils anpassen.

Der Historiker Gerd Althoff stellte früh fest, dass Gefühlsausbrüche »sich gehäuft in ganz bestimmten Situationen mittelalterlicher Kommunikation beobachten«[37] lassen, wie zum Beispiel in Zusammenhang mit Konflikten oder Bitten. Er bettet seine Ausführungen zur Emotionsgeschichte deshalb in den Kontext von Ritualen ein: »Es durfte nichts improvisiert und spontan geschehen, alles mußte vorher abgesprochen und erst dann inszeniert werden.«[38] Damit sind Emotionen in der Politik ein »zweckrational eingesetztes Instrument«, die öffentlich verwendet »der Durchsetzung politischer Interessen bzw. der Demonstration von Macht«[39] dienen. Jüngere Forschungen zum Burgundischen Hof im Spätmittelalter zeigen, dass der Einsatz von Emotionen sogar wie eine Regieanweisung zu verstehen ist.[40] Mit Emotionen, so Gerd Althoff, werde der Verpflichtungscharakter ritueller Handlungen erhöht, »denn was man mittels emotionaler Ausdrucksformen freiwillig, gern und bereitwillig als Pflichten übernommen hatte, band doch wohl stärker als pragmatische Formen solcher Übernahmen.« Das betrifft beson-

35 Barbara H. Rosenwein, Worrying about Emotions in History. In: American Historical Review 107 (2002), S. 821–845, hier S. 834.

36 Barbara H. Rosenwein, Emotional Communities in the Early Middle Ages. Ithaca, NY 2006.

37 Gerd Althoff, Empörung, Tränen, Zerknirschung. ›Emotionen‹ in der öffentlichen Kommunikation des Mittelalters. In: Frühmittelalterliche Studien 30 (1996), S. 60–79, hier S. 64.

38 Althoff, Spielregeln der Politik, S. 303.

39 Schnell, Historische Emotionsforschung, S. 225.

40 Laurent Smagghe, Les émotions du prince. Émotion et discours politique dans l'espace bourguignon. Paris 2012, S. 22 f.

ders einen Gesinnungswandel oder die Bereitschaft zu Frieden. »Die eingegangene Verpflichtung wurde als bindender eingeschätzt, wenn sie durch Tränen der Reue über früheres Verhalten beglaubigt wurde.«[41] Damit werden Emotionen zu einem Beglaubigungsmittel. Dem hat Peter Dinzelbacher, wie erwähnt, heftigst widersprochen.

Eine Wertung als Rationalität oder Emotionalität prallen also aufeinander und sind aufgrund der Quellenlage wohl nicht mehr zu klären. Jedenfalls gibt es zwischen Emotionen und Politik zahlreiche Überschneidungen.

> »Sie bieten die unverkennbare Chance, den Zusammenhang von Emotionen und politischen Ereignissen und Prozessen – ein Zusammenhang, der, wenn auch nicht immer explizit, das Schreiben von Geschichte seit den Anfängen prägt – neu zu überdenken und nach neuen Perspektiven für die Geschichte des Politischen zu fragen.«[42]

Mehrere Arbeiten gibt es mittlerweile zum Gefühl der Angst in der Geschichte. Der französische Historiker Georges Duby hat kurz vor der zweiten Jahrtausendwende mittelalterliche und gegenwärtige Befürchtungen gegenübergestellt.[43] Angst wird oft als treibende Kraft dargestellt und gilt als Grundemotion des Menschen. »Im Sinne eines evolutionsbiologisch wirksamen Schutzmechanismus fungiert Angst als Signal, das auf äußere Gefahren aufmerksam macht und zur lebenserhaltenden Handlung – etwa Angriff, Flucht oder Unterlassung – motiviert.«[44] Andererseits kann sie zum Beispiel als Angststarre lähmend wirken. Ein besonderer Fall ist die Angststörung – und das nicht nur bei Individuen. Gerade die Angst bleibt in gewisser Weise gegenwärtig, sie wird gut erinnert. Um sie zu bekämpfen, entwickelt sich oft ein Bestreben nach Sicherheit, das allerdings zu einer Paradoxie führt: »Auf der einen Seite werden enorme Sicherheiten verlangt, auf der anderen

41 Gerd Althoff, Tränen und Freude. Was interessiert Mittelalter-Historiker an Emotionen? In: Frühmittelalterliche Studien 40 (2006), S. 1–11, hier S. 11.

42 Ziegler, Emotionen und die Geschichte des Politischen, S. 661.

43 Georges Duby, Unseren Ängsten auf der Spur. Vom Mittelalter zum Jahr 2000. Köln 1996.

44 Lars Koch, Einleitung: Angst als Gegenstand kulturwissenschaftlicher Forschung. In: Angst. Ein interdisziplinäres Handbuch. Hg. Lars Koch. Stuttgart-Weimar 2013, S. 1–4, hier S. 1.

Seite lösen diese neue Ängste aus oder sie werden durch *Thrill*-Erfahrungen ausgehebelt.«[45] Sicherheitsregime führen schnell in den Totalitarismus. Schon bei dieser oberflächlichen Betrachtung »wird der Forscher sich bewußt über Anzahl und Bedeutung der kollektiven Reaktionen aus einem Angstgefühl heraus und dies sogar bei einer nur oberflächlichen Betrachtung der Epochen und geographischen Räume.«[46] Das trifft sogar in Bezug auf den Glauben zu: »Das Grundgefühl, um das es in der Religion geht, ist die Angst.«[47] Ihr wird im Christentum die Erlösung entgegen gestellt, die allerdings nur eintritt, wenn ein gottgefälliges Leben geführt wird. Der Himmel als angstfreier Raum sowie Hölle und Fegefeuer als Schmerzensraum erhalten so ihre spezifische Ausprägung. Damit ergeben sich für das Mittelalter im Gegensatz zu den anderen Epochen sogar spezifische »kollektive Ängste und Hoffnungen, die von der Religion hervorgerufen wurden oder sich jedenfalls in religiösen Kontexten manifestierten.«[48]

Ebenfalls mehrfach beleuchtet wurden Ehre und Scham bzw. Schande im Mittelalter. Das Streben nach Ehre – verstanden als Würde und Hochachtung – drückt die Erwartung nach Anerkennung aus. Sie wird von außen zugeschrieben und »ist vielleicht der wichtigste Kommunikations- und Sozialisationsraum des menschlichen Daseins.«[49] Schlussendlich wird aus Ehre Stolz und Ruhm, was wiederum Adel im Sinne von edel konstituiert. Sie ist sogar »die Summe all dessen, was – aus Vornehmheit, Ämtern, Besitz, persönlichen Fähigkeiten und Verbindungen

45 Hartmut Böhme, Einleitung: Zur Kulturgeschichte der Angst seit 1800. In: Angst. Ein interdisziplinäres Handbuch. Hg. Lars Koch. Stuttgart-Weimar 2013, S. 275–282, hier S. 280.

46 Jean Delumeau, Angst im Abendland. Die Geschichte kollektiver Ängste im Europa des 14. bis 18. Jahrhunderts. Reinbeck bei Hamburg Neuausgabe 1989, S. 24.

47 Hartmut Böhme, Himmel und Hölle als Gefühlsräume. In: Emotionalität. Zur Geschichte der Gefühle. Hgg. Claudia Benthien u. a. (Literatur – Kultur – Geschlecht Kleine Reihe 16). Köln u. a. 2000, S. 60–81, hier S. 65.

48 Peter Dinzelbacher, Ängste und Hoffnungen. Mittelalter. In: Europäische Mentalitätsgeschichte. Hauptthemen in Einzeldarstellungen. Hg. Peter Dinzelbacher. Stuttgart [2]2008, S. 326–337, hier S. 328.

49 Mihai-D. Grigore, Ehre und Gesellschaft. Ehrkonstrukte und soziale Ordnungsvorstellungen am Beispiel des Gottesfriedens (10.–11. Jh.) (Symbolische Kommunikation in der Vormoderne). Darmstadt 2009, S. 31.

gebildet – die Stellung einer Person in den verschiedenen Lebensordnungen ausmacht, die nicht zuletzt die Rangordnungen waren.«[50] Entsprechend umkämpft ist der *honor* einer Person. In diesem Zusammenhang »wird ein vielschichtiger *Ehrbegriff* als Zentralproblem adeliger Mentalität und aristokratischen Ethos immer wieder in den Quellen sichtbar. Der Aristokrat reagiert auf jede Ehrverletzung.«[51] Sie stellt eine persönliche Herausforderung dar, die eine sofortige Reaktion verlangt. »Der Verhaltenscode der Ehre kann so als zentrales Medium zum Austrag von Konflikten verstanden werden.«[52] Damit ist ein zentraler mittelalterlicher Terminus ein Ausfluss von Emotionen:

> »Insoweit politische Konflikte häufig Rangkonflikte waren und die Behauptung des eigenen Rangs in der Öffentlichkeit eine Frage der Ehre war, war ehrverpflichtetes Handeln gegenüber vermeintlich wichtigeren, realpolitischen Interessen keineswegs so bedeutungslos wie es der modernen Historiographie lange Zeit schien.«[53]

Mit Ruhm und Ehre entsteht symbolisches Kapital, dass sich vielfältig in der Politik einsetzen lässt. Je höher die Position, desto zentraler wird der Ehrbegriff.

Die Scham als Gegenteil ist bezüglich der Gefühlswelt ein Sonderfall, sie ist eine kulturelle Zuschreibung, »die nicht als Gefühl ›an sich‹, sondern nur als kommunizierte Emotion fassbar ist und die darum in den konkreten Situationen ihres ›tatsächlichen‹ Gebrauchs in sprachlich-diskursiven und performativ-institutionellen Kontexten aufgesucht

50 Gerd Althoff, *Compositio*. Wiederherstellung verletzter Ehre im Rahmen gütlicher Konfliktbeendigung. In: Verletzte Ehre. Ehrkonflikte in Gesellschaften des Mittelalters und der Frühen Neuzeit. Hgg. Klaus Schreiner, Gerd Schwerhoff (Norm und Struktur 5). Köln u. a. 1995, S. 63–76, hier S. 63.

51 Karl Bosl, Leitbilder und Wertvorstellungen des Adels von der Merowingerzeit bis zur Höhe der feudalen Gesellschaft (Bayerische Akademie der Wissenschaften, philosophisch-historische Klasse, Sitzungsberichte 1974 Heft 5). München 1974, S. 22.

52 Klaus Schreiner, Gerd Schwerhoff, Verletzte Ehre. Überlegungen zu einem Forschungskonzept. In: Verletzte Ehre. Ehrkonflikte in Gesellschaften des Mittelalters und der Frühen Neuzeit. Hgg. Klaus Schreiner, Gerd Schwerhoff (Norm und Struktur 5). Köln u. a. 1995, S. 1–28, hier S. 12.

53 Knut Görich, Die Ehre Friedrich Barbarossas. Kommunikation, Konflikt und politisches Handeln im 12. Jahrhundert (Symbolische Kommunikation in der Vormoderne). Darmstadt 2001, S. 10.

wird.«[54] Sie bezieht sich auf eine Gemeinschaft und ist damit ein soziales Fühlen. »Scham ist zwar eine vom Subjekt erfahrene Emotion, wird aber vom realen bzw. imaginierten Blick der anderen hervorgerufen.«[55] Zu unterscheiden wären Gefühlsscham und Körperscham, die sich trotzdem parallel entwickeln. Dabei »erscheint die Schamhaftigkeit eher als eine Schwäche denn als Tugend. Sie soll einen Mangel, etwas Lächerliches, eine Schwäche verbergen.«[56] Die Körperscham ist überaus zeitgebunden und bewegt sich vor allem gegenüber Frauen in Konzepten von Keuschheit, die rasch in Prüderie umschlagen kann. Die mittelalterliche Gesellschaft hingegen hatte weder im alltäglichen Umgang noch in der Kunst ein Problem mit Nacktheit.

Gerd Althoff geht davon aus, dass Scham bewusst kommuniziert wurde, wenn es um die Wiederherstellung verletzter Ehre ging. »Das Gefühl des im Boden versinken Wollens wird ausgedrückt in einem Fußfall, der unter verbalen Beteuerungen der Selbstaufgabe von Einzelnen wie von größeren Gruppen vor dem früheren Gegner vollzogen wird.«[57] Auch dabei handelt es sich schlussendlich um ein abgesprochenes Ritual. Dauert die Scham an, wird sie zur Schande. Mit dieser musste Kaiser Otto II. leben. Er verlor 982 nicht nur in der Schlacht von Cotrone gegen die Sarazenen, in der praktisch jede führende Familie Gefallene verzeichnen musste, sondern lief sogar Gefahr, als Geisel ins byzantinische Reich gebracht zu werden. Nur mit einem beherzten Sprung ins Meer konnte er sich retten. Kein Vorgänger hatte je eine so schwere Niederlage erleiden und so schmählich fliehen müssen. Otto II. zog sich zurück, die Tätigkeit der kaiserlichen Kanzlei ruhte. Erst nach

---

54 Katharina Behrens, Scham. Zur sozialen Bedeutung eines Gefühls im spätmittelalterlichen England (Historische Semantik 20). Göttingen 2014, S. 28.

55 Katja Gvozdeva, Hans Rudolf Velten, Einleitung. In: Scham und Schamlosigkeit. Grenzverletzungen in Literatur und Kultur der Vormoderne. Hgg. Katja Gvozdeva, Hans Rudolf Velten (Trends in Medieval Philology 21). Berlin-Boston 2011, S. 1–24, hier S. 4.

56 Jean-Claude Bologne, Nacktheit und Prüderie. Eine Geschichte des Schamgefühls. Weimar 2001, S. 3.

57 Gerd Althoff, Kulturen der Ehre – Kulturen der Scham. In: Scham und Schamlosigkeit. Grenzverletzungen in Literatur und Kultur der Vormoderne. Hgg. Katja Gvozdeva, Hans Rudolf Velten (Trends in Medieval Philology 21). Berlin-Boston 2011, S. 47–60, hier S. 53.

Pfingsten 983 stellte er sich in Verona den Großen des Reiches, um vor allem die Nachfolge zu regeln, danach zog Otto wieder in den Süden. Bis zu seinem Tode hat er kein Privileg mehr für Empfänger nördlich der Alpen ausgestellt. In Rom starb er schließlich am 7. Dezember 983 mit 28 Jahren völlig unerwartet und wurde in der Vorhalle des Petersdoms beigesetzt. Niemand versuchte je, seinen Leichnam in die Heimat zu überführen, bis heute weiß die deutsche Geschichtsschreibung nicht, wie sie mit dieser Schmach umgehen sollte.

Gefühle sind eine besondere Herausforderung für Individuen und Kollektive. »Die Geschichte der Emotionsforschung gehört zu den bedeutsamsten Strängen des Nachdenkens des Menschen über sich selbst,«[58] schreibt die Germanistin Gesine Leonore Schiewer in einem Studienbuch. Entsprechend kritisch sollte die Forschung damit umgehen – vor allem angesichts der Gefühlsbetontheit der Mediengesellschaft in den letzten Jahrzehnten. »Der derzeitige Boom der Emotionsforschung, auch in den Kulturwissenschaften, ist nur vor dem Hintergrund solcher öffentlicher und veröffentlichter Emotionalisierung zu verstehen.«[59] Historische Emotionsforschung muss interdisziplinär erfolgen und kann nicht zu einer eigenen Disziplin werden. Viele verschiedene kultur-, sozial- und naturwissenschaftliche Theorien und Methoden müssen angewandt werden, wobei zusätzlich noch die Fragestellungen und Erkenntnisziele extrem variieren. In einer Welt, die immer stärker technisiert erscheint, ist die Frage nach dem Gefühl eine essentielle. Umgekehrt werden aus wirtschaftlichen Gründen Emotionen nicht nur geschürt, sondern auch behandelt. Der Geschichte ihre Gefühlswelt wiederzugeben, kann daher nur ein besseres Verständnis für die Gegenwart liefern.

58 Gesine Leonore Schiewer, Studienbuch Emotionsforschung. Theorien – Anwendungsfelder – Perspektiven. Darmstadt 2014, S. 12.

59 Rüdiger Schnell, Haben Gefühle eine Geschichte? Aporien einer *History of emotions*. Teil 1. Göttingen 2015, S. 18.

Leseempfehlungen

Verletzte Ehre. Ehrkonflikte in Gesellschaften des Mittelalters und der Frühen Neuzeit. Hgg. Klaus Schreiner, Gerd Schwerhoff (Norm und Struktur 5). Köln u. a. 1995.

Gerd Althoff, Empörung, Tränen, Zerknirschung. ›Emotionen‹ in der öffentlichen Kommunikation des Mittelalters. In: Frühmittelalterliche Studien 30 (1996), S. 60–79.

Emotionalität. Zur Geschichte der Gefühle. Hgg. Claudia Benthien u. a. (Literatur – Kultur – Geschlecht Kleine Reihe 16). Köln u. a. 2000.

Codierung von Emotionen im Mittelalter / Emotions and Sensibilities in the Middle Ages. Hgg. C. Stephen Jaeger, Ingrid Kasten (Trends in Medieval Philology 1). Berlin-New York 2003.

Rüdiger Schnell, Historische Emotionsforschung. Eine mediävistische Standortbestimmung. In: Frühmittelalterliche Studien 38 (2004), S. 173–276.

Scham und Schamlosigkeit. Grenzverletzungen in Literatur und Kultur der Vormoderne. Hgg. Katja Gvozdeva, Hans Rudolf Velten (Trends in Medieval Philology 21). Berlin-Boston 2011.

Jan Plamper, Geschichte und Gefühl. Grundlagen der Emotionsgeschichte. München 2012.

Emotionen in Mittelalter und Renaissance. Hg. Christoph Kann (Studia Humaniora 44). Düsseldorf 2014.

Gesine Leonore Schiewer, Studienbuch Emotionsforschung. Theorien – Anwendungsfelder – Perspektiven. Darmstadt 2014.

Rüdiger Schnell, Haben Gefühle eine Geschichte? Aporien einer *History of emotions*. 2 Teile. Göttingen 2015.

Damien Boquet, Piroska Nagy, Sensible Moyen Âge. Une histoire des émotions dans l'Occident médiéval. Paris 2015.

Johannes F. Lehmann, Geschichte der Gefühle. Wissensgeschichte, Begriffsgeschichte, Diskursgeschichte. In: Handbuch Literatur & Emotionen. Hgg. Martin von Koppenfels, Cornelia Zumbusch (Handbücher zur kulturwissenschaftlichen Philologie 4). Berlin-Boston 2016, S. 140–157.

Rob Boddice, Die Geschichte der Gefühle von der Antike bis heute. Darmstadt 2020.

8 Konflikt und Ausgleich

Konflikte beschäftigen die Menschen permanent, ihre Darstellung ist der Beginn der Geschichtsschreibung genauso wie der Dichtkunst. Die *Ilias*, das Homer zugeschriebene wirkungsmächtige Epos über den Trojanischen Krieg, begründete die griechische Literatur im 8./7. vorchristlichen Jahrhundert. Zugleich entsteht der Held als kriegsentscheidende Figur. Etwas später erklärte Heraklit: »Krieg ist aller Dinge Vater, aller Dinge König.«[1] Die ersten Historiker im 5. vorchristlichen Jahrhundert befassten sich mit Großkonflikten: Herodot stellte die Perserkriege dar, Thukydides den Peloponnesischen Krieg. Krieg wurde nie als Normalzustand gesehen, sondern immer als etwas Besonderes, als eine Ausnahmesituation. Nicht umsonst bedeutet das Wort Krieg in seinem ursprünglichen Sinn Anstrengung, Bemühen, Streben und Streit.

Die wissenschaftliche Forschung kennt mehrere Arten, den Krieg zu behandeln: den militärischen bzw. politischen Verlauf, die wirtschaftliche und soziale Sachlage, die Ursachen sowie die Folgen oder technische Entwicklungen – alles betrifft den Krieg selbst und seine Umstände, wozu auch die Beendigung des Krieges durch Waffenstillstand und Frieden gehört. Eine weitere Möglichkeit liegt darin, die Bilder, die der Krieg erzeugt und die in Erinnerung bleiben, zu erforschen.[2] So gibt es im Mittelalter eine Vielzahl von Schlachtenschilderungen, die allerdings für die höfische Gesellschaft erzählt werden und »in den Kategorien von

---

1 Hermann Diels, Die Fragmente der Vorsokratiker. Griechisch und deutsch. Bd. 1. Berlin ^{2}1906, S. 69, B 53.

2 Hans Hecker, Einleitung. In: Krieg in Mittelalter und Renaissance. Hg. Hans Hecker (Studia Humaniora 39). Düsseldorf 2005, S. 7–15, hier S. 7.

Heldenmut, Tapferkeit und Ehre«[3] ablaufen. Gerade so lebt der Krieg individuell und kollektiv weiter, er wird aufgearbeitet und erinnert. Er wird damit aber ebenfalls interpretiert und verändert. Es verwundert nicht, dass gerade in den Jahren nach dem Anschlag auf das World Trade Center in New York am 11. September 2001 und dem danach von US-Präsident George W. Bush ausgerufenen Krieg gegen den Terrorismus, den er ursprünglich sogar als Kreuzzug bezeichnet hatte,[4] die Forschung zu militärischen Konflikten eine Konjunktur erlebte. Krieg, Gewalt und Terror standen im Mittelpunkt des allgemeinen Interesses.

Durch Aufarbeitung des Krieges in Form einer Heldenerzählung entstand im Laufe der Zeit außerhalb der Geschichtswissenschaft der Eindruck, Sieger schrieben die Geschichte. »Immerhin ist eines richtig: Es gibt Sieger, die Wert darauf legen, daß Geschichte in ihrem Sinne geschrieben wird.«[5] Dass Geschichte aber ebenso von Verlierern geschrieben wird, war eine Erkenntnis, mit der sich im 20. Jahrhundert Deutschland erst auseinandersetzen musste. Im internationalen Vergleich wird eine Niederlage meist mit einem Regelverstoß des Gegners relativiert, womit die eigene Tugendhaftigkeit geschützt wird. Zugleich wird der Sieger vor Hochmut gewarnt. »Der Topos vom Fluch des Sieges und der sittlichen Läuterung durch die Niederlage ist eine Verbindung von antikem Hybris- und christlichem Demutsgedanken, Katharsis und Apokalypse.«[6] Die Unterlegenen müssen sich intensiver mit der Niederlage auseinandersetzen als die Gewinner mit ihrem Sieg. Sie sind, wie es Reinhard Koselleck ausdrückt, in größerer Beweisnot. »Mag die Geschichte – kurzfristig – von Siegern gemacht werden, die historischen Erkenntnisgewinne stammen – langfristig – von den Besiegten.«[7] Aller-

3 Christine Grieb, Schlachtenschilderungen in Historiographie und Literatur (1150–1230) (Krieg in der Geschichte 87). Paderborn 2015, S. 307.

4 Die Welt, 18.9.2001, S. 1 und S. 4.

5 Christian Meier, Sieger, Besiegte oder wer schreibt die Geschichte? In: Jahrbuch der Akademie der Wissenschaften zu Göttingen 2009, S. 125–148, hier S. 128.

6 Wolfgang Schivelbuch, Die Kultur der Niederlage. Der amerikanische Süden 1865, Frankreich 1871, Deutschland 1918. Berlin 2002, S. 32.

7 Reinhard Koselleck, Erfahrungswandel und Methodenwechsel. Eine historisch-anthropologische Skizze. In: Historische Methode. Hgg. Christian Meier, Jörn Rüsen (Beiträge zur Historik 5). München 1988, S. 13–61, hier S. 52.

dings muss ebenfalls der Revanchegedanke berücksichtigt werden. Sieger und Besiegte blicken in eine entgegengesetzte Richtung. »So richtet sich die Semantik von Opfer und Märtyrer auf die Zukunft, in der Opfer und Märtyrertum ihre letztendliche Rechtfertigung finden. Opfer und Märtyrertum befestigen eine Sinnstruktur, die sich am Ende als siegreich erweisen wird.«[8] Demgegenüber blicken Sieger allein in die ruhmreiche Vergangenheit zurück.

Die Deutung einer Niederlage im Mittelalter selbst ist vielschichtig, sie steht in einem Erzählzusammenhang. »Aus einer Niederlage wird einmal ein Sieg, einmal wird sie durch Rache gesühnt, einmal zur Naturkatastrophe umgedeutet, um dann schließlich wieder als Niederlage im Kontext einer Martyriumsgeschichte eingesetzt zu werden.«[9] Allerdings ist zu berücksichtigen, dass sie weniger auf ein persönliches Versagen zurückgeführt wird, sondern mit dem göttlichen Heilsplan in Verbindung steht. So erfüllt bei einem Sieg ein karolingischer Herrscher einen ihm zugewiesenen Auftrag Gottes. »Auch die für die Franken negativen Ereignisse haben ihren Sinn.«[10]

Schnell stellte sich heraus, dass das Übertragen moderner Kriegsdefinitionen im Sinne eines rechtmäßig erklärten Kriegszustandes mit Kampfhandlungen regulärer Truppen unter Einhaltung von Konventionen auf Mittelalter und Renaissance nicht möglich ist. Erst im 14. Jahrhundert wurde das Wort Krieg mit dem Lateinischen *bellum* gleichgesetzt, zuvor wurde er meist als *guerra*, das auch Streit bedeutet, bezeichnet.[11] Üblicher war die Fehde als kleiner dimensionierte Auseinandersetzung, die sich vor allem gegen Land und Leute des Gegners richtet und keine direkte Auseinandersetzung der Kontrahenten zum

8 Siegfried Weichlein, Die Verlierer der Geschichte. Zu einem Theorem Carl Schmitts. In: Trugschlüsse und Umdeutungen. Multidisziplinäre Betrachtungen unbehaglicher Praktiken. Hgg. Christian Giordano u. a. (Freiburger Sozialanthropologische Studien 26). Münster 2009, S. 147–165, hier S. 162.

9 Martin Clauss, Kriegsniederlagen im Mittelalter. Darstellung – Deutung – Bewältigung (Krieg in der Geschichte 54). Paderborn u. a. 2010, S. 304.

10 Thomas Scharff, Die Kämpfe der Herrscher und der Heiligen. Krieg und historische Erinnerung in der Karolingerzeit (Symbolische Kommunikation in der Vormoderne). Darmstadt 2002, S. 213.

11 Peter Thorau, Krieg. In: Lexikon des Mittelalters 5 (1991), Sp. 1525–1527.

Ziel hat. So erscheint die Fehde als eine »Demonstration der Stärke, die den Gegnern und vor allem ihren Helfern Möglichkeiten flexiblen Einlenkens ließen.« Damit bedeutet mittelalterliche Fehdeführung »nicht Gewalt um jeden Preis, Kampf bis zum letzten Blutstropfen, die Gewohnheit erlaubte vielmehr eine rationale Güterabwägung, ob bewaffnete Gegenwehr in einer bestimmten Situation sinnvoll sei oder nicht.«[12] Die Fehde wurde im Ewigen Landfrieden von 1495 verboten.

Die Fehde wurde von Otto Brunner in der Zeit des Nationalsozialismus nachhaltig rechtlich und emotional im Sinne der damals herrschenden Ideologie legitimiert: »Rache üben, Ehre bewahren, treu bleiben sind Handlungen, in denen aus der davon nicht wegzudenkenden seelischen Haltung bestimmte rechtliche Forderungen verwirklicht werden.«[13] In den letzten Jahrzehnten sind bezüglich des ›edlen‹ Charakters der Fehde zunehmend Zweifel geäußert worden. Sie war schlussendlich ein privates Gewalthandeln, das den Rechtsfrieden der Gemeinschaft bedrohte und vor allem zulasten Dritter ging. »Darüber hinaus war die Möglichkeit, sein ›Recht‹ mittels Gewalt zu erlangen, auf einige wenige Mächte beschränkt, die jeweils auch über ausreichende Gewaltmittel verfügten, um sich erfolgreich durchsetzen zu können.«[14] Fehde ist ein Konzept fern eines staatlichen Gewaltmonopols.

Janine Fehn-Claus hat eine Typologie der Fehdegründe im Umfeld des Würzburger Bischofs im 15. Jahrhundert zusammengestellt. Aufgezählt werden Verletzung von Hoheitsrechten, Nichteinhaltung von Verpflichtungen, Einstandspflicht für Dritte, Verweigerung der gütlichen Einigung, Schadensfehde, Ehrverletzung und Wahrung der eigenen Sicherheit.[15] Trotzdem erfolgte eine Fehde in allen Teilen des Reiches auf

---

12 Gerd Althoff, Schranken der Gewalt. Wie gewalttätig war das »finstere Mittelalter«? In: Der Krieg im Mittelalter und in der Frühen Neuzeit: Gründe, Begründungen, Bilder, Bräuche, Recht. Hg. Horst Brunner (Imagines Medii Aevi 3). Wiesbaden 1999, S. 1–23, hier S. 9.

13 Otto Brunner, Land und Herrschaft. Grundfragen der territorialen Verfassungsgeschichte Südostdeutschlands im Mittelalter (Veröffentlichungen des Instituts für Geschichtsforschung und Archivwissenschaft in Wien 1). Brünn ²1942, S. 31 f.

14 Hans-Henning Kortüm, Kriege und Krieger. 500–1500. Stuttgart 2010, S. 73.

15 Janine Fehn-Claus, Erste Ansätze einer Typologie der Fehdegründe. In: Der Krieg im Mittelalter und in der Frühen Neuzeit: Gründe, Begründungen, Bilder, Bräu-

unterschiedliche Art und Weise, was in der Forschung Generalisierungen verunmöglicht. »Dies gilt besonders für die Randgebiete des Reichs, die Kontaktzonen zu anderen Rechtsbereichen darstellten. Hier ist mit Überlagerungen durch abweichende Rechtsvorstellungen und durch differente Usancen zu rechnen.«[16]

Die Fehde diente den Mächtigen dazu, ihre politischen, wirtschaftlichen und religiösen Interessen durchzusetzen. Sie konstituierte gleichzeitig den Adel und »stiftete keine Unordnung, sondern produzierte und erhielt eine andere (herrschaftliche) Ordnung als die der Kirche und der Landesherrschaft bzw. des Staates aufrecht.«[17] Nicht zuletzt hielt sie damit das Feudalsystem am Laufen. Im Rahmen von Schutz und Schirm, den der Adel leisten sollte, »ergibt sich, daß die soziale Produktion des Schutzbedürfnisses weitgehend in Herrenhänden liegt – genau wie die Mittel zu seiner Befriedigung.«[18] Allerdings muss der Fehdebegriff noch in einem anderen Kontext redimensioniert werden: Nicht nur Reichsstädte und damit das Bürgertum waren in Fehden verwickelt, sondern ebenfalls Bauern, und zwar über die Blutrache hinaus. Dabei geht es um die generelle Bereitschaft, »Konflikte gegebenenfalls auch gewaltsam zu lösen. Allerdings darf bei der Analyse der Fehdetechniken die Rolle der Gewalt nicht überbetont werden, denn Gewaltandrohung, Verhandlung und Gewaltanwendung waren eng aufeinander bezogen.«[19] Mehrmals wurde

---

che, Recht. Hg. Horst Brunner (Imagines Medii Aevi 3). Wiesbaden 1999, S. 93–138.

16 Christine Reinle, Einleitung. In: Fehdeführung im spätmittelalterlichen Reich. Zwischen adeliger Handlungslogik und territorialer Verdichtung. Hgg. Julia Eulenstein u. a. (Studien und Texte zur Geistes- und Sozialgeschichte des Mittelalters 7). Affalterbach 2013, S. 9–24, hier S. 13.

17 Joseph Morsel, »Das sy sich mitt der besstenn gewarsamig schicken, das sy durch die widerwertigenn Franckenn nitt nidergeworffen werdenn.« Überlegungen zum sozialen Sinn der Fehdepraxis am Beispiel des spätmittelalterlichen Franken. In: Strukturen der Gesellschaft im Mittelalter. Interdisziplinäre Mediävistik in Würzburg. Hgg. Dieter Rödel, Joachim Schneider. Wiesbaden 1996, S. 140–167, hier S. 167.

18 Gadi Algazi, Herrengewalt und Gewalt der Herren im späten Mittelalter. Herrschaft, Gegenseitigkeit und Sprachgebrauch (Historische Studien 17). Frankfurt a. M.-New York 1996, S. 135.

19 Christine Reinle, Bauernfehden. Studien zur Fehdeführung Nichtadeliger im spätmittelalterlichen römisch-deutschen Reich, besonders in den bayerischen Herzog-

in der Forschung daher gefordert, im Kontext von Gewalt zwischen *potestas* als Durchsetzung von Herrschaft und Macht und *violentia* als illegitime Gewaltanwendung im Rahmen einer Fehde zu unterscheiden.

Krieg ist in erster Linie Gewalt und diese »kennt von sich aus keine Beschränkung, kein Maß und keine Grenze, an die sie sich unbedingt zu halten hätte. Gewalt kann nur *potenziell exzessiv* gedacht werden.«[20] Obwohl der Begriff medial mittlerweile in fast allen Dimensionen durchgespielt ist, fehlt in den Wissenschaften weiterhin ein Konsens zur Definition von Gewalt. Das hängt vor allem mit den verschiedenen Untersuchungsgegenständen zusammen. In der Forschung werden »physische, psychische, strukturelle und symbolische, kulturelle, politische Gewalt, direkte, personale, individuelle und kollektive Gewalt«[21] untersucht. Dazu kommen noch die Naturgewalten, aber auch Gewalt gegen Sachen. Gerade dieses breite Spektrum zeigt auf, dass es fast unmöglich ist, nicht Gewalt ausgesetzt zu sein bzw. sie auszuüben. Sie gehört schon zur Erziehung dazu: »Ohne körperliche Züchtigung konnten sich die wenigsten Kulturen vorstellen, den Nachwuchs zum gesellschaftlichen oder situativen Zielverhalten zu bringen.«[22] Zu bedenken ist zudem, dass Gewalt grundsätzlich von allen Personen ausgeübt werden kann, also von Männern und von Frauen, von Intellektuellen genauso wie von Unterschichten. Immerhin geht es um das Erreichen von Zielen, um das Aufdrängen eines Willens, um das Ausschließen, Verdrängen und Vernichten von Menschen und Gruppen, um das Aneignen von Gütern der Unterlegenen. Destruktiv ist Gewalt vor allem für die Opfer, allgemein ist sie aber eine Option sozialen Handelns.[23]

---

tümern (Vierteljahrschrift für Sozial- und Wirtschaftsgeschichte Beihefte 170). Stuttgart 2003, S. 340.

20 Burkhard Liebsch, Gewalt und Legitimität. In: Handbuch der Kulturwissenschaften. Bd. 3: Themen und Tendenzen. Hgg. Friedrich Jäger, Jörn Rüsen. Stuttgart-Weimar 2011, S. 503–520, hier S. 504.

21 Michaela Christ, Christian Gudehus, Gewalt – Begriffe und Forschungsprogramme. In: Gewalt. Ein interdisziplinäres Handbuch. Hgg. Christian Gudehus, Michaela Christ. Stuttgart 2013, S. 1–15, hier S. 1.

22 Rainer Dollase, Erziehung. In: Gewalt. Ein interdisziplinäres Handbuch. Hgg. Christian Gudehus, Michaela Christ. Stuttgart 2013, S. 17–24, hier S. 17.

23 Harald Welzer, Krieg. In: Gewalt. Ein interdisziplinäres Handbuch. Hgg. Christian Gudehus, Michaela Christ. Stuttgart 2013, S. 32–40, hier S. 33.

Trotz dieser Grundüberlegungen ist von einer Historizität der Gewalt auszugehen, ihre Ausübung und ihre Rechtfertigung laufen unterschiedlich ab. Prinzipiell ist die These weit verbreitet, dass die Gewalt im Rahmen des Zivilisationsprozesses zurückgehe. Gewalt wird also mit Barbarei gleichgesetzt, während der Fortschritt beide überwunden habe.

> »Die Vorstellung, Gewalttätigkeiten zwischen den Menschen, Klassen, Völkern und Staaten kontrollieren, eingrenzen oder gar beseitigen zu können, ist ein fester Bestandteil aller Sozialutopien und Gesellschaftsentwürfe seit der Renaissance, seien sie literarischer oder philosophischer Herkunft.«[24]

Gerade in diesem Kontext muss das Mittelalter als eine Zeit der Gewalt erscheinen, doch kannte diese Epoche vielfältige Mittel – Ideen des Gottesfriedens, des Landfriedens, des Römischen Rechts und nicht zuletzt des höfisch sozialisierten Ritters – zur Eindämmung der Gewalt. Ein Verzicht auf die Zivilisationstheorie ist fast nicht möglich, »da keine andere Theorie zur geschichtlichen Entwicklung der Gewaltverhältnisse vorliegt, und man landet so leicht wieder bei anthropologischen Universalien.«[25] Zur Historizität des Gewaltverständnisses gehört, dass viele Formen der Gewalt erst in den letzten Jahrzehnten als solche erkannt wurden. Es entsteht also die paradoxe Situation, dass heute etwas als Gewalt bezeichnet wird, was von den Betroffenen damals gar nicht als solche wahrgenommen wurde. So sind Prügel im Mittelalter keine Gewalt, aber Priester, die die Predigt vernachlässigen, oder Hartherzige, die den Armen Almosen verweigern, üben für das Zeitverständnis gleichsam physische Gewalt aus.[26] Verschwender gelten unter Rückgriff auf Ambrosius schnell als Mörder der Armen.[27]

Schon frühe Religionen kennen sowohl das Tier- als auch das Menschenopfer sowie das Ritual des Opfermahls. Die Blutrache ist eine ar-

---

24 Michael Wimmer u. a., Einleitung: Grundlose Gewalt – Anmerkungen zum gegenwärtigen Diskurs über Gewalt. In: Das »zivilisierte Tier«. Zur Historischen Anthropologie der Gewalt. Hgg. Michael Wimmer u. a. Frankfurt a. M. 1996, S. 7–65, hier S. 33.

25 Manuel Braun, Cornelia Herberichs, Gewalt im Mittelalter: Überlegungen zu ihrer Erforschung. In: Gewalt im Mittelalter. Realitäten – Imaginationen. Hgg. Manuel Braun, Cornelia Herberichs. München 2005, S. 7–37, hier S. 14.

26 Reinhold Kaiser, Trunkenheit und Gewalt im Mittelalter. Köln u. a. 2002, S. 11.

27 Michel Mollat, Die Armen im Mittelalter. München 1984, S. 42.

chaische Form der Sühne.[28] Der Brudermord steht am Beginn der Bibel genauso wie der römischen Geschichte. In vormodernen Gesellschaften, in denen es kein staatliches Gewaltmonopol gibt, sind Tätlichkeiten nichts Außergewöhnliches. »Erwähnenswert erscheint daher Gewalt nur dann, wenn etwas hinzutritt.«[29] Sie muss also – vor allem für die Berichtenden – besonders bedrohlich sein oder illegitim und willkürlich ausgeübt werden. Erst der Exzess, die Brutalität ist aufzeichnungswürdig, nicht die tagtägliche Gewaltausübung. Es kann daher von einem hohen Gewaltniveau ausgegangen werden. Sie ist eine soziale Möglichkeit, mit der sogar gerechnet wird.

Die moderne Gewaltforschung kennt neben der physischen Gewalt noch drei weitere Grundbegriffe: strukturelle, symbolische und kulturelle Gewalt. Der Begriff der *strukturellen Gewalt* wurde vom norwegischen Friedensforscher Johan Galtung geprägt. Er entwickelte seine Theorie anhand von soziologischen Kriterien. Gewalt ist für ihn »jeder vermeidbare Angriff auf menschliche Grundbedürfnisse und auf das Leben im allgemeinen. Durch Gewalt werden die Möglichkeiten der Bedürfnisbefriedigung minimiert und auf ein niedrigeres Niveau gedrückt.«[30] Zentral wird so die Vermeidbarkeit von Gewalt sowie ein Ebenmaß von Einsicht und Hilfsmitteln. Die strukturelle Gewalt ist indirekt, kennt also keine konkret ausübende Person, sie kann sich sogar zwischen Gesellschaften oder Regionen etablieren und tritt mit den Phänomenen Ausbeutung und Repression auf.[31] »Die Gewalt ist in das System eingebaut und äußert sich in ungleichen Machtverhältnissen und folglich ungleichen Lebenschancen. Die Ressourcen sind ungleich verteilt.«[32] Der Begriff der strukturellen Gewalt wird in der tagespolitischen Diskussion oft in Zusammenhang mit Bildungschancen oder Einkom-

---

28 Georg Baudler, Gewalt in den Weltreligionen. Darmstadt 2005, S. 13–50.

29 Thomas Lindenberger, Alf Lüdtke, Einleitung. Physische Gewalt – eine Kontinuität der Moderne. In: Physische Gewalt. Studien zur Geschichte der Neuzeit. Hgg. Thomas Lindenberger, Alf Lüdtke. Frankfurt a. M. 1995, S. 7–38, hier S. 16.

30 Johan Galtung, Gewalt. In: Vom Menschen. Handbuch Historische Anthropologie. Hg. Christoph Wulf. Weinheim-Basel 1997, S. 913–919, hier S. 913.

31 Johan Galtung, Frieden mit friedlichen Mitteln. Friede und Konflikt, Entwicklung und Kultur. Münster 2007, S. 18.

32 Johan Galtung, Strukturelle Gewalt. Beiträge zur Friedens- und Konfliktforschung. Reinbeck bei Hamburg 1975, S. 12.

mensverteilung verwendet, schnell steht damit der Begriff der sozialen Ungerechtigkeit im Raum.

Das Konzept der *symbolischen Gewalt* wurde vom französischen Soziologen Pierre Bourdieu im Kontext des französischen Kolonialismus in Algerien und des Pariser Zentralismus entwickelt. Er »schien von Beginn an ein Ziel seiner Forschungen darin zu sehen, die autochthone Kultur aus dem Schatten hervorzuholen, in den die hegemoniale westliche Zivilisation sie gerückt hatte, und sie aus dem Dunstkreis vermeintlicher Unterentwicklung und Primitivität zu emanzipieren.«[33] Ausgangspunkt ist nicht eine ökonomische Beziehung, in der Ware gegen Ware bzw. Geld getauscht wird, sondern eine Leistung ohne vordergründige Gegenleistung. Allerdings verlangt ein Geschenk ebenfalls eine gewisse Gegenverpflichtung wie Dankbarkeit oder Treue. Es steigert das Prestige der Schenkenden.

> »Die vorkapitalistische Ökonomie ist deswegen der bevorzugte Ort symbolischer Gewalt, weil Herrschaftsverhältnisse nur um den Preis von Strategien errichtet, aufrechterhalten oder wiederhergestellt werden können, die, wenn sie nicht durch offenes Eingeständnis ihrer Wahrheit von selbst zunichte werden wollen, entlarvt, verklärt, mit einem Wort beschönigt werden müssen.«[34]

Es ist also eine verschleierte Gewalt, denn es werden Abhängigkeiten hergestellt. Ein Aufstand dagegen ist umso schwieriger, weil diese Verhältnisse der sozialen Konvention entspringen. Eine Unterwerfung wird im Handeln vorausgesetzt. So sind die Opfer dieser Gewalt sogar noch dankbar für das asymmetrische Verhältnis. Pierre Bourdieus Konzept der symbolischen Gewalt hat große Wirkmächtigkeit erlangt, weil es bereitwillig vom *linguistic turn* aufgegriffen und ausgebaut wurde. »Symbolische Gewalt äußert sich überwiegend als sprachliche Gewalt – die Sprache ist ihr wichtigstes Medium.«[35] Sie sei in praktisch jedem Sprechakt zu finden.

---

33 Franz Schultheis, Symbolische Gewalt. Zur Genese eines Schlüsselkonzepts der bourdieuschen Soziologie. In: Symbolische Gewalt. Herrschaftsanalyse nach Pierre Bourdieu. Hgg. Robert Schmidt, Volker Woltersdorff. Konstanz 2008, S. 25–44, hier S. 30.

34 Pierre Bourdieu, Sozialer Sinn. Kritik der theoretischen Vernunft. Frankfurt a. M. 1987, S. 230.

35 Robert Schmidt, Volker Woltersdorff, Einleitung. In: Symbolische Gewalt. Herrschaftsanalyse nach Pierre Bourdieu. Konstanz 2008, S. 7–21, hier S. 13.

Da sich symbolische Gewalt mittlerweile vor allem auf jene Worte bezieht, die bestehende Macht- und Herrschaftsverhältnisse bestätigen, entwickelte sich als Alternative der umfassendere Begriff der *kulturellen Gewalt*. Johan Galtung versteht darunter »jene Aspekte der Kultur, der symbolischen Sphäre unserer Welt – man denke an Religion und Ideologie, an Sprache und Kunst, an empirische und formale Wissenschaften (Logik, Mathematik) –, die dazu benutzt werden können, direkte oder strukturelle Gewalt zu rechtfertigen oder zu legitimieren.«[36] Sie ist ebenfalls eine indirekte Gewalt. Zur kulturellen Gewalt zählen Symbole des Staates (wie Fahnen, Hymnen oder Abbildungen von Oberhäuptern), Konzepte von Rangordnungen oder Gründungsmythen und religiöse Konnotationen. Kulturelle Gewalt führt nicht gleich in eine Gewaltkultur über, denn Psychologie und Kriminologie verstehen »Aggression als eine in Handlung mündende Latenz.«[37] Kulturelle Gewalt steht nicht im Gegensatz zum Fortschritt, sie kann ihn sogar begleiten.

Wenig beachtet wird selbst in der Psychologie die *psychische Gewalt*, dabei kann sie »bedeutend inhumaner sein als physische Gewalt.«[38] Sie bezieht sich auf Isolation und Exklusion, Nötigungen und Drohungen, Abwertungen, Beschimpfungen und Diffamierungen, Lächerlichmachen sowie Belästigungen, Bespitzelungen und Verfolgungen. Ziel ist meist das Gefügigmachen einer Person. Die seelische Grausamkeit wirkt vor allem im Verborgenen und äußert sich oft erst viel später in Form von Traumata. So leiden besonders Kinder unter psychischer Gewalt, wenn ihnen mit Ablehnung und Liebesentzug gedroht wird, ihnen Schuldgefühle aufgezwungen oder sie vernachlässigt werden. Auch das Projizieren von Wünschen und Idealen oder der Partnerersatz zählen zu dieser Gewaltform.

In der Mediävistik diskutiert wird mitunter das Phänomen der spirituellen bzw. imaginativen Gewalt. Dabei geht es nach Monika Mommertz »um Gewalthandlungen, Gewaltquellen und gewaltsame Kräfte

36 Galtung, Frieden mit friedlichen Mitteln, S. 341.

37 Christ/Gudehus, Gewalt, S. 5.

38 Peter Imbusch, Der Gewaltbegriff. In: Internationales Handbuch der Gewaltforschung. Hgg. Wilhelm Heitmeyer, John Hagan. Wiesbaden 2002, S. 26–57, hier S. 38

und Wesen, die nach heutigen Kriterien von Kausalität nicht als Gewalt gelten, aber in der Frühen Neuzeit (und meist schon zuvor) ganz selbstverständlich *als* Gewalt erfahren und erlebt wurden.«[39] Zur spirituellen Gewalt des Mittelalters zählen demnach der Fluch, aber auch Exkommunikation und Interdikt. Die Formen gehen so weit, dass Reliquien im Rahmen der Liturgie durch Mönche nicht nur gedemütigt, sondern sogar bestraft wurden, wenn sie ihre Aufgabe – zum Beispiel den Schutz der Abtei – nicht erfüllten.[40] Vom Wesen her ist es also »eine arbiträre Gewalt, die direkt aus der Kernkompetenz der geistlichen Institutionen – die Kommunikation mit der transzendenten Macht – abgeleitet ist.«[41] Sie bedroht schlussendlich die Seele und das Seelenheil. Eine sakrale Fehde muss gar nicht zum gleichen Ende führen wie eine normale Fehde unter Rittern, es reicht, ein Wunder zu produzieren.[42] Vor allem stellt sie die Betroffenen zum Beispiel im Rahmen einer Exkommunikation außerhalb der Gesellschaft. »Die dadurch hervorgerufene individuelle Legitimationskrise brachte es mit sich, dass Kontrahenten jeglicher Couleur sich die prekäre religiöse und soziale Position des Betroffenen zunutze machten, um gegen ihn als zulässig erachtete Racheakte zu verüben.«[43] Erst indirekt kommt so die physische Gewalt ins Spiel.

Ein weiteres Unterscheidungsmerkmal ist Mikro- und Makrogewalt. Großkonflikte wie Kriege erringen deswegen eine Aufmerksamkeit, weil sie etwas Außergewöhnliches sind. Viel alltäglicher und meist nicht

39 Monika Mommertz, Gewalt und Imagination. Einführender Beitrag zu Sektion 6. In: Gewalt in der Frühen Neuzeit. Beiträge zur 5. Tagung der Arbeitsgemeinschaft Frühe Neuzeit im VHD. Hgg. Claudia Ulbrich u. a. (Historische Forschungen 81). Berlin 2005, S. 341 f., hier S. 341.

40 Patrick J. Geary, L'humiliation des saints. In: Annales 34 (1979), S. 27–42, hier S. 33.

41 Christian Jaser, Das Archiv als Rüstkammer. Die spirituelle Gewalt des *archivum ecclesiae Remensis*. In: Gewalt der Archive. Studien zur Kulturgeschichte der Wissensspeicherung. Hgg. Thomas Weitin, Burkhardt Wolf. Konstanz 2012, S. 41–59, hier S. 46.

42 Dominique Barthélemy, Chevaliers et miracles. La violence et la sacré dans la société féodale. Paris 2004, S. 79.

43 Christian Jaser, Ecclesia maledicens. Rituelle und zeremonielle Exkommunikationsformen im Mittelalter (Spätmittelalter, Humanismus, Reformation 75). Tübingen 2013, S. 130.

berichtenswert ist die kleine Gewalt. Dazu gehören zum Beispiel kurze Schläge auf den Kopf oder das Gesäß. Die kleine Gewalt war im Mittelalter ein legitimes Disziplinierungsmittel von Mutter, Vater und Schule. Sie wird von den Opfern oft sogar akzeptiert, während die Gewaltausübenden ihr Handeln vielfach als unbewusste Reaktion beschreiben. Zur kleinen Gewalt gehört besonders der Schlag mit der flachen Hand ins Gesicht, den vor allem die Unmündigen erdulden mussten. »Kinder, Ehefrauen und Gesinde wurden geohrfeigt. Die Handgreiflichkeiten machten ihre mindere Rechtsstellung fühlbar.«[44] Eine Ohrfeige sollte alles zugleich ausdrücken, auch dass die Opfer gar nicht einer anderen Strafe wert sind. Allerdings gehört der Backenstreich ebenso zu Initiationsriten wie zum Beispiel der Firmung. Eine Ohrfeige ist umgekehrt eine akzeptierte Maßnahme der physisch Unterlegenen. »Sie setzt Machtverhältnisse für einen kurzen Moment außer Kraft, kehrt Hierarchien um, gibt Abhängigen Handlungsmacht zurück.«[45] Gerade eine spontane Ohrfeige stellt die Definition von Macht als Kontrolle auf den Kopf. »So verstanden sind Macht oder Ohnmacht niemals Subjekte, sondern Beschreibungen sozialer Beziehungen und deren individueller Wahrnehmungen.«[46]

Alltäglicher ist das Lächerlichmachen und Beleidigen einer Person. Modern werden Strategien des Schikanierens, Quälens und Verletzens als Mobbing bezeichnet. Es wird erlernt und zielt auf eine soziale Wirkung ab. »Ähnlich wie bei der Beleidigung gilt der Angriff in der Regel nicht dem Körper, sondern der sozialen Position der Opfer, die sich verschlechtern bzw. jener der Täter, die sich festigen oder verbessern soll.« Diese Gewaltform »richtet sich zentral nicht gegen das Opfer, sondern an eine Öffentlichkeit, deren Reaktionen über den weiteren Verlauf entscheiden. Gewalt wird in diesem Kontext folglich als machtvolle Veränderung der sozialen Position mit Mitteln des Ausschlusses, der Erniedrigung und Entwertung des Opfers verstanden.«[47] Maßnahmen zur

44 Lindenberger/Lüdtke, Einleitung. Physische Gewalt, S. 24.

45 Winfried Speitkamp, Ohrfeige. In: Gewalt. Ein interdisziplinäres Handbuch. Hgg. Christian Gudehus, Michaela Christ. Stuttgart 2013, S. 147–152, hier S. 147.

46 Christ/Gudehus, Gewalt, S. 6.

47 Ebd., S. 8.

Exklusion und Rangminderung stellen hier die Gewalt dar. Im Mittelalter war davon vor allem die jüdische Bevölkerung Europas betroffen. Viele Demütigungen bezogen sich auf die Passion Jesu und liefen auf eine Bestrafung für den Tod des Gottessohnes hinaus. Hinzu kamen das Lächerlichmachen der jüdischen Glaubenspraxis und der hebräischen Sprache. Der Niedertracht waren kaum Grenzen gesetzt. Meist wurde Geld oder ein Geschenk verlangt, mitunter kam es zu Verprügelungen. Besonders lästig dürfte die Abgabe von meist drei Würfeln bei Zollstationen als eine Art von Trinkgeld gewesen sein. Die Dimension dieser Schikane wird dadurch deutlich, dass die Würfel praktisch wertlos waren, da sie als Reaktion minderwertig in Massen hergestellt wurden und für das Spielen daher gar nicht geeignet waren. »Sie haben nur noch eine diskriminierende, die Juden herabsetzende Funktion.«[48] Die Praxis der Zöllner und das erzwungene Mitführen von Würfeln produzierte eine große Zahl von Nachahmungstätern. »Insgesamt hatten es neben Trunkenbolden, Bauern, Handwerkern und Soldaten insbesondere Dienstknechte und Gesellen und nicht zuletzt junge Leute auf die jüdische Minderheit abgesehen.«[49]

Im Kontext von Konflikt und Ausgleich ist Krieg der Versuch, mithilfe physischer Gewalt ein Ziel zu erreichen. Dabei muss es sich um ein übergeordnetes Ziel handeln und nicht um ein individuelles. So können Soldaten durchaus eine Distanz zum Krieg haben oder sich mit Kriegsgegnern fraternisieren.[50] Die ab dem Spätmittelalter aufkommenden Söldner sind ein gutes Beispiel dafür. Sie lassen sich für ihre Dienste bezahlen und sind europaweit – unabhängig von Verwandtschaft oder Landsmannschaft – aktiv. Ihr Aufkommen verändert den Krieg grundsätzlich, denn nun sind erheblich größere finanzielle Mittel für die Kriegsführung notwendig. Umgekehrt gibt es ebenso das Phänomen höchster persönlicher Überzeugung, zum Beispiel wenn es um die Bekämpfung von Heiden, Andersgläubigen und religiösen Abweichlern

48 Karl Heinz Burmeister, Der Würfelzoll, eine Variante des Leibzolls. In: Aschkenas 3 (1998), S. 49–64, hier S. 64.

49 Gerd Mentgen, Der Würfelzoll und andere antijüdische Schikanen in Mittelalter und Früher Neuzeit. In: Zeitschrift für Historische Forschung 22 (1995), S. 1–48, hier S. 11.

50 Welzer, Krieg, S. 32.

geht. Diese Krieger sind in ihrem Fanatismus durchaus mit Kämpfern in modernen asymmetrischen Kriegen vergleichbar.

Lange war der Blick auf den Krieg ein distanzierter. Seit dem Zweiten Weltkrieg hat es in Europa keine vergleichbare Auseinandersetzung mehr gegeben, auch wenn Konflikte wie im Ex-Jugoslawien der 1990er Jahre oder in der Ostukraine in den 2010er Jahren ein hohes Maß an Gewalt und Brutalität erreichen können. In der Zeit des sogenannten Kalten Krieges tobten meist Stellvertreterkriege auf anderen Kontinenten, in Europa herrschte hingegen Frieden durch die Abschreckung eines möglichen Atomkrieges. Die europäischen Konventionen definieren Krieg unter anderem als eine Auseinandersetzung staatlicher Kriegsparteien. Sie bewegen sich idealerweise in ihren Kriegshandlungen im Rahmen von Kriegs- und Völkerrecht.[51] Es ist zwar eine große Leistung Europas, den Krieg zivilisiert und staatlich monopolisiert zu haben, aber damit kommt Europa eine absolute Sonderstellung zu. Heute scheint sich die Welt wieder auf mittelalterliche Verhältnisse zuzubewegen. Große Schlachten, von denen die Neuzeit geprägt war, werden seltener, Kleinkriege, Scharmützel, Belagerungen tun sich auf. Sogar die Fehde ist zurück und zwar im familiären Rahmen krimineller Sippen.[52]

Der Krieg im Mittelalter ist – zumindest in der Theorie – kein rechtsfreier Raum. Das wurde gerade in den Forschungen der letzten Jahrzehnte deutlich. Es gibt durchaus das auf Augustinus aufbauende Konzept eines gerechten Krieges. Thomas von Aquin definiert *bellum iustum* als von der Autorität eines Fürsten angeordnet (denn er hat Sorge um das Gemeinwohl), auf einen gerechten Grund zurückgehend (der Gegner hat eine Schuld) und auf rechte Absicht abzielend (das Gute mehren und das Böse mindern).[53] Das *Decretum Gratiani* kennt den gerechten Kriegsgrund nur auf einer Seite, denn Gott entscheidet schlussendlich über den Sieg.

---

51 Mary Kaldor, Neue und alte Kriege. Organisierte Gewalt im Zeitalter der Globalisierung (Edition Zweite Moderne). Frankfurt a. M. 2000, S. 41 f.

52 Welzer, Krieg, S. 36.

53 Marko J. Fuchs, Die Lehre vom gerechten Krieg im Mittelalter: Thomas von Aquin. In: Handbuch Friedensethik. Hgg. Ines-Jacqueline Werkner, Klaus Ebeling. Wiesbaden 2017, S. 239–249.

> »So erklärt sich, dass die Doktrin der Kirche das im frühen Mittelalter gelegentlich anklingende Problem der Kriegsschuld nicht kennt, und die Kirche sich nie zur Instanz aufwarf, die Kriegsschuld zumaß und durch geistliche Strafen ahndete, sondern im Voraus die Waffen beider Seiten segnete.«[54]

Sogar im Krieg selbst herrscht das Recht, so müssen alle Maßnahmen der Verhältnismäßigkeit entsprechen und die Soldaten müssen sich in ihrem Agieren beherrschen. Die Frage des Tötens im Krieg beantworten Bußbücher, die es als »ein bußwürdiges, also schuldhaftes Handeln des einzelnen Kriegers, selbst wenn er in einem gerechten Krieg und unter dem Befehl einer rechtmäßigen Autorität kämpft«,[55] einordnen. Angesichts dieser Diskrepanzen ist das Christentum vielleicht am besten als zwischen Friede und Gewalt hin- und hergerissen zu beschreiben. »Die Eigentümlichkeit der legalen Gewalt im Mittelalter besteht im Paradox einer Religion, welche die Gewaltlosigkeit zum Kern hat, und einer von ihr gesegneten Praxis der Gewalttätigkeit.«[56]

Klassisch beschäftigt sich die Militärgeschichte mit dem Krieg. Ihre Aufgabe lag lange darin, einzelne Schlachten oder ganze Kriege zu untersuchen und daraus unterschiedlichste Lehren für zukünftige Konflikte zu ziehen. Unmittelbar verbunden mit der Militärgeschichte ist Carl von Clausewitz, der am Anfang des 19. Jahrhunderts maßgebliche Definitionen aufstellte. Sein Hauptwerk *Vom Kriege* erschien erst posthum und wurde unmittelbar gar nicht rezipiert. Erst nach dem deutsch-französischen Krieg von 1871 wurden seine Thesen berühmt, im Ersten Weltkrieg schienen sie bestätigt und sogar Lenin nahm sie in sein Gedankengebäude auf.[57] Krieg ist nach Carl von Clausewitz »nichts als ein erweiterter Zweikampf.« Er hebt hervor: »Der Krieg ist also ein Akt der Gewalt um den Gegner zur Erfüllung unseres Willens

---

54 Josef Semmler, Bellum Iustum. In: Krieg in Mittelalter und Renaissance. Hg. Hans Hecker (Studia Humaniora 39). Düsseldorf 2005, S. 41–63, hier S. 63.

55 Raymund Kottje, Tötung im Krieg als rechtliches und moralisches Problem im früheren und hohen Mittelalter (7.–12. Jh.). In: Krieg in Mittelalter und Renaissance. Hg. Hans Hecker (Studia Humaniora 39). Düsseldorf 2005, S. 17–39, hier S. 19.

56 Karl Heinz Metz, Geschichte der Gewalt. Krieg, Revolution, Terror. Darmstadt 2010, S. 23.

57 Werner Hahlweg, Clausewitz, Carl Philipp Gottlieb v. In: Neue Deutsche Biographie 3 (1957), S. 271–276, hier S. 274.

zu zwingen«[58]. Das funktioniere erst, wenn er völlig wehrlos niedergerungen ist. Somit gilt für Carl von Clausewitz: »Der Krieg ist eine bloße Fortsetzung der Politik mit anderen Mitteln.«[59] Dementsprechend wurden nun ältere Kriege nach diesen Vorgaben beurteilt.

Im 20. Jahrhundert hat sich in Deutschland die klassische Trias Wehrgeschichte, Kriegsgeschichte und Militärgeschichte etabliert. Die Wehrgeschichte wurde im Dritten Reich neu eingeführt. Maßgeblich geprägt hat den Begriff Gerhard Oestreich, der ab 1935 am Wehrpolitischen Institut der Universität Berlin tätig war, 1939 sofort zum Wehrdienst eingezogen wurde und in Kriegsgefangenschaft kam. Wehrwissenschaften, so definierte er 1940 in der Historischen Zeitschrift, wollen zuallererst die nationalsozialistische Politik unterstützen.

> »Zweitens schicken sie sich an, die militärischen Wissenschaften dem politischen Leben zuzuführen, um einerseits den politischen Instinkt des Soldaten zu wecken und zu schulen und andererseits die übrige wissenschaftliche Welt für die Fragen der Wehr und der Landesverteidigung zu gewinnen. Ihr vornehmster Zweck aber ist, unmittelbar mit ihrem wissenschaftlichen Erkenntnissen der politischen und militärischen Führung von Volk und Staat zu dienen.«

Dementsprechend will die Wehrgeschichte ihren Beitrag zu »Krieg, Kriegführung und Vorbereitung des Krieges«[60] leisten sowie Politik und Militär einen Handlungsspielraum eröffnen. Gerade im Kontext des Schlagwortes einer Armee der Wehrpflichtigen als demokratische Grundverpflichtung von Staatsbürgern wurde dieser Ansatz ab den 1950er Jahren als Geschichte der Wehrverfassung weiter geführt.

Der Beginn einer professionelleren Kriegsgeschichte liegt schon im 18. Jahrhundert. In Preußen wurde sie von König Friedrich II. initiiert und »zum Ausdruck der geistigen Welt des preußischen Adels.«[61] In Österreich forderte Joseph II. angesichts der Konflikte mit Preußen eine

---

58 Hinterlassene Werke des Generals Carl von Clausewitz über Krieg und Kriegsführung. Bd. 1. Hg. Marie von Clausewitz. Berlin 1832, S. 3 f.

59 Ebd., S. 28.

60 Gerhard Oestreich, Vom Wesen der Wehrgeschichte. In: Historische Zeitschrift 162 (1940), S. 231–257, hier S. 233.

61 Michael Salewski, Zur preußischen Militärgeschichtsschreibung im 19. Jahrhundert. In: Militärgeschichte in Deutschland und Österreich vom 18. Jahrhundert bis

amtliche Kriegsgeschichtsschreibung. Sie blieb vorerst exklusiv dem Militär für den Dienstgebrauch vorbehalten, allerdings etablierte sich bereits 1801 ein eigenes Kriegsarchiv und 1808 die *Österreichische Militärische Zeitschrift*.[62] Schon 1812 stellte sich in Österreich Leopold von Rothkirch und Panthen die Frage: *Wie soll man Kriegsgeschichte schreiben?* »Eine Kriegsgeschichte darf nur für Kenner geschrieben werden«[63] und beschäftige sich vor allem mit den Kriegshandlungen, auch wenn die politischen Rahmenbedingungen berücksichtigt werden sollten. Leopold von Rothkirch und Panthen stellt Quellen und sorgfältiges Arbeiten in den Mittelpunkt, verschließt sich aber jeder Kritik. Da in Österreich Kriegserfolge weitgehend fehlen, standen im 19. und 20. Jahrhundert meist die einzelnen militärischen Verbände im Mittelpunkt der Darstellungen – bis hin zur Kriegsmarine. Dieser »Traditionsgedanke hat die alte Armee sogar lange überlebt.«[64]

Die Kriegsgeschichte als ältester der drei Begriffe ist gleich doppelt konnotiert: »einerseits die Geschichte der Kriegskunst, andererseits die Geschichte der Kriege, und das heißt Militärgeschichte im Kriege.«[65] Lange wurde sie »als eine Beschäftigung von Soldaten für Soldaten angesehen, deren Nutzen mit den unmittelbaren Lehren zusammenhing, die man für den militärischen Dienst aus ihr ziehen konnte.«[66] Daneben waren patriotische Erziehung und Erbauung wichtige Funktionen. Als Teilbereich der Kriegswissenschaften wurde sie lange den exakten

---

in die Gegenwart (Vorträge zur Militärgeschichte 6). Bonn 1985, S. 47–69, hier S. 50.

62 Johann Christoph Allmayer-Beck, Die Militärgeschichtsschreibung in Österreich von ihren Anfängen bis zum Jahre 1918. In: Militärgeschichte in Deutschland und Österreich vom 18. Jahrhundert bis in die Gegenwart (Vorträge zur Militärgeschichte 6). Bonn 1985, S. 70–86, hier S. 71–74.

63 Leonhard von Rothkirch und Panthen, Wie soll man Kriegsgeschichte schreiben? In: Neue militärische Zeitschrift 7. Heft (1812), S. 36–61, hier S. 41.

64 Allmayer-Beck, Militärgeschichtsschreibung in Österreich, S. 83.

65 Rainer Wohlfeil, Militärgeschichte. Zu Geschichte und Problemen einer Disziplin der Geschichtswissenschaft (1952–1967). In: Militärgeschichtliche Mitteilungen 52 (1993), S. 323–344, hier S. 329.

66 Othmar Hackl, Einführung. In: Militärgeschichte in Deutschland und Österreich vom 18. Jahrhundert bis in die Gegenwart (Vorträge zur Militärgeschichte 6). Bonn 1985, S. 7–13, hier S. 9.

Wissenschaften zugeordnet. Mit dem Einsatz von Beweisen und Regeln sei sie eine Erfahrungswissenschaft. »Die Kriegsgeschichte sollte dem Offizier also helfen, das Metier, die Technik des Krieges zu erlernen und sie weiterzuentwickeln.«[67] Ebenfalls in diesen Bereich gehört die Entwicklung der Waffen und Verteidigungsanlagen, was durchaus die Sphäre der Technikgeschichte berührt. In diesem Bereich hat das Mittelalter viel an Veränderungen durchlaufen und bis heute in Form von Wehranlagen seine Spuren in der Landschaft hinterlassen.

Der Begriff der Militärgeschichte ist im deutschen Sprachraum erst seit den 1950er Jahren in Gebrauch. Sie handelt vom »Zusammenwirken und Ineinandergreifen von militärischen Faktoren im engeren Sinne mit politischen, ideologischen, sozialen, wirtschaftlichen und wissenschaftlich-technischen Potenzen.«[68] Damit ist sie nun eindeutig der Geschichtswissenschaft zugeordnet und »fragt nach dem Militär als Mittel der Politik in der Hand der Staatsgewalt und nach der bewaffneten Macht als Faktor und politischer Kraft im Rahmen des Staates.«[69] Militärgeschichte ist unmittelbar mit Staat und Politik verbunden, was in Bezug auf Deutschland in diesem Fall meist mit der Entwicklung Preußens gleichzusetzen ist. Hier geht es um die Frage, in welchem Wechselspiel sich Staat, Militär und Gesellschaft befinden. Gerade der preußische Militarismus und seine Genese rücken damit in das Zentrum der Betrachtungen.

Trotz aller Umformung zur Militärgeschichte begann erst in den 1990er Jahren wirklich eine Loslösung von Clausewitz. John Keegan brachte weitere Aspekte ein und stellte nach einer weltweiten Analyse fest, »wie sehr Clausewitz irrte«, weil »der Krieg neben vielem anderen auch die Fortführung der Kultur mit ihren eigenen Mitteln sein kann.«[70] Also waren nach der Jahrtausendwende die neuen Betrachtungsweisen von Kulturgeschichte und Historischer Anthropologie in der Militärgeschichte angekommen, damit »steht der Militärhistoriker

67 Reiner Wohlfeil, Wehr-, Kriegs- oder Militärgeschichte? In: Militärgeschichtliche Mitteilungen 1 (1967), S. 21–29, hier S. 24.

68 Ursula von Gersdorff, Einführung. In: Geschichte und Militärgeschichte. Wege der Forschung. Hg. Ursula von Gersdorff. Frankfurt a. M. 1974, S. 7–13, hier S. 10.

69 Wohlfeil, Wehr-, Kriegs- oder Militärgeschichte, S. 25.

70 John Keegan, Die Kultur des Krieges. Berlin 1995, S. 84.

eben nicht mehr, wie Ende des 19. Jahrhunderts, im verpönten Abseits der Historiographie, sondern mitten im allgemeinhistorischen Diskurs.«[71] So entsteht eine Neue Militärgeschichte, die nun nicht mehr allein von militärischen Fachkräften geschrieben wird, sondern ebenfalls an den Universitäten betrieben werden kann.

Inhaltlich beschäftigte sich die Militärgeschichte lange mit Konflikten der jüngsten Vergangenheit, sie war Teil einer Kriegswissenschaft. Hier wurde der Einsatz neuer Taktiken und Waffen überprüft und bewertet, hier manifestierte sich der ›große Mann‹, der die Geschichte in neue Bahnen lenkt und so ein Vorbild für junge Kriegsdiener sein sollte. Das Mittelalter ist in der Militärgeschichte sogar noch gegenüber den antiken Schlachten völlig unterrepräsentiert. Eine moderne Kriegsgeschichte dagegen stellt vor allem historisch-anthropologische und kulturgeschichtliche Fragestellungen in den Mittelpunkt. Sie geht zum Beispiel weg von einer Schlachtenbeschreibung aus der Perspektive des Generalstabs und hin auf das Schlachtfeld selbst. Sie untersucht vor Ort das Vernichtungsprinzip des Krieges:

> »[…] die willentliche, kalkulierte menschliche Planung des Massen-Todes, sein öffentlicher Gebrauch im Gefecht und die Erfahrungen der Überlebenden mit dem Massen-Tod. Diese Praxis zu rekonstruieren ist Aufgabe der Kriegsgeschichte. Wieviel Geschichte ist geschrieben worden, um diese einfache Realität des Gefechtes zu vergessen!«[72]

Das Mittelalter kennt verschiedene Mittel, nach einem Konflikt wieder einen Ausgleich herzustellen. Friede und Eintracht gelten weithin als gesellschaftliches Ideal. Als einfachste Art der Konfliktbeilegung kann wohl die *deditio* bezeichnet werden. Dabei unterwirft sich der Unterlegene öffentlich und bittet um Gnade. Der Sieger ist daraufhin praktisch gezwungen, den Büßer vom Boden aufzuheben und zu verzeihen, womit der Konflikt aus der Welt war.

---

71 Martin Meier, Neue geschichtstheoretische Arbeiten. Ihre Anwendbarkeit und ihr Nutzen für die militärhistorische Forschung. Versuch einer kritischen Würdigung. In: Militärgeschichtliche Zeitschrift 65 (2006), S. 187–214, hier S. 189.

72 Michael Geyer, Eine Kriegsgeschichte, die vom Tod spricht. In: Physische Gewalt. Studien zur Geschichte der Neuzeit. Hgg. Thomas Lindenberger, Alf Lüdtke. Frankfurt a. M. 1995, S. 136–161, hier S. 143.

> »Die ›Deditio‹ ist ein ausgehandeltes und in allen Einzelheiten inszeniertes Ritual, das der Hochadel bei der Beendigung seiner Konflikte – namentlich mit dem König – nutzte. Es ist Teil des demonstrativen Kommunikationsstiles des Mittelalters, in dem mehr gezeigt als verbalisiert wurde.«[73]

Eine *deditio* ermöglichte es schlussendlich dem Unterlegenen, sein Gesicht zu wahren, ja »es erwuchs oft genug eine stabile Beziehung«[74] daraus. Immer wieder waren also Vermittler – nicht zuletzt der König kraft seines Amtes – am Werk, die allerdings viele unterschiedliche Aspekte berücksichtigen mussten. Sie argumentierten im Hochmittelalter »vorrangig auf der Grundlage religiöser Wertvorstellungen, sie kreierten Konfliktlösungen, deren rituelle Durchführung der kirchlichen Bußpraxis nah verwandt war. Vermittler beachteten aber auch die politischen Kräfteverhältnisse und Rangordnungen bei ihren Lösungen, was nicht selten zu dem Befund führte, dass die Kleinen gehängt und nur die Großen versöhnt wurden.«[75] Auf ihr Wirken baut jedenfalls ein Ausgleich auf, wobei darauf Wert gelegt wurde, dass der Streitgrund bereinigt und der Konflikt vergessen wird. Spezifisch für das Mittelalter sind Berichte, wie aufwändig ein Ausgleich gefeiert wurde.

> »Ein bißchen zugespitzt kann man sagen: nicht dem Triumphzug des Siegers galt die Aufmerksamkeit der Öffentlichkeit, sondern den Ritualen der gütlichen Konfliktbeendigung, die man in solche der Unterwerfung, der Versöhnung, des Friedensschlusses und der gegenseitigen Ehrung aufsplitten kann.«[76]

Zum Friedensschluss kann sogar eine Hochzeit gehören, was für eine besondere Stabilität der Beziehungen sorgen konnte.

---

73 Gerd Althoff, Das Privileg der ›Deditio‹. Formen gütlicher Konfliktbeendigung in der mittelalterlichen Adelsgesellschaft. In: Nobilitas. Funktion und Repräsentation des Adels in Alteuropa. Hgg. Otto Gerhard Oexle, Werner Paravicini (Veröffentlichungen des Max-Planck-Instituts für Geschichte 133). Göttingen 1997, S. 27–52, hier S. 30.

74 Matthias Becher, Gedanken zur Einführung. In: Streit am Hof im frühen Mittelalter. Hgg. Matthias Becher, Alheydis Plassmann (Super alta perennis 11). Göttingen 2011, S. 9–15, hier S. 11.

75 Gerd Althoff, Der König als Konfliktpartei. Möglichkeiten und Grenzen von Vermittlung im Hochmittelalter. In: Frieden stiften. Vermittlung und Konfliktlösung vom Mittelalter bis heute. Hg. Gerd Althoff. Darmstadt 2011, S. 81–97, hier S. 93.

76 Althoff, Schranken der Gewalt, S. 22.

Die Geschichtswissenschaft muss sich oft den Vorwurf gefallen lassen, bei Gewalt wegzuschauen. In der Menschheitsgeschichte steckt übermäßig viel Gewalt, nur stehen die Forschenden nicht außerhalb. Die vielfältigen Ausformungen von Gewalt sind Teil unserer Gesellschaft. »Sowohl die kulturellen Standards für Schmerz und Leiden wie die Formen der Wahrnehmung sind Teil historischer Praxis und somit alles andere als deren naturhafte oder gar unwandelbare Vorbedingung.«[77] So ist es leicht, physische Gewalt zu sanktionieren, auch das Aufdecken struktureller Gewalt ist mittlerweile geübt, während zum Beispiel psychische Gewalt noch immer kein Forschungsthema ist. Gerade im Umgang mit den vielfältigen Formen von Gewalt sollten zuerst einmal die verschiedenen Gewissheiten hinterfragt werden.

Leseempfehlungen

Reiner Wohlfeil, Wehr-, Kriegs- oder Militärgeschichte? In: Militärgeschichtliche Mitteilungen 1 (1967), S. 21–29.

Johan Galtung, Strukturelle Gewalt. Beiträge zur Friedens- und Konfliktforschung. Reinbeck bei Hamburg 1975.

Pierre Bourdieu, Sozialer Sinn. Kritik der theoretischen Vernunft. Frankfurt a. M. 1987.

Rainer Wohlfeil, Militärgeschichte. Zu Geschichte und Problemen einer Disziplin der Geschichtswissenschaft (1952–1967). In: Militärgeschichtliche Mitteilungen 52 (1993), S. 323–344.

Der Krieg im Mittelalter und in der Frühen Neuzeit: Gründe, Begründungen, Bilder, Bräuche, Recht. Hg. Horst Brunner (Imagines Medii Aevi 3). Wiesbaden 1999.

Internationales Handbuch der Gewaltforschung. Hgg. Wilhelm Heitmeyer, John Hagan. Wiesbaden 2002.

Krieg in Mittelalter und Renaissance. Hg. Hans Hecker (Studia Humaniora 39). Düsseldorf 2005.

Gewalt im Mittelalter. Realitäten – Imaginationen. Hgg. Manuel Braun, Cornelia Herberichs. München 2005.

77 Lindenberger/Lüdtke, Einleitung. Physische Gewalt, S. 28.

Johan Galtung, Frieden mit friedlichen Mitteln. Friede und Konflikt, Entwicklung und Kultur. Münster 2007.

Hans-Henning Kortüm, Kriege und Krieger. 500–1500. Stuttgart 2010.

Gewalt. Ein interdisziplinäres Handbuch. Hgg. Christian Gudehus, Michaela Christ. Stuttgart 2013.

Fehdeführung im spätmittelalterlichen Reich. Zwischen adeliger Handlungslogik und territorialer Verdichtung. Hgg. Julia Eulenstein u. a. (Studien und Texte zur Geistes- und Sozialgeschichte des Mittelalters 7). Affalterbach 2013.

9 Individuum und Gesellschaft

Ein großer Vorwurf der Kulturgeschichte gegenüber der Strukturgeschichte lautet, dass sie das Individuum vernachlässige und nur ein Kollektiv betrachte. Das warf unmittelbar die Frage nach dem Individuum in der Geschichte – respektive im Mittelalter – auf. So beklagt der britische Historiker Walter Ullmann, der sich bereits in den 1960er Jahren dieses Themas annahm:

> »Die winzigsten und zuweilen ganz unbedeutende Detailfragen der mittelalterlichen Geschichte sind strengen und wiederholten Forschungen unterworfen worden; ein so zentrales Thema wie das des Einzelnen und seiner Stellung in der mittelalterlichen Gesellschaft hat bisher jedoch offenbar weder unter Mediävisten noch in den zahlreichen Einzelarbeiten viel Beachtung gefunden.«[1]

Bis dahin galt das Diktum Jacob Burckhardts, dass das mittelalterliche Empfinden kollektivistisch gewesen sei. Erst im Italien der Renaissance »erhebt sich mit voller Macht das Subjective; der Mensch wird geistiges Individuum und erkennt sich als solches.«[2] Das entspricht durchaus dem von der Aufklärung verbreiteten Konzept des permanenten Fortschritts von Vernunft und Freiheit. Individuum und Mittelalter passen damit nicht zusammen.

Jüngere Ansätze betonen hingegen, dass bereits im Hochmittelalter individualistische Tendenzen erkennbar sind. Das wird – ganz in der Tradition Jacob Burckhardts – mit Fragen des Humanismus verbunden und so kommt es zur Bezeichnung *Renaissance des 12. Jahrhunderts*. Der Begriff selbst geht auf Charles Homer Haskins zurück[3] und ist in der

---

1 Walter Ullmann, Individuum und Gesellschaft im Mittelalter. Göttingen 1974, S. 5.

2 Burckhardt, Cultur der Renaissance in Italien, S. 131.

3 Charles Homer Haskins, The Renaissance of the Twelfth Century. Cambridge, MA 1927.

englischsprachigen Mediävistik gut etabliert. Ausgangspunkt für diese Entwicklung war nach dieser Theorie Frankreich, wo die Selbsterkenntnis im Rahmen der Scholastik besonders forciert wurde.[4] So fordert Wilhelm von Saint-Thierry in seiner Schrift *De natura corporis et animae* im Prolog ein *cognoveris te* ein und Petrus Abaelardus nennt ein Buch gleich *Ethica seu scito se ipsum*. Angesprochen wird dabei das griechische Konzept von *gnothi seauton*, das als *nosce te ipsum* ins Lateinische übernommen wurde und Macrobius in seinem Kommentar zu Ciceros *Somnium Scipionis* dem Mittelalter überliefert. Im Hochmittelalter wurde Macrobius besonders intensiv studiert. Der französische Theologe Marie-Dominique Chenu hat Abaelard gleich als Vorboten, als ersten Menschen der Neuzeit betrachtet.[5] Der englische Historiker Robert I. Moore unterstreicht die Entwicklungen dieser Zeit noch, indem er sie als »erste europäische Revolution« bezeichnet.[6] Die Renaissance und vorher schon das 12. Jahrhundert waren – so steht es also im Raum – von so großen Veränderungen geprägt, dass sich diese schlussendlich auf die Mentalität auswirkten. Allerdings stellt sich die Frage, ob dabei das Selbst des Menschen oder seine Innerlichkeit – oder gar die Seele – entdeckt wurden, denn im Hochmittelalter wird eher über Typen und Muster geschrieben.[7] Jedenfalls lässt sich in der intellektuellen Literatur in weiterer Folge viel Nachdenken über Individualität feststellen, die nicht nur Menschen, sondern allem, was existiert, zugesprochen wird. »Franziskanische Denker, so stellt sich heraus, haben eine grundlegende Rolle in der mittelalterlichen Entdeckung des Individuums gespielt.«[8]

Besonders deutlich wird die Frage nach dem Individuum beim russischen Historiker Aaron J. Gurjewitsch. In Osteuropa, so die schon ältere grundlegende These, konnte ein Individualismus nie richtig entstehen.

4 Colin Morris, The Discovery of the Individual, 1050–1200. New York 1972.

5 Marie-Dominique Chenu, L'éveil de la conscience dans la civilisation médiévale. Montreal-Paris 1969, S. 32.

6 Robert I. Moore, Die erste europäische Revolution. Gesellschaft und Kultur im Hochmittelalter. München 2001.

7 Caroline Walker Bynum, Jesus as Mother. Studies in the Spirituality of the High Middle Ages. Berkeley u. a. 1982, S. 82–109.

8 Jan A. Aertsen, Einleitung: Die Entdeckung des Individuums. In: Individuum und Individualität im Mittelalter. Hgg. Jan A. Aertsen, Andreas Speer (Miscellanea Mediaevalia 24). Berlin-New York 1996, S. IX–XVII, hier S. XIII.

Stand im alten Russland die Kollektivität, das als *sobornost* bezeichnete Aufgehen des Einzelnen in der Masse der Gläubigen, im Vordergrund, so war im totalitären Sowjetregime der Vorwurf des Individualismus ein Anlass zur Verfolgung. »In Osteuropa herrschten über Jahrhunderte hinweg Bedingungen, die aus ihrem Wesen heraus die Entwicklung von Individualität und Persönlichkeit unmöglich gemacht haben.«[9] Damit wird das Individuum zu einem reinen Konzept des Westens, zu einem Sonderweg, und nicht zu einer logischen Folge der menschlichen Entwicklung.

Der kulturwissenschaftliche Diskurs ist freilich viel weiter angelegt. Neben dem Individuum gilt es, die Individualität und den Individualismus zu untersuchen: bei der Gemeinschaft auch die Gesellschaft sowie die Gruppe, genauso Sippe, Familie und Freundschaftskreise. Das lateinische Wort *individuum* bedeutet wortwörtlich etwas Unteilbares, dann ein Einzelding bzw. -wesen. Im Vordergrund steht also etwas, das vom Allgemeinen und vom Anderen abgrenzbar ist. Relativ rasch wird es zum *subiectum*, was wörtlich eine Unterordnung ausdrückt, aber etwas Zugrundeliegendes als Träger von Eigenschaften bedeutet. Gerade dieses Verhältnis beschäftigt die Philosophie seit der Antike. Damit ist einerseits das Themenfeld Selbstbehauptung, Selbstbestimmung und Selbstverständnis (personale Identität) sowie andererseits freiwillige oder zugeschriebene Gruppenzugehörigkeit (kollektive Identität) erreicht. So steht ebenso das Thema Zwang und Gewalt im Raum. »Wer sich mit dem fraglichen Begriff auseinandersetzen will, tut allerdings gut daran, sich vom dramatisch inszenierten Pathos dieser Debatten nicht affizieren zu lassen.«[10] Praktisch alle Kulturwissenschaften beschäftigen sich mit diesen Spannungsfeldern unter verschiedenen Blickwinkeln und Begrifflichkeiten, oft genug unter dem Aspekt der Konstruktion von *ich*, *wir* und *sie* bzw. *des Eigenen* und *des Fremden*. Allerdings ist die Diskussion von großer Uneinheitlichkeit geprägt: »In einem Diskurs

9 Aaron J. Gurjewitsch, Das Individuum im europäischen Mittelalter. München 1994, S. 14.

10 Jürgen Straub, Identität. In: Handbuch der Kulturwissenschaften. Bd. 1: Grundlagen und Schlüsselbegriffe. Hgg. Friedrich Jaeger, Burkhard Liebsch. Stuttgart-Weimar 2004, S. 277–303, hier S. 278.

wird Identität mit Kultur und Bedeutung verknüpft, in einem anderen mit Moderne und Handlung und in einem dritten schließlich mit Differenz.«[11] Ausgehend von diesem Modell kommt für die mittelalterliche Geschichte nur Identität in Zusammenhang mit Kultur infrage, denn autonome Handlungsspielräume sind eingeschränkt und das bewusste Schaffen von Gegen-Identitäten wenig ausgeprägt.

Das Konzept einer Identität ist unmittelbar nach dem Zweiten Weltkrieg in den Vereinigten Staaten in die sozialwissenschaftliche Forschung eingeführt worden. Ursprung ist der Essenzialismus einerseits und die amerikanische Rollensoziologie mit dem Konzept der Masken bzw. auf Latein *persona* anderseits. Der symbolische Interaktionismus und die Ich-Psychologie führen schließlich zum modernen Identitätskonzept. Demnach geht es (1) um die Auseinandersetzung eines Individuums mit von Gruppen oder Institutionen gestellten Erwartungen. Dabei (2) baut das Individuum auf Prägung durch Veranlagung oder internalisierte Vorerfahrungen auf und kann sich in Selbstreflexion durchaus als Objekt wahrnehmen. (3) In diesem Spannungsfeld zwischen *Ich* und *Mich* eröffnet sich ein reflexiver Spielraum, in dem ein Verhältnis von Anpassung und Selbstbestimmung erreicht werden kann. (4) Dieser Prozess dauert ein Leben lang an und ist von eigenen Krisen sowie dem Wandel von Gesellschaft und Gruppen geprägt.[12] Zusammengefasst bedeutet das: »Identität muß geleistet werden.«[13] In den 1960er Jahren wurden Grenzerfahrungen in diese Überlegungen miteinbezogen. Wie gehen stigmatisierte Personen mit ihrer beschädigten Identität um?[14] Zugleich wurde in Deutschland die Unfähigkeit zu trauern auf Täterseite untersucht und damit zusammenhängend das

11 Peter Wagner, Fest-Stellungen. Beobachtungen zur sozialwissenschaftlichen Diskussion über Identität. In: Identitäten. Hgg. Aleida Assmann, Heidrun Friese (Erinnerung, Geschichte, Identität 3). Frankfurt a. M. 1998, S. 44–72, hier S. 47.

12 Lutz Niethammer, Kollektive Identität. Heimliche Quellen einer unheimlichen Konjunktur. Reinbeck bei Hamburg 2000, S. 57 f.

13 Gernot Böhme, Identität. In: Vom Menschen. Handbuch Historische Anthropologie. Hg. Christoph Wulf. Weinheim-Basel 1997, S. 686–607, hier S. 686.

14 Erving Goffmann, Stigma. Über Techniken der Bewältigung beschädigter Identität. Frankfurt a. M. 1975.

Aufwachsen mit einer Enttäuschung vor allem vom Vater als Ideal.[15] Lutz Niethammer fasst diese Entwicklung folgend zusammen:

> »Psychosoziale Identität ist ein Konstrukt aus der Mitte des 20. Jahrhunderts, um angesichts zunehmend diskontinuierlicher Vergesellschaftung des Menschen seine lebensgeschichtliche Kontinuität zu Bewußtsein zu bringen und bewußt zu balancieren, wenn schon nicht steuern zu können.«[16]

Im Laufe der wissenschaftlichen Diskussion um Identität lässt sich feststellen:

> »Von einer Betonung des vorgegebenen, schicksalhaften Charakters der Identität führen sie zu einer Möglichkeit der Wahl, von der Akzentuierung objektiver Realität der Identitäten zu deren konstruierter Natur und von der Hervorhebung von Autonomie als Resultat von Identitätsbildung zu einer Betonung der Herrschaftsaspekte.«[17]

Viele der jüngsten Konzepte kommen daher zu dem Schluss, Identität abzulehnen oder zumindest die Bedeutung neu auszumessen.

Ein wichtiger Protagonist der Erforschung des Individuums im historischen Kontext ist der Psychoanalytiker Erik H. Erikson: »Nur in Zusammenarbeit können Psychoanalyse und Sozialwissenschaft nachzeichnen, wie der Lebenskreis des Einzelnen von Anfang bis Ende von der Geschichte der Gemeinwesen durchwoben ist.«[18] Selbst hat er das in einer psychohistorischen Studie zum jungen Martin Luther aufgezeigt, der seiner Meinung nach von einer Krise in die nächste stürzt: »Durch den kurzen Abstand zwischen der Identitätskrise des Jugendlichen und der Integritätskrise des Erwachsenen beim Homo religiosus fällt für ihn das Problem individueller Identität mit dem der existentiellen Identität zusammen.«[19] Erik H. Erikson verzichtet auf weiten Strecken nicht nur auf Literatur, sondern vor allem auf ausreichende Quellenbelege, was

15 Alexander Mitscherlich, Margarete Mitscherlich, Die Unfähigkeit zu trauern. Grundlagen kollektiven Verhaltens. München Neuausgabe 1977.

16 Niethammer, Kollektive Identität, S. 63.

17 Wagner, Fest-Stellungen, S. 65 f.

18 Erik H. Erikson, Ich-Entwicklung und geschichtlicher Wandel. In: Erik H. Erikson, Identität und Lebenszyklus. Drei Aufsätze. Frankfurt a. M. 1973, S. 11–54, hier S. 11.

19 Erik H. Erikson, Der junge Mann Luther. Eine psychoanalytische und historische Studie. Berlin 2016, S. 401.

das Werk für die Geschichtswissenschaft fast wertlos macht. Er ist sogar, ohne je ein Studium absolviert zu haben, zum Universitätsprofessor in Harvard, Yale sowie Berkeley berufen worden und zählt zu den am meisten zitierten Psychologen des 20. Jahrhunderts.

Eine Gemeinschafts- bzw. Gruppenidentität wird für das Mittelalter allgemein angenommen. »Das Thema ›kollektive Identität‹ hat der ›personalen Identität‹, was die Anzahl der Publikationen angeht, längst den Rang abgelaufen«[20]. Dazu hat vor allem die Geschichtswissenschaft beigetragen. Identität in Zusammenhang mit Kultur steht ganz oben auf der historischen Agenda. So wird seit Johann Gustav Droysen in diversen Einführungen zum Geschichtsstudium der identitätsstiftende Charakter des Faches betont.[21] Gerade auf diese Weise formiert sich eine kollektive Identität. Nationen wurden im 19. Jahrhundert unter dem Merkmal gemeinsamer bzw. gleicher Geschichte, Sprache, Kultur und Lebensweise definiert. Die Entwicklung verlief in allen Ländern ähnlich: Nachdem in einer Phase A Intellektuelle ihren gelehrten Interessen gefolgt waren, wurde die Phase B des nationalen Erwachens schon von patriotischen Agitatoren bestimmt, bis schließlich in Phase C im Rahmen eines nationalen Programms ein politischer Anspruch entwickelt wurde.[22] Die Vorbilder dafür gab es seit der Renaissance. Damals »begannen sich europäische Intellektuelle in Frankreich, Deutschland und Osteuropa stärker mit den Opfern des expandierenden römischen Reiches zu identifizieren, das heißt: mit den Galliern, den Germanen oder den Slawen.«[23] Allerdings war Nation nur eine Gruppenidentität unter vielen, wichtiger waren Stand und Verwandtschaft. Diesen Postulaten hatte sich das Individuum zu fügen. Erst der Nationalstaat musste für eine neue Gruppenidentität sorgen. Moderner sind Ausklammerungen

---

20 Straub, Identität, S. 291.

21 Johann Gustav Droysen, Historik. Vorlesungen über Enzyklopädie und Methodologie der Geschichte. München ³1958, S. 356–358.

22 Miroslav Hroch, Die Vorkämpfer der nationalen Bewegung bei den kleinen Völkern Europas. Eine vergleichende Analyse zur gesellschaftlichen Schichtung der patriotischen Gruppen (Acta Universitatis Carolinae. Philosophica et Historica Monographia 24). Prag 1968, S. 24–26.

23 Patrick J. Geary, Europäische Völker im frühen Mittelalter. Zur Legende vom Werden der Nation (Europäische Geschichte). Frankfurt a. M. 2002, S. 29.

von Nation wie zum Beispiel im Rahmen einer Wissenschaftskultur oder Geschlechteridentität. Hier wird ebenfalls ein Kollektiv konstruiert. Nach diesem Konzept kann sich Norbert Elias 1939 ein Individuum losgelöst von der Gesellschaft nicht vorstellen: »Niemand kann im Zweifel darüber sein, daß die Individuen eine Gesellschaft bilden und daß jede Gesellschaft eine Gesellschaft von Individuen ist.«[24]

Insgesamt ist die Erfahrung von Menschenmassen prägend für die Moderne. Industrialisierung und Urbanisierung haben im 19. Jahrhundert eine soziale Frage aufgeworfen. Die Massengesellschaft ist ein wichtiges Schlagwort in der ersten Hälfte des 20. Jahrhunderts und ein tragendes Element im Totalitarismus der verschiedenen Regime. Diese Entwicklungen hat Elias Canetti in seinem Buch *Masse und Macht* aufgearbeitet. Er definiert die Masse als etwas, (1) das immer wachsen möchte, (2) innerhalb der Gleichheit herrscht, als etwas, (3) das Dichte liebt und (4) eine Richtung braucht.[25] Zwar wurde die Masse ab der Postmoderne scharf kritisiert, doch ist sie bis in die jüngste Zeit ein brisantes Thema. So war ein Schlagwort der frühen 2010er Jahre der auf Masse beruhende Begriff einer Schwarmintelligenz. Dabei wurde allerdings vergessen, dass Menschen in der Masse eher ihr Hirn ausschalten und wirklich intelligente Lösungen meist außerhalb der Masse – allein oder in Kleingruppen – entwickelt werden.

Heute erscheint der Begriff einer kollektiven Identität mehr als konstruiert. »Die Rede von ›kollektiver Identität‹ scheint im luftleeren Raum zu operieren und dabei alles Mögliche bedeuten zu können, willkürlich und in vager Unbestimmtheit.«[26] Jan Assmann hat trotzdem eine Definition für die Geschichtswissenschaft versucht und stellt sie in den Zusammenhang mit politischer Imagination, für die eine kulturelle Erinnerung von besonderer Bedeutung ist. Damit gehört kollektive Identität – obwohl eine Konstruktion – sehr wohl der Wirklichkeit an: »Kollektive Identität ist eine Frage der *Identifikation* seitens der beteiligten Individuen.«[27] Mit dieser Definition kann die Geschichtswissen-

24 Norbert Elias, Die Gesellschaft der Individuen. Frankfurt a. M. 1987, S. 21.

25 Elias Canetti, Masse und Macht. Hamburg ²1971, S. 27 f.

26 Straub, Identität, S. 293.

27 Jan Assmann, Das kulturelle Gedächtnis. Schrift, Erinnerung und politische Identität in frühen Hochkulturen. München 1992, S. 132.

schaft gut arbeiten. Untersuchen lassen sich nun in Wechselwirkung von Person und Gruppe Aspekte der menschlichen Körperlichkeit und der Körpererfahrung, der Sexualität, aber ebenso Humor, Ironie, Selbstreflexion und Selbstkritik. In Bezug auf die Gemeinschaft können vor allem Sozialisation, Emanzipation und der Handlungsspielraum betrachtet werden. Ebenso sichtbar werden Gruppenbildung, ihre Legitimierung, ihr Ausdruck (zum Beispiel auf das Mittelalter bezogen in Form von Kleidung oder Wappen) und ihre Abgrenzung zu anderen sowie die vielfach bestehenden Netzwerke untereinander. Besondere Beachtung kann zudem das Thema Inklusion und Exklusion finden. »Hiermit werden Andere zu Fremden und Außenstehende womöglich als ›Feinde‹ begriffen, und das bedeutet: Gerade qua Exklusion wird eine soziale Beziehung konstruiert und stabilisiert.«[28] Die Untersuchung der Konstruktion des *Anderen* kann mittlerweile schon auf viele Publikationen verweisen. Noch unterrepräsentiert sind soziale Mobilität, Persönlichkeit und Sozialverhalten. Auch eine *neue historische Biographie* ist nun möglich, allerdings sind es nun nicht mehr die großen Männer, die Geschichte schrieben, sondern »Menschen auf Augenhöhe«[29] – Frauen, Bauern oder Randständige.

Zur persönlichen Sphäre gehört ebenso die Körperlichkeit als individuelle Grunderfahrung. »In der Historikerzunft herrschte lange Zeit die Meinung vor, der Körper des Menschen gehöre zur Natur und nicht zur Kultur«, beschreiben Jacques Le Goff und Nicolas Truong die Forschungslage.[30] Dabei zeigt ein auch nur oberflächlicher Blick auf das Mittelalter eine Fülle von Körperlichkeiten: Schon das Christentum

---

28 Claus Leggewie, Zugehörigkeit und Mitgliedschaft. Die politische Kultur der Weltgesellschaft. In: Handbuch der Kulturwissenschaften. Bd. 1: Grundlagen und Schlüsselbegriffe. Hgg. Friedrich Jaeger, Burkhard Liebsch. Stuttgart-Weimar 2004, S. 316–333, hier S. 319.

29 Stephan Selzer, Ulf Christian Ewert, Menschenbilder – Menschenbildner. Eine begriffliche Klammer für das Projekt ›Individuum und Gruppe im Blick des Historikers‹. In: Menschenbilder – Menschenbildner. Individuum und Gruppe im Blick des Historikers. Hgg. Stephan Selzer, Ulf-Christian Ewert (Hallische Beiträge zur Geschichte des Mittelalters und der Frühen Neuzeit 2). Berlin 2002, S. 11–21, hier S. 15.

30 Jacques Le Goff, Nicolas Truong, Die Geschichte des Körpers im Mittelalter. Stuttgart 2007, S. 18.

baut auf die Fleischwerdung des Gottessohnes auf: *et Verbum caro factum est et habitavit in nobis* (»Und das Wort ist Fleisch geworden und hat unter uns gewohnt«, Joh 1,14). Da er aber göttlich ist, entschwindet der Körper nach dem Tod wieder. In seinem Andenken wird der Leib Christi im Rahmen des Gottesdienstes schließlich verzehrt: *hoc est corpus meum quod pro vobis datur hoc facite in meam commemorationem* (»Das ist mein Leib, der für euch gegeben wird; das tut zu meinem Gedächtnis«, Lk 22,19). Die Theologin Theresia Heimerl stellt dazu programmatisch fest: »Die mittelalterliche Religiosität ist eine extrem körperliche.«[31] Der Körper wird einerseits verachtet, andererseits verehrt und dabei dar- und ausgestellt, er wird geschunden, ja ausgelöscht und dann wieder gesalbt, er ist sündhaft und wiederum göttlich. Durch den Körper erfolgen Niedergang und Erlösung. Der Körper steht für Leben und Tod zugleich. Immer wieder wird die Metapher des Körpers für eine gesellschaftliche Ordnung bemüht, die nur im inneren Einklang optimal funktioniert. Diese Einheit als Lebensgemeinschaft – sei es als Sippe, Stamm oder Volk – wird selbst als lebend und handelnd begriffen. Der Einzelne ist immer ein Glied der Einheit: »der Sozialleib der Einheit zeigt seine Lebendigkeit in der fortwährenden Ergänzung der absterbenden Glieder durch Neugeborene.«[32]

In Bezug auf Individuum und Gesellschaft lässt sich vor allem feststellen, dass sie weniger Begriffe aus dem Mittelalter sind, sondern vielmehr etwas, das heute dem Mittelalter zugeschrieben oder nicht zugeschrieben wird. Dabei manifestieren sich vor allem aktuelle Zugänge zu dieser Thematik. Gerade das Beispiel Identität – ob kollektiv oder individuell – zeigt auf, dass heutige Konzepte diese Rückprojektion zur Legitimierung benötigen.

31 Theresia Heimerl, Der Leib Christi und der Körper des Christen: Körper und Leib als zentrale Problemzonen des Christentums. In: Leiblichkeit. Geschichte und Aktualität eines Konzepts. Hgg. Emmanuel Alloa u. a. Tübingen ²2019, S. 166–182, hier S. 175.

32 Wolfgang Schild, Der gequälte und entehrte Leib. Spekulative Vorbemerkungen zu einer noch zu schreibenden Geschichte des Strafrechts. In: Gepeinigt, begehrt, vergessen. Symbolik und Sozialbezug des Körpers im späten Mittelalter und in der frühen Neuzeit. Hgg. Klaus Schreiner, Norbert Schnitzler. München 1992, S. 147–168, hier S. 154.

Leseempfehlungen

Colin Morris, The Discovery of the Individual, 1050–1200. New York 1972.

Walter Ullmann, Individuum und Gesellschaft im Mittelalter. Göttingen 1974.

Aaron J. Gurjewitsch, Das Individuum im europäischen Mittelalter. München 1994.

Individuum und Individualität im Mittelalter. Hgg. Jan A. Aertsen, Andreas Speer (Miscellanea Mediaevalia 24). Berlin-New York 1996.

Identitäten. Hgg. Aleida Assmann, Heidrun Friese (Erinnerung, Geschichte, Identität 3). Frankfurt a.M. 1998.

Lutz Niethammer, Kollektive Identität. Heimliche Quellen einer unheimlichen Konjunktur. Reinbeck bei Hamburg 2000.

Jürgen Straub, Identität. In: Handbuch der Kulturwissenschaften. Bd. 1: Grundlagen und Schlüsselbegriffe. Hgg. Friedrich Jaeger, Burkhard Liebsch. Stuttgart-Weimar 2004, S. 277–303.

Jacques Le Goff, Nicolas Truong, Die Geschichte des Körpers im Mittelalter. Stuttgart 2007.

10 Adliges Leben

Mit der Abschaffung der Monarchien in weiten Teilen Europas und dem Zerfall der Großreiche ging vorerst auch das Interesse am Adel zu Ende. In Österreich wurde als wohl extremste Maßnahme 1919 die Führung von Adelsbezeichnungen, Titeln und Würden sogar untersagt. Träger des Staatsgedankens war nun nicht mehr die Dynastie, sondern die Nation. Damit standen Volk und Bürger im Zentrum der Politik, was den Blick der Geschichtswissenschaft zunehmend auf diese Bereiche warf. Für die Mittelalterforschung waren in diesem Kontext das Werden und möglichst lange Bestehen der Nation sowie die Stadt und ihr Funktionieren als Inbegriff des Bürgertums von größerem Interesse. Adelsforschung galt hingegen für längere Abschnitte des 20. Jahrhunderts als antiquiert. Dies trifft besonders auf die kommunistischen Länder zu, die den Feudalherren – oft als fremde Landherren betrachtet – besonders kritisch gegenüberstanden. Natürlich wurde die Beschäftigung mit dem Adel im regionalen Kontext weitergeführt, im akademischen Bereich aber wurden zuerst mit Volk und dann mit Gesellschaft andere Kräfte in der historischen Entwicklung am Werk gesehen. Die Beschäftigung mit dem Adel hingegen führt zurück in das Ständewesen, das als überwunden galt. Einzig das Thema Herrschaft an sich blieb im Mittelpunkt der Betrachtungen. Zwar machte der Adel im Mittelalter im Verhältnis zu den anderen Bevölkerungsgruppen nur eine Minderheit aus, jedoch decken die Quellen fast nur sein Agieren ab. So wird die Erforschung der mittelalterlichen Geschichte unweigerlich zu einer Beschäftigung mit dem Adel. Er dominiert alle kirchlich und weltlich relevanten Positionen, denn diese bleiben den Unfreien verwehrt.

Ein immer noch ungelöstes Problem ist die Frage nach dem Ursprung des Adels, vieles hängt von der Definition und damit vom Zugang ab. Für das Frühmittelalter wird in der Forschung meist nur Volk und Königtum erkannt, ab der karolingischen Zeit lässt sich eine Oberschicht bestimmen, die selbst zu herrschen beginnt. »Der Adel erschien als Usurpator (im Hinblick auf den König) und Unterdrücker (im Hinblick auf die Masse der Bevölkerung, die ihre Freiheit verlor).«[1] Eine wichtige Erkenntnis der letzten Jahrzehnte war, dass die vielfältigen und meist sehr speziellen Untersuchungen keine allgemeingültigen Ergebnisse brachten.

> »Die Adelsforschung hat aus diesen Schwierigkeiten eine Konsequenz gezogen, die nicht unbedingt zufriedenstellen kann: Angesichts der Problematik gesamtgesellschaftlicher Analysen verlor man das Interesse an sozialwissenschaftlichen Fragestellungen und wandte sich der Kulturgeschichte zu.«[2]

Damit wird Adel zu einem Phänomen der Vormoderne. Auch wenn der Adel auf Kontinuität aufbaut, sterben die Familien oft schon im Mittelalter aus. Vielfach liegen zwischen Hochblüte mit einer scheinbar gesicherten Existenz und dem Ende nur wenige Generationen. »Nur eine ganz geringe Anzahl heute noch bestehender Adelsgeschlechter kann auf ein höheres Alter und damit auf eine längere Ahnenreihe zurückblicken.«[3]

Walter Demel schlägt bei der epochenübergreifenden Befassung mit dem Phänomen Adel zwei Zugänge vor: Adel als Denkform oder Adel als gesellschaftliche Realität. Schon das Wort ›Adel‹ im Sinne von ›edel‹ ist grundlegend für das Selbstverständnis dieser herausragenden Schicht. »Ein Adeliger *tut* nichts, er *ist* etwas.«[4] Ziel des Adels war Standeserhaltung bzw. Standeserhöhung. Dies soll der nächsten Familiengeneration weitergegeben werden, Tugenden wurden sogar als vererbbar gedacht. »Adel beruht gewissermaßen auf der Überzeugung von der Vererbung

1 Werner Hechberger, Adel, Ministerialität und Rittertum im Mittelalter (Enzyklopädie deutscher Geschichte 72). München 2004, S. 58.

2 Werner Hechberger, Adel im fränkisch-deutschen Mittelalter. Zur Anatomie eines Forschungsproblems (Mittelalter-Forschungen 17). Ostfildern 2005, S. 563.

3 Lutz Fenske, Probleme der gegenwärtigen Adelsforschung. In: Mittelalterforschung (Forschung und Information 29). Berlin 1981, S. 93–103, hier S. 95.

4 Walter Demel, Der europäische Adel. Vom Mittelalter bis zur Gegenwart. München [2]2011, S. 9.

einmal erworbener Eigenschaften.«[5] Zentral ist dabei nach einer These Karl Schmids das Geblüt als »eine dauernd gegebene Potenz.« Sie ist der Ausdruck von Qualität schlechthin. Daraus entstand »die Überzeugung, kraft Geblüts Macht zu erhalten, kraft edleren Geblüts größere Macht, kraft königlichen Geblüts königliche Macht.«[6] Damit erfüllte der älteste Adel diese Kriterien am ehesten. Im Sinne einer gesellschaftlichen Realität als Schicht lässt sich beim Adel schnell ein Abschließen zur restlichen Gesellschaft feststellen. Geheiratet wurde in der eigenen Gruppe, mit der dann vorwiegend auf gesellschaftlicher Ebene verkehrt wurde. Hier galt ebenfalls die Ahnenreihe als Kriterium.

Bernhard Theil identifiziert drei Themen, welche die neuere Adelsforschung ausmachen: die Verfassungsgeschichte, vor allem im Zusammenspiel mit König- und Kaisertum sowie der Kirche, als zweites adlige Herrschaft »als Herrschaft schlechthin« und schließlich Adelskultur und -mentalität.[7] Adel als Teil der Verfassungsgeschichte geht auf eine lange Tradition zurück. Schon mittelalterliche Gelehrte hatten sich Gedanken über die ständische Verfasstheit der Gesellschaft gemacht und gliederten sie nicht mehr nur in Freie und Unfreie, sondern in *bellatores*, *oratores* und *laboratores* – also Kämpfende, Betende und Arbeitende.[8] Ab dem 15. Jahrhundert war die ständische Vertretung an Land- und Reichstagen ein brisantes politisches Thema. Allerdings endete dieser frühe Parlamentarismus schnell, der Adel als Stand existierte weiter und bekleidete bis ins frühe 20. Jahrhundert hohe Funktionen. Epochenübergreifend können vier normative Bereiche des Adels ausgemacht werden: »1. das Geschlecht; 2. die Herrschaft über Land und Leute; 3. die Teilhabe an der zentralen Herrschaft; 4. Adel und Kir-

5 Otto Gerhard Oexle, Aspekte der Geschichte des Adels im Mittelalter und in der Frühen Neuzeit. In: Europäischer Adel 1750–1950. Hg. Hans-Ulrich Wehler (Geschichte und Gesellschaft Sonderheft 13). Göttingen 1990, S. 19–56, hier S. 22.

6 Karl Schmid, Geblüt – Herrschaft – Geschlechterbewußtsein. Grundfragen zum Verständnis des Adels im Mittelalter (Vorträge und Forschungen 44). Sigmaringen 1998, S. 18.

7 Bernhard Theil, Methodische Fragen zur neueren Adelsforschung. In: Zeitschrift für Württembergische Landesgeschichte 60 (2001), S. 77–88, hier S. 78.

8 Georges Duby, Die drei Ordnungen. Das Weltbild des Feudalismus. Frankfurt a. M. 1981.

che.«[9] Insgesamt lassen sich adlige Herrschaft und mittelalterliche Verfassungsrealität kaum in eine Systematik bringen, zu unterschiedlich sind die Grundbedingungen und Entwicklungen. Die zentrale Terminologie zur Erklärung der Adelsherrschaft stammt aus den letzten Jahrzehnten des Alten Reiches, in denen der fürstliche Absolutismus bereits weit fortgeschritten war. Rechtsgelehrte definierten in diesem Kontext gerne Rechte des Landesfürsten gegenüber dem Adel, nachdem die Juristen auf eine jahrhundertelange Herrschaftskonzentration und Herrschaftsdurchdringung zurückblicken konnten. Zentrale mittelalterliche Begriffe wie Gerichtsbarkeit, Vogtei und Regalien verloren an Bedeutung, stattdessen wurde nun eine Landeshoheit formuliert. So konnte der württembergische Staatsrechtler Johann Jacob Moser im 18. Jahrhundert die Situation auf den Punkt bringen, dass »alles, was sich in dem Land befindet, auch der Landeshoheit unterworffen ist«[10]. Es dauerte nicht mehr lange, bis der moderne Souveränitätsbegriff mit der Landeshoheit gleichgesetzt wurde. So wurde der Vasall zum Untertanen und der Landesherr zum Eigentümer des Landes. Demgegenüber gilt aber für das Mittelalter: »Fürstliche Herrschaft ist die Wahrnehmung einzelner Herrschaftsrechte.«[11] Ein Territorium wurde meist nicht vollständig beherrscht, vielmehr zeigte es sich arg zersplittert.

Was das mittelalterliche Reich eigentlich zusammenhielt, war das Lehensverhältnis zwischen König bzw. Kaiser und Adel. In diesem Sinne war der Hof »ein Gebilde, das in erster Linie auf persönliche Beziehungen von Amtsträgern zum Herrn aufbaut.«[12] Eine abstrakte staatliche Herrschaft war unbekannt: »Das Land war immer das Sekun-

9 Gerhard Dilcher, Der alteuropäische Adel – ein verfassungsgeschichtlicher Typus? In: Europäischer Adel 1750–1950. Hg. Hans-Ulrich Wehler (Geschichte und Gesellschaft Sonderheft 13). Göttingen 1990, S. 57–86, hier S. 59.

10 Johann Jacob Moser, Von der Landeshoheit derer teutschen Reichsstände überhaupt. Frankfurt a. M.-Leipzig 1773, S. 71.

11 Ernst Schubert, Fürstliche Herrschaft und Territorium im späten Mittelalter (Enzyklopädie deutscher Geschichte 35). München 1996, S. 5.

12 Peter Moraw, Wesenszüge der ›Regierung‹ und ›Verwaltung‹ des deutschen Königs im Reich (ca. 1350–1450). In: Histoire comparée de l'administration (IVe–XVIIIe siècles). Actes du XIVe colloque historique franco-allemand de l'Institut Historique Allemand de Paris. Hgg. Werner Paravicini, Karl Ferdinand Werner (Beihefte der Francia 9). Zürich-München 1980, S. 149–167, hier S. 152.

däre.«[13] Erst die Adelsherrschaft führte hin zur Entstehung der Landesherrschaft. »Es gab kein voll entwickeltes Territorium ohne Herr und Hof; bei Territorialkomplexen brachten die Abwesenheit von Herrn und Hof in den Nebenländern und damit die Notwendigkeit indirekter Herrschaft schwerwiegende Folgen mit sich.«[14] Trotzdem wurden diese Herrschaften meist nicht mit anderen zusammengelegt, weil sie eigene Rechtstitel waren, die nicht ohne Verluste aufgehoben werden konnten. Diese besonderen Rechtstitel trugen auch wesentlich zur Adelskultur bei. Erst die rechtliche Abgehobenheit und Differenziertheit führte zur charakteristischen adelig-höfischen Kultur. Mit diesem individuellen Ausdruck des Elitären wurde das Anderssein noch einmal unterstützt.

Die höfische Kultur als spezifisch adelige Lebensweise wirkt in vielfältigen Formen bis heute nach. Prinzipiell war die höfische Kultur des Mittelalters von hoher Mobilität geprägt. Die vorherrschende Theorie geht von einem Entstehen in Frankreich im 11. und 12. Jahrhundert aus. Dort begann eine religiöse Reformbewegung, dort befanden sich die berühmtesten Schulen Europas, dort nahm der Kreuzzugsgedanke seinen Anfang. Über die Handelswege kam dieses vielfältige Wissen in die deutschen Lande. »Der Zusammenhang zwischen dem Wirtschaftsverkehr und der Verbreitung der höfischen Kultur wird besonders deutlich, wenn man die Wege des sprachlichen Einflusses verfolgt.«[15] Im 12. Jahrhundert hatte der Adel intensive Kontakte nach Frankreich und übernahm in der Folge von dort zahlreiche Gepflogenheiten bis hin zur höfischen Literatur. Der amerikanische Mediävist Charles Stephen Jaeger brachte dagegen nach Forschungen in Deutschland die Überlegung

13 Peter Moraw, Neue Ergebnisse der deutschen Verfassungsgeschichte des späten Mittelalters. In: Über König und Reich. Aufsätze zur deutschen Verfassungsgeschichte des späten Mittelalters. Hg. Rainer Christoph Schwinges. Sigmaringen 1995, S. 47–71, hier S. 60.

14 Peter Moraw, Zu Stand und Perspektiven der Ständeforschung im spätmittelalterlichen Reich. In: Die Anfänge der ständischen Vertretung in Preußen und seinen Nachbarländern. Hg. Hartmut Bookmann (Schriften des Historischen Kollegs Kolloquien 16). München 1992, S. 1–33, hier S. 9.

15 Joachim Bumke, Höfische Kultur. Literatur und Gesellschaft im hohen Mittelalter. Bd. 1. München 1986, S. 91.

auf, die höfische Kultur sei vom Osten – also Deutschland – nach Westen vorgedrungen und schon Mitte des 10. Jahrhunderts aufgekommen. Zugleich sei sie im Umfeld von gebildeten Klerikern entstanden. Daher sei es notwendig, Schriften, »die das Erziehungsideal des römischen Staatsmanns formuliert haben, in die Diskussion um die mittelalterliche Hofgesellschaft miteinzubeziehen.«[16]

Zentral dabei ist der von Cicero übernommene Begriff *decorum* für Schicklichkeit bzw. Angemessenheit »im Sinne von Schönheit, Anmut, Würde, Stimmigkeit im Zusammenspiel der Einzelteile.«[17] Bei Charles Stephen Jaeger ist der ottonische Bischof die Schnittstelle zwischen diesem antiken Wissen und dem weltlichen Hof. Daraus entwickelte sich »ein Ethos vom Staatsdienst, das nicht auf konventionelle Vorstellungen vom Episkopat beruhte, sondern aus der Erziehung und den Wertvorstellungen der Gestalt des *episcopus curialis* erwuchs.«[18] Dieser adelige Kleriker verfügte über Schönheit, Bildung und vor allem über eine *elegantia morum* genannte feine Lebensart, die ihn nicht nur zu einem ausgezeichneten, sondern vor allem beispielhaften Menschen machten, der mit vielerlei Tugenden ausgestattet war. Diese Ideale wurden dann zum Vorbild für die weltliche höfische Gesellschaft. Dahinter stand schlussendlich nichts anderes als der Wunsch, beliebt zu sein.

> »Den mittelalterlichen Belegen zufolge wurde diese hohe Auszeichnung – von allen geliebt zu werden – zunächst nur laikalen wie klerikalen Fürsten zuerkannt, hat dann aber auch weitere Kreise erfaßt, so daß vom 12. bis ins 17. Jahrhundert für fast alle Personen der Ober- und Mittelschichten als Ziel ihres Handelns ausgegeben werden konnte: von allen geliebt zu werden.«[19]

Damit beschreibt das meist stark aufgeladene Konzept der *curialitas* im Sinne einer speziellen *Höflichkeit* nichts anderes als die Erfüllung eines sozial erwünschten Verhaltens. Dieses Verhalten hat sich in der Folge

---

16 C. Stephen Jaeger, Die Entstehung höfischer Kultur. Vom höfischen Bischof zum höfischen Ritter (Philologische Studien und Quellen 167). Berlin 2001, S. 16.

17 Michael Thimann, Decorum. In: Metzler Lexikon Kunstwissenschaft. Ideen, Methoden, Begriffe. Hg. Ulrich Pfisterer. Berlin ^{2}2019, S. 84–87, hier S. 85.

18 Jaeger, Entstehung höfischer Kultur, S. 53.

19 Rüdiger Schnell, Die höfische Kultur des Mittelalters zwischen Ekel und Ästhetik. In: Frühmittelalterliche Studien 39 (2005), S. 1–100, hier S. 32.

auf das gesamte Benehmen und die Lebensführung ausgeweitet, womit die spezifisch höfische Kultur entstand.

Mit der höfischen Dame bildete sich im Hochmittelalter ein Frauenbild, das bis in die jüngste Zeit nachwirkt. Mit der Forcierung des Marienkultes einher ging die charakteristische Würde der höfischen Frau, der nun ein besonderer Dienst von Männern entgegen gebracht werden sollte.[20] Sie stand damit im Mittelpunkt der höfischen Geselligkeit und wurde umworben. »Der Liebende tritt der Geliebten gegenüber wie der Vasall seinem Lehensherrn.«[21] Dabei wird durchaus an eine Analogie zum Rechtsakt der Huldigung zu denken sein, erst dadurch wird die Frau zur höfischen Dame. »Von den Dichtern als Inbegriff der Schönheit und moralischen Vollkommenheit gepriesen, übte die höfische Frau eine erzieherische Wirkung auf ihre gesellschaftliche Umgebung aus und vermittelte den Männern neue Wertvorstellungen.«[22]

Der mittelhochdeutsche Begriff der *höveschheit* beschreibt meist auch den Umgang der Geschlechter miteinander. Dem steht insbesondere die bäuerliche Welt gegenüber.

> »Der Gegensatz *hövesch – dörperlich* zielt nicht in erster Linie auf den Standesunterschied zwischen Adel und Bauern, sondern ist ein Ausdruck eines Überlegenheitsanspruchs der höfischen Gesellschaft, der sich auf die Beherrschung der höfischen Umgangsformen beruft.«[23]

Das bezieht sich vor allem auf die Erwartungshaltung der Geistlichkeit. »Die ›höfischen‹ Dichter versuchten gerade die von theologischer Seite aus kritisierten Merkmale sexueller Liebe (Unbeständigkeit, bloße Befriedigung des Sexualtriebs, Genuß) aus ihrer Liebeskonzeption auszu-

20 Karl Ferdinand Werner, Naissance de la noblesse. L'essor des élites politiques en Europe. Paris 1998, S. 508.

21 Josef Fleckenstein, Rittertum und höfische Kultur. Entstehung – Bedeutung – Nachwirkung. In: Josef Fleckenstein, Ordnungen und formende Kräfte des Mittelalters. Ausgewählte Beiträge. Göttingen 1989, S. 420–436, hier S. 431.

22 Werner Rösener, Die höfische Frau im Hochmittelalter. In: Curialitas. Studien zu Grundfragen der höfisch-ritterlichen Kultur. Hg. Josef Fleckenstein (Veröffentlichungen des Max-Planck-Instituts für Geschichte 100). Göttingen 1990, S. 170–230, hier S. 225.

23 Joachim Bumke, Höfische Kultur. Versuch einer kritischen Bestandsaufnahme. In: Beiträge zur Geschichte der deutschen Sprache und Literatur 114 (1992), S. 414–492, hier S. 431 f.

schließen.«[24] Ein anderes Ideal bestand darin, in allen Dingen einen Mittelweg zwischen den Extremen zu wählen. Das führte schließlich zu einer Angleichung des Verhaltens von Mann und Frau: »Man könnte von einer Feminisierung oder Androgynisierung der höfischen Leitnorm sprechen.«[25] Die Nivellierung der Geschlechterrollen zum Beispiel in Zusammenhang mit Haartracht oder Kleidung rief Kritik der Geistlichkeit hervor – sie wurde als Sünde dargestellt. In diesem Kontext entstand am Hof der Diskurs über die höfische Liebe. Hier wurde das Weibliche zum Inbegriff der Schönheit und zum wesentlichen Unterscheidungsmerkmal.

Im höfischen Bereich war ebenfalls Platz für Homosexualität, die im Mittelalter als Sodomie – abgeleitet vom alttestamentarischen Sodom als Inbegriff der sündigen Stadt – bezeichnet wurde. Die überlieferte Literatur ist geradezu erstaunlich reichhaltig.[26] Homosexualität wurde im Mittelalter scharf verurteilt und mitunter zum Rufmord eingesetzt, ist aber vor allem bei Minnesängern mit Bezug zu Österreich ein Thema.[27] »Lesbische Liebe scheint in deutschsprachigen fiktionalen Texten überhaupt nicht auf.«[28] Interessant zu beobachten ist, dass zwar die Handlung, nicht aber – wie im 19. und 20. Jahrhundert – die Person selbst verdammt wird. Zu berücksichtigen ist selbstverständlich der Handlungszusammenhang. So kann ein Kuss unter Männern vielfältig interpretiert werden und ist nicht gleich der Sphäre des Sexuellen zuzuordnen. Er galt als Zeichen eines Vertragsabschlusses, als Autoritäts- und Machtgefälle oder als Ausdruck simpler Rangordnung wie beim Fußkuss. Er konnte allerdings ebenso Liebe, Versöhnung oder sogar Verrat

---

24 Rüdiger Schnell, Causa amoris. Liebeskonzeption und Liebesdarstellung in der mittelalterlichen Literatur (Bibliotheca Germanica 27). Bern-München 1985, S. 183 f.

25 Schnell, Die höfische Kultur, S. 86.

26 John Boswell, Christianity, Social Tolerance, and Homosexuality. Gay People in Western Europe from the Beginning of the Christian Era to the Fourteenth Century. Chicago-London 1980, S. 209.

27 Thomas Bein, Orpheus als Sodomit. Beobachtungen zu einer mhd. Sangspruchstrophe mit (literar)historischen Exkursen zur Homosexualität im hohen Mittelalter. In: Zeitschrift für deutsche Philologie 109 (1990), S. 33–55.

28 Brigitte Spreitzer, Die stumme Sünde. Homosexualität im Mittelalter (Göppinger Arbeiten zur Germanistik 498). Göppingen 1988, S. 106.

bedeuten. Der Bruderkuss sollte im geistlichen genauso wie im weltlichen Bereich Gemeinschaft stiften. »Im Kuß gewannen soziale Beziehungen, herrschaftliche Abhängigkeiten und kollektive Solidaritäten sinnlich anschaulichen Charakter.«[29] Die Ablehnung eines Kusses drückte umgekehrt Dissonanz aus.

Prinzipiell ist die Ausübung der Sexualität im Mittelalter vielen Restriktionen ausgesetzt. Das ging so weit, »daß das die mittelalterliche Mentalität grundsätzlich prägende Verständnis von Sexualität ein dezidiert negatives, schulderzeugendes war, da sie ja ihrer Entstehung nach als Folge der Erbsünde galt und ihr Ziel wiederum sündhafte Gedanken und Handlungen waren.«[30] Weit verbreitet – weil von Aristoteles vertreten – war die sogenannte Einsamenlehre, die besagt, dass das Kind im Manne sei und erst im Zuge einer Empfängnis an die Frau übergeben wird, die es dann bis zur Geburt austrägt.[31] Demnach war sogar im Rahmen des heterosexuellen Geschlechtsverkehrs alles widernatürlich, was nicht zur Schwangerschaft führt. Die Ehe wurde somit zu einer Zweckgemeinschaft, die für legitime Nachkommen zu sorgen hatte. So ist es nicht verwunderlich, dass gerade im Bereich der Sexualität permanent zahlreiche *Sünden* begangen worden sind. Vom im Alten Testament erwähnten Onan, der seinen Samen vergeudete, stammt der im Mittelalter gebräuchliche Begriff für Selbstbefriedigung. Onanieren wurde als Sünde gewertet. Die Einsamenlehre führte dazu, dass vor allem Männer in Bezug auf die Ausübung ihrer Sexualität verfolgt wurden, während umgekehrt Frauen eine Sexualität lange sogar abgesprochen wurde. Diese Einstellungen wirkten noch weit über das Mittelalter hinaus – in puritanisch geprägten Gesellschaften sogar bis heute. Das zeigt

29 Klaus Schreiner, »Er küsse mich mit dem Kuß seins Mundes« (*Osculetur me osculo oris sui*, Cant 1,1). Metaphorik, kommunikative und herrschaftliche Funktion einer symbolischen Handlung. In: Höfische Repräsentation. Das Zeremoniell und die Zeichen. Hgg. Hedda Ragotzky, Horst Wenzel. Tübingen 1990, S. 98–132, hier S. 129.

30 Peter Dinzelbacher, Sexualität/Liebe. Mittelalter. In: Europäische Mentalitätsgeschichte. Hauptthemen in Einzeldarstellungen. Hg. Peter Dinzelbacher. Stuttgart [2]2008, S. 80–101, hier S. 84.

31 Gundolf Keil, Zeugung. II. Medizinisch. In: Lexikon des Mittelalters 9 (1998), Sp. 592–594.

auf, dass Einstellungen zur Sexualität relativ sind, Liebe und Sexualität müssen gar nicht zusammenfallen. Parallel gibt es für Zuneigung noch das Konzept der Freundschaft. Die Begriffe homosexuell, schwul und lesbisch kommen erst ab Ende des 19. Jahrhunderts auf. Gerade das 19. und frühe 20. Jahrhundert brachten zudem eine Stigmatisierung der Person. Wer sich in dieser Zeit sogar auf wissenschaftlicher Ebene mit dem Thema beschäftigte, geriet schnell in Verdacht, selbst homosexuell zu sein.

> »Innerhalb der Geschichtswissenschaft wurde das Thema ›Homosexualität und Hof‹ geradezu tabuisiert, obgleich die Quellen eine andere Sprache sprechen und ein Hof ohne die Figur des homosexuellen Höflings, mithin auch des homosexuellen Monarchen, kaum denkbar erscheint.«[32]

Eine zentrale Erkenntnis bezieht sich auf das Reproduktionsverhalten des Adels im Rahmen der Familienplanung. Karl-Heinz Spieß erstellte dazu eine »auf die Sektoren Familie und Verwandtschaft konzentrierte Analyse der sozialen Verhaltensweisen im nichtfürstlichen Hochadel,« welche »die familialen und dynastischen Voraussetzungen und Bedingungen gräflicher und freiherrlicher Politik aufzudecken versucht und gleichzeitig das Einwirken politischer Faktoren im sozialen Bereich schildern möchte.«[33] Die Ergebnisse der Untersuchung prägten die weiteren Forschungen zum Adel stark. So konnte Karl-Heinz Spieß feststellen, dass die Primogenitur, das Vorrecht des Erstgeborenen in der Erbfolge, vor allem von Brautvätern eingefordert wurde, endogame Heiratsstrategien verfolgt wurden und viele Heiratsvermittler am Werk waren, die durchaus ihre eigenen Interessen verfolgten. Des Weiteren konnte er die finanziellen Verpflichtungen im Zuge der Eheschließung – im Sinne einer Witwenrente – neu bewerten. Diese Ehestrategien führten zu einer enormen Versorgungsverpflichtung des Familienoberhauptes, was wie-

32 Nomran Domeiner, Christian Mühling, Einleitung: Hof und Homosexualität als geschichtswissenschaftliches Desiderat. In: Homosexualität am Hof. Praktiken und Diskurse vom Mittelalter bis heute. Hgg. Norman Domeier, Christian Mühling (Geschichte und Geschlechter 74). Frankfurt a. M.-New York 2020, S. 9–21, hier S. 10.

33 Karl-Heinz Spieß, Familie und Verwandtschaft im deutschen Hochadel des Spätmittelalters. 13. bis Anfang des 16. Jahrhunderts (Vierteljahrschrift für Sozial- und Wirtschaftsgeschichte Beiheft 111). Stuttgart 1993, S. 8.

derum den Erwerb finanzstarker Territorien förderte.[34] Schon zuvor wurde festgestellt, dass es in Zusammenhang mit adligen Ehen eine starke soziale Kontrolle gab, es handelte sich um »Integrationseinheiten, die auf persönlichen Beziehungen von Menschen, auf Verwandtschafts-, Nachbarschafts-, Patronats- und Abhängigkeitsbeziehungen, beruhen.«[35] Ehen sind also als Zweckgemeinschaften zu werten, über die die jeweiligen Familien bestimmten.

Was den Hof ausmacht, musste im Rahmen der höfischen Erziehung erst erlernt werden. Während den Mädchen mitunter das Lesen und Schreiben, besonders aber Gottesfürchtigkeit und Handarbeit beigebracht wurde, lernten die Jungen vor allem den Umgang mit Waffen. Die männlichen Nachkommen wurden zu diesem Zweck oft an fremde Höfe geschickt.

> »An welchen Hof man Söhne zur Ausbildung schicken konnte, hing wohl ebenso von der sozialen Stellung und dem Rang der eigenen Familie wie auch von ihren Lehnsbeziehungen ab. Auf jeden Fall aber galt es als erstrebenswert und standesgemäß, wenn eine solche Erziehung an einem Adelshof erfolgte, der dem eigenen gesellschaftlichen Standard rangmäßig überlegen war.«[36]

Während von der konkreten Erziehung in Quellen wenig überliefert wurde, ist in der Literatur – vor allem in Fürstenspiegeln – zumindest ein theoretischer Rahmen vorhanden. Am Ende des Dienstes wurde der adlige Knappe schließlich zum Ritter erhoben, womit »die Schwertleite die rechte, den Erwartungen entsprechende Weise, in die adlige Welt einzutreten«, war.[37]

---

34 Ebd., S. 532–542.

35 Michael Schröter, »Wo zwei zusammenkommen in rechter Ehe …« Sozio- und psychogenetische Studien über Eheschließungsvorgänge vom 12. bis 15. Jahrhundert. Frankfurt a. M. 1985, S. 379.

36 Lutz Fenske, Der Knappe: Erziehung und Funktion. In: Curialitas. Studien zu Grundfragen der höfisch-ritterlichen Kultur. Hg. Josef Fleckenstein (Veröffentlichungen des Max-Planck-Instituts für Geschichte 100). Göttingen 1990, S. 55–127, hier S. 73.

37 Elsbeth Orth, Formen und Funktionen der höfischen Rittererhebung. In: Curialitas. Studien zu Grundfragen der höfisch-ritterlichen Kultur. Hg. Josef Fleckenstein (Veröffentlichungen des Max-Planck-Instituts für Geschichte 100). Göttingen 1990, S. 128–170, hier S. 157.

Dem idealisierten Bild der höfischen Welt stand rege zeitgenössische Kritik entgegen. Der Hof mag von *curialitas* geprägt gewesen sein, das soziale Umfeld des Hofes wurde mitunter als Zumutung beschrieben. Kritik am Hof handelt »vom Eigennutz, der Schlechtigkeit, der Unersättlichkeit und der Undankbarkeit der Menschen – Negativa, die im Grunde jeder beliebigen gesellschaftlichen Gruppierung hätten angelastet werden können, die aber seit dem 12. Jahrhundert von den Kritikern des Hofes zu einem Hauptzug der höfischen Gesellschaft stilisiert wurden.«[38] Gerade die übertriebene Idealisierung der höfischen Gesellschaft öffnete die Kluft zur wahrgenommenen Realität. Schein und Sein fielen extrem auseinander. Zu beachten ist allerdings, dass die Hofkritik in lateinischer Sprache stark stilisiert erscheint. Die gebildeten Kleriker hatten Kloster und hohe Schule vor Augen, so dass die Zustände am Hof zu einem Gegenbild wurden. »Die mittelalterliche Hofkritik entsprang dem Bemühen, höfisches Leben als Lebensform zu charakterisieren, die selbstbestimmtes, sittlich integres Verhalten erschwerte und behinderte, mitunter gerade ausschloss.«[39] Demgegenüber konnte »die volkssprachliche Hofkritik den Glauben an die moralische Qualität des Hofes (in der Vergangenheit) oder an die moralische Besserung des Hofes (in der Zukunft) vertreten.«[40] Auch sonst erscheint die Realität des Hofes in Quellen geradezu ernüchternd. So wird der Hof Kaiser Friedrichs III. in Graz bei der Beschreibung durch den Humanisten Andreas Schenk fast zur Karikatur eines Kaiserhofes.[41]

38 Thomas Szabó, Der mittelalterliche Hof zwischen Kritik und Idealisierung. In: Curialitas. Studien zu Grundfragen der höfisch-ritterlichen Kultur. Hg. Josef Fleckenstein (Veröffentlichungen des Max-Planck-Instituts für Geschichte 100). Göttingen 1990, S. 350–391, hier S. 379 f.

39 Klaus Schreiner, Ernst Wenzel, Hofkritik im Licht humanistischer Lebens- und Bildungsideale. Enea Silvio Piccolomini *De miseris curialium* (1444), *Über das Elend der Hofleute* und Vlrichi de Hvtten *Equitis Germani Aula Dialogus* (1518), *Aula, eines deutschen Ritters Dialog über den Hof* (Mittellateinische Studien und Texte 44). Leiden-Boston 2012, S. 5.

40 Rüdiger Schnell, Hofliteratur und Hofkritik in Deutschland. Zur funktionalen Differenz von Latein und Volkssprache. In: Deutscher Königshof, Hoftag und Reichstag im späteren Mittelalter. Hg. Peter Moraw (Vorträge und Forschungen 48). Stuttgart 2002, S. 323–355, hier S. 354.

41 Vom Hoflager Kaiser Friedrichs III. in Graz. Zwei Briefe Dr. A. Schencks an Bischof Georg von Chiemsee, Generalvicar von Salzburg. In: Steiermärkische Geschichtsblätter 1 (1880), S. 10–15.

Gerade diese Darstellung aber zeigt, wie der Kaiserhof wahrgenommen wurde: Er war Medium kaiserlicher Selbstdarstellung, höchste Entscheidungs- und Legitimationsinstanz, ein Sozialverband und schließlich ein Kommunikations- und Nachrichtenzentrum.[42]

Als ein zentrales modernes Forschungsgebiet im Bereich des mittelalterlichen Adels hat sich das Thema Repräsentation erwiesen. Es geht dabei um die spezifischen Lebensformen, die zur Kultur- und Mentalitätsgeschichte überleiten.

> »Repräsentatives Herrschaftshandeln ist Voraussetzung von öffentlichem Ansehen (*êre*), verlangt die sinnlich erfahrbare Darstellung von sozialem Rang, von tatsächlichen oder auch angemaßten Rechtspositionen, die unter den unbürokratischen Bedingungen des mittelalterlichen Personenverbandstaates nicht ausreichend gesichert sind und sich deshalb in der öffentlichen Demonstration als ›wahr‹ erweisen müssen.«[43]

Um dieses repräsentative Handeln zu verstehen, drängt sich ein Vergleich auf: »Höfisches entspricht Festlichem.«[44] Damit ist vor allem gemeint, dass hoher materieller Wert und Exklusives in großer Anzahl verfügbar ist – ein überzeugender Luxus soll den Hof umgeben. Vor allem erscheint ein Phänomen als prägend: Der Adel wollte sich nicht nur vom Nicht-Adel, sondern auch innerhalb seiner eigenen Gruppe abheben, etwas Besonderes sein. Charakteristisch dafür ist nicht nur die Etablierung eines Fürstenstandes, sondern darin noch die Absetzung einer Spitzengruppe – die Kurfürsten.

Ein junges Forschungsthema ist der adlige Wohnraum, vor allem auf der Burg. Lange wurden mittelalterliche Profanbauten in der Kunstgeschichte gering geachtet. Es entstand der »Eindruck, daß der architekto-

42 Karl-Friedrich Krieger, Der Hof Kaiser Friedrichs III. – von außen gesehen. In: Deutscher Königshof, Hoftag und Reichstag im späteren Mittelalter. Hg. Peter Moraw (Vorträge und Forschungen 48). Stuttgart 2002, S. 163–190, hier S. 167.

43 Horst Wenzel, Höfische Repräsentation. Zu den Anfängen der Höflichkeit im Mittelalter. In: Kultur und Alltag. Hg. Hans-Georg Soeffner (Soziale Welt Sonderband 6). Göttingen 1988, S. 105–119, hier S. 107.

44 Gerhard Jaritz, Zur materiellen Kultur des Hofes um 1200. In: Höfische Literatur, Hofgesellschaft, höfische Lebensformen um 1200. Kolloquium am Zentrum für Interdisziplinäre Forschung der Universität Bielefeld (2. bis 5. November 1983). Hgg. Gert Kaiser, Jan-Dirk Müller (Studia Humaniora 6). Düsseldorf 1986, S. 19–38, hier S. 28.

nische Ausdruck mittelalterlicher Kultur und Gesellschaft ausschließlich im Sakralen gefunden werden könnte, daß alle anderen gesellschaftlichen Kräfte nicht zu architektonisch-künstlerischer Selbstdarstellung willens oder fähig gewesen seien.«[45] Bei Burgen kommt noch hinzu, dass sie als Zweckbau und als Wehrbau verstanden wurden und nicht als Repräsentationsbau. Die jüngere Forschung »weist nachdrücklich auf den Mehrzweckcharakter der Burg hin.«[46] So war sie Wohnsitz, Mittelpunkt des Herrschaftskomplexes sowie eines Wirtschaftsbetriebes, der Landwirtschaft genauso wie Handwerk umfasste,[47] und verfügte über eine gewisse Wehrhaftigkeit. Das Fortifikatorische einer Burg ist allerdings zu relativieren: »Wo Burgen Belagerungen widerstanden, waren letztere meist schlecht geführt oder organisiert.«[48] Viele Wehrfunktionen waren wirkungslos und erwiesen sich schlussendlich sogar als Falle. Das trifft insbesondere auf Türme bzw. Bergfriede zu, die im Brandfall schnell einen Kamineffekt entwickeln. Die Schutzfunktion einer Burg ist daher eher psychologischer Art.

Erst die Repräsentation macht den Adel aus, damit erhielt die Adelsburg »eine zutiefst elitäre Architektur und drückte – in ihrem Bezug auf die bescheidene Siedlungsarchitektur der Zeit – höchst wirkungsvoll die *splendid isolation* ihrer Erbauer und Bewohner aus.«[49] Burgen und ihre Bauelemente wie Bergfried und Palas dienten daher eher der Sichtbarkeit in der Umgebung, »nicht aber als Verteidigungsring im Sinne miteinander kommunizierender Festungen und Sperranlagen, wie sie aus der Neuzeit bekannt sind.«[50] Sie stellen bis heute Symbole von

---

45 Thomas Biller, Die Adelsburg in Deutschland. Entstehung, Form und Bedeutung. München 1993, S. 11

46 Werner Meyer, Frühe Adelsburgen zwischen Alpen und Rhein. In: Das ritterliche Turnier im Mittelalter. Beiträge zu einer vergleichenden Formen- und Verhaltensgeschichte des Rittertums. Hg. Josef Fleckenstein (Veröffentlichungen des Max-Planck-Instituts für Geschichte 80). Göttingen 1985, S. 571–587, hier S. 572.

47 Werner Meyer, Landwirtschafts- und Handwerksbetriebe auf mittelalterlichen Burgen in der Schweiz. In: Burg und Schloß als Lebensorte in Mittelalter und Renaissance. Hg. Wilhelm G. Busse (Studia Humaniora 26). Düsseldorf 1995, S. 19–34.

48 Joachim Zeune, Burgen. Symbole der Macht. Ein neues Bild der mittelalterlichen Burg. Regensburg ^{2}1997, S. 41.

49 Biller, Adelsburg in Deutschland, S. 16.

50 G. Ulrich Großmann, Die Welt der Burgen. Geschichte, Architektur, Kultur. München 2013, S. 43.

Macht und Herrschaft dar. Allerdings gibt es viele Typen befestigter Steinbauten, so scheinen manche entlegene Burgbauten eher der Jagd gedient zu haben. Üblich waren regelmäßige Burgerweiterungen. Jede Generation sollte etwas dazu bauen, damit das Alter des Geschlechts anhand der Vielgliedrigkeit der Burg sichtbar wird.

Während das mittelalterliche Reich als eines ohne Hauptstadt gilt, trifft das auf die einzelnen Territorien nur bedingt zu. Prinzipiell war mittelalterliche Herrschaft eine Reiseherrschaft, allerdings kristallisierten sich im Laufe der Zeit zentrale Herrschaftsorte aus. Diese wurden nicht nur mit Vorrechten, sondern vor allem mit Heiligtümern ausgestattet, womit ein aus Tradition sanktionierter Mittelpunkt entstehen sollte.[51] Entscheidend für die Einstufung als Hauptstadt eines Territoriums ist der Thron bzw. der Lehensstuhl, der dort für rechtliche Akte aufgestellt wurde.

> »Sedes bedeutet also nicht Residenz, erst recht nicht Hauptstadt, bedeutet nicht, daß der Herrscher in Aachen wohnt und von dort aus regiert, daß dort ein beständiger höfischer oder bürokratischer Betrieb existiert hätte, sondern daß der König dort, und sei es nur einmal im Leben, gesessen ist, das allerdings war unerlässlich.«[52]

Damit wird der Sitz zum Herrschaftszeichen. Reise- und Residenzherrschaft, die überhaupt erst im Spätmittelalter zunahm, muss kein Gegensatz sein. Noch heute gibt es in Monarchien Sommer- und Wintersitze, weil eine Ortsveränderung erwünscht ist. Entsprechend ist ebenso für das Mittelalter nachzuweisen,

> »[...] daß hohe Adelige zum reinen Lebensgenuß solche Reisen unternommen haben. Es brachte keine Schwierigkeiten mit sich, wenn bei solcher Gelegenheit die gesamte Kücheneinrichtung, Kleidertruhen, Betten, selbst kostbare Bücher verladen und einige Meilen entfernt die ganze Fahrhabe auf einem an-

---

51 Erich Meuthen, Karl der Große – Barbarossa – Aachen. Zur Interpretation des Karlsprivilegs für Aachen. In: Karl der Große. Lebenswerk und Nachleben. Bd. 4: Das Nachleben. Hgg. Wolfgang Braunfels, Percy Ernst Schramm. Düsseldorf [2]1967, S. 54–76, hier S. 62.

52 Edith Ennen, Funktions- und Bedeutungswandel der ›Hauptstadt‹ vom Mittelalter zur Moderne. In: Hauptstädte in europäischen Nationalstaaten. Hgg. Theodor Schieder, Gerhard Brunn (Studien zur Geschichte des neunzehnten Jahrhunderts 12). München-Wien 1983, S. 153–163, hier S. 156.

deren Schloß in schöner Umgebung wieder ausgepackt und aufgestellt wurde.«[53]

Allerdings ist nicht jeder Aufenthaltsort gleich eine Residenz. Sie »läßt sich erst angemessen bewerten, wenn man sich klarmacht, welche Mittelpunktsfunktionen sie im einzelnen ausübt und welche unter Umständen anderswo wahrgenommen werden. Überhaupt darf man sich die Entwicklung zur Hauptstadt hin nicht zu geradlinig vorstellen.«[54] In diesem Sinne werden die zukünftigen Forschungsergebnisse auch nicht zu einer allgemeinen Theorie führen, sondern nur spezielle Entwicklungen feststellen können.

Adel und Rittertum waren engstens miteinander verbunden. Der europäische Adel ist eine andere Art von Oberschicht, als sie in vergleichbaren Kulturen zu finden ist. »Sie zeichnet sich dadurch aus, daß sie nicht nur höfisch ist, sondern auch ritterlich.«[55] Das Rittertum als europäisches Spezifikum hat »im Rahmen des Feudalismus zu seiner eigenen Gestalt gefunden und sich in ihm entfaltet.«[56] Zusätzlich noch wurde es vom Papsttum zu einem geistlich-spirituellen Kriegsdienst umgestaltet. Rittertum und Christentum fielen zusammen und drückten noch dazu eine lehensrechtliche Bindung aus.[57] Eine Definition des Begriffs Rittertum ist daher nicht einfach: »›Ritter‹ ist ein vieldeutiger und damit verwirrender Begriff. Es sind zu unterscheiden Amt, Würde, Stand und

53 Hans Patze, Gerhard Streich, Die landesherrlichen Residenzen im spätmittelalterlichen Deutschen Reich. In: Blätter für deutsche Landesgeschichte 118 (1982), S. 205–220, hier S. 210 f.

54 Klaus Neitmann, Was ist eine Residenz? In: Vorträge und Forschungen zur Residenzenfrage. Hg. Peter Johanek (Residenzenforschung 1). Sigmaringen 1990, S. 11–43, hier S. 41.

55 Werner Paravicini, Gab es eine einheitliche Adelskultur Europas im späten Mittelalter? In: Europa im späten Mittelalter. Politik – Gesellschaft – Kultur. Hgg. Rainer C. Schwinges u. a. (Historische Zeitschrift Beihefte NF 40). München 2006, S. 401–434, hier S. 402.

56 Josef Fleckenstein, Ritter, -tum, -stand. A. Allgemein und Mitteleuropa. In: Lexikon des Mittelalters 7 (1995), Sp. 865–873, hier Sp. 865.

57 Josef Semmler, Facti sunt milites domni Ildebrandi omnibus … in stuporem. In: Das Ritterbild in Mittelalter und Renaissance. Hg. Forschungsinstitut für Mittelalter und Renaissance (Studia Humaniora 1). Düsseldorf 1985, S. 11–35, hier S. 15 f.

Idee.«[58] Damit wird die ritterlich-höfische Kultur zu einem überaus komplexen Phänomen des Mittelalters. Das Rittertum war das Ergebnis eines großen, lange anhaltenden Verschmelzungsprozesses, in diesem Sinne ist es national und überregional zugleich. »Das Auffällige und Erstaunliche dabei ist, dass die Veränderungen, gleichgültig, wo sie zuerst auftreten, im Allgemeinen die Tendenz zeigen, sich im Gesamtbereich des Rittertums durchzusetzen.«[59] Es ist also ein Phänomen hoher Mobilität bis hin zum Kontakt mit der islamischen Kultur im Süden Europas und im Orient.

Abseits von militärischen Einsätzen wurden Turniere veranstaltet, die als repräsentative höfische Feste inszeniert wurden. Es war einerseits Waffenübung, andererseits der Ort der persönlichen Bewährung. Unterschiede innerhalb des Adels traten zurück, womit dem Turnier eine soziale Funktion zukam. Es entstand eine Gemeinschaft, die »den kleinen Vasallen und unfreien Ministerialen mit den mächtigen Adligen verbindet, der mit ihnen Seite an Seite ficht.«[60] So wurde ein sozialer Ausgleich hergestellt. »Außer armen Rittern, die als nachgeborene Söhne kein Erbgut oder nur unzureichende Teile davon zu erwarten haben, besuchen auch viele Ritter in der Lebensspanne zwischen ihrer Schwertleite und der Übernahme ihres väterlichen Erbes die Turniere.«[61] Als das Turnier im 11. Jahrhundert Verbreitung fand, entsprach es als Nachstellung einer Schlacht noch der zeitgenössischen Kampftechnik. Auf die großen Veränderungen danach vermochte es jedoch nicht mehr einzugehen. Zudem geriet die Schlachtdarstellung ins Hintertreffen, das Tjosten als besser beobachtbarer Zweikampf nahm an Popularität zu.

58 Werner Paravicini, Die ritterlich-höfische Kultur des Mittelalters (Enzyklopädie deutscher Geschichte 32). München ^{2}1999, S. 3.

59 Josef Fleckenstein, Rittertum und ritterliche Welt. Berlin 2002, S. 10.

60 Josef Fleckenstein, Nachwort: Ergebnisse und Probleme. In: Das ritterliche Turnier im Mittelalter. Beiträge zu einer vergleichenden Formen- und Verhaltensgeschichte des Rittertums. Hg. Josef Fleckenstein (Veröffentlichungen des Max-Planck-Instituts für Geschichte 80). Göttingen 1985, S. 624–651, hier S. 633.

61 Werner Rösener, Ritterliche Wirtschaftsverhältnisse und Turnier im sozialen Wandel des Hochmittelalters. In: Das ritterliche Turnier im Mittelalter. Beiträge zu einer vergleichenden Formen- und Verhaltensgeschichte des Rittertums. Hg. Josef Fleckenstein (Veröffentlichungen des Max-Planck-Instituts für Geschichte 80). Göttingen 1985, S. 296–338, hier S. 316.

Das Turnier als Veranstaltung wurde mehr und mehr zu einem gesellschaftlichen Ereignis, das im 16. Jahrhundert schließlich schon historischen Charakter hatte.

> »Der Held des Turniers im ausgehenden 16. und beginnenden 17. Jahrhunderts ist der Fürst selbst. Der mächtige Ansporn, durch persönliche Tüchtigkeit Ruhm, Ehre oder die Liebe einer Dame zu gewinnen, hatte sich verloren, denn der Fürst duldete keinen Rivalen, keine Stars auf dem Turnierplatz.«[62]

Lange unbeachtet blieben hingegen Adelsgesellschaften. Hier wurden Schwureinungen nach Regeln und mit Hierarchien gebildet, die wesentlich zum adligen Gruppenbewusstsein beitrugen. Mahl, Gottesdienst, Memoria und Spenden prägten den Alltag dieser Adelsgesellschaften, die dem Prinzip der Brüderlichkeit durch Eid verpflichtet waren. Jede dieser Gemeinschaften hatte einen anderen Zweck, war anders verfasst und drückte das Selbstverständnis ihrer Mitglieder aus, allerdings zeigen die Formen dieses geselligen Lebens stets »die Stilisierung einer herrschaftslegitimierenden Lebenswelt, wie sie sonst nur an den großen Fürstenhöfen mit ihrem im Verhältnis unerschöpflich erscheinenden Ressourcen zu beobachten sind.«[63] Es dürfte kein Zufall sein, dass die meisten dieser Adelsgesellschaften in den im Spätmittelalter bereits zerfallenen Herzogtümern Franken und Schwaben zu finden sind. Insgesamt müssen die Adelsgesellschaften als Ausdruck des gesellschaftlichen Lebens dieser Schicht verstanden werden.

Die Beschäftigung mit dem mittelalterlichen Adel zeigt für die Geschichtswissenschaft auf, dass es einen großen gesellschaftlichen Bereich gibt, der sich nur schwer vereinheitlichen lässt. Einzelstudien zusammenzufassen und eine einheitliche Theorie des Adels zu entwickeln, funktioniert daher nicht. Zu sehr wollten sich schon die mittelalterlichen Familien voneinander unterscheiden. Die Wege des Auf- und Abstiegs von Adelsfamilien sind individuell, genauso verhält es sich mit der Ausprägung von Adel selbst. War die ältere Adelsforschung noch davon bestimmt, dass sie eine Proto-Landesgeschichte betrieb, so sind nun

---

62 Richard Barber, Juliet Barker, Die Geschichte des Turniers. Düsseldorf-Zürich 2001, S. 256.

63 Andreas Ranft, Adelsgesellschaften. Gruppenbildung und Genossenschaft im spätmittelalterlichen Reich (Kieler Historische Studien 38). Sigmaringen 1994, S. 253.

ebenfalls ausgestorbene Familien in den Fokus der Forschung gerückt. Die moderne Adelsforschung hat daher den Kompromiss gefunden, im Rahmen einer Kulturgeschichte das adlige Leben in all seinen Facetten in den Mittelpunkt zu stellen. Mittlerweile wird dieses Modell auch auf die Frühe Neuzeit übertragen. Somit ist es – trotz aller Unterschiede in der Entwicklung der einzelnen Familien – doch wieder möglich, Adel insgesamt zu betrachten und zu allgemeinen Ergebnissen zu kommen.

Leseempfehlungen

Georges Duby, Die drei Ordnungen. Das Weltbild des Feudalismus. Frankfurt a. M. 1981.

Joachim Bumke, Höfische Kultur. Literatur und Gesellschaft im hohen Mittelalter. 2 Bde. München 1986.

Curialitas. Studien zu Grundfragen der höfisch-ritterlichen Kultur. Hg. Josef Fleckenstein (Veröffentlichungen des Max-Planck-Instituts für Geschichte 100). Göttingen 1990.

Joachim Bumke, Höfische Kultur. Versuch einer kritischen Bestandsaufnahme. In: Beiträge zur Geschichte der deutschen Sprache und Literatur 114 (1992), S. 414–492.

Karl-Heinz Spieß, Familie und Verwandtschaft im deutschen Hochadel des Spätmittelalters. 13. bis Anfang des 16. Jahrhunderts (Vierteljahrschrift für Sozial- und Wirtschaftsgeschichte Beiheft 111). Stuttgart 1993.

Thomas Biller, Die Adelsburg in Deutschland. Entstehung, Form und Bedeutung. München 1993.

Joachim Zeune, Burgen. Symbole der Macht. Ein neues Bild der mittelalterlichen Burg. Regensburg 1996.

C. Stephen Jaeger, Die Entstehung höfischer Kultur. Vom höfischen Bischof zum höfischen Ritter (Philologische Studien und Quellen 167). Berlin 2001.

Bernhard Theil, Methodische Fragen zur neueren Adelsforschung. In: Zeitschrift für Württembergische Landesgeschichte 60 (2001), S. 77–88.

Josef Fleckenstein, Rittertum und ritterliche Welt. Berlin 2002.

Werner Hechberger, Adel, Ministerialität und Rittertum im Mittelalter (Enzyklopädie deutscher Geschichte 72). München 2004.

Werner Hechberger, Adel im fränkisch-deutschen Mittelalter. Zur Anatomie eines Forschungsproblems (Mittelalter-Forschungen 17). Ostfildern 2005.

Walter Demel, Der europäische Adel. Vom Mittelalter bis zur Gegenwart. München 2005.

11 Mensch und Umwelt

Die Frage nach dem Umweltbewusstsein des Menschen ist spezifisch für die Postmoderne, trotzdem ist die Mensch-Umwelt-Beziehung an sich durchaus eine historische. Aufbauend auf das Buch Genesis der Bibel, war den Menschen des Mittelalters ihre Position in der Welt klar: Sie sollen fruchtbar sein, sich mehren und sich die Erde untertan machen. Der Nutzung und Gestaltung der Umwelt wurden keine Grenzen gesetzt. Daraus ergibt sich, »daß die Umwelt bis heute als ein weitgehend freies Gut angesehen wird, deren Schonung für den einzelnen Verursacher Kosten bedeutet, jedoch keinen Gewinn verspricht.«[1] Eine mittelalterliche Weltgeschichte beginnt im Normalfall mit dem Schöpfungsakt und der Übertragung der Erde an die Menschheit. Bis ins 19. Jahrhundert war der Raum, der vom Menschen beherrscht wurde, ein wichtiges Element einer historischen Darstellung. Umweltbedingungen, die auf den Verlauf der Geschichte einen Einfluss haben, wurden allerdings im Konzept des Historismus marginalisiert. Bestenfalls der Kampf um Ressourcen fand noch Beachtung. Ein geographischer Rahmen blieb im deutschsprachigen Gebiet hingegen bei landesgeschichtlichen Darstellungen durchaus von Interesse. In diesem Kontext prägt meist der Raum den Menschen und das Sein. Dieser Ansatz wurde im 20. Jahrhundert etwas weniger deterministisch weiter entwickelt: Der Naturraum gibt vor allem wirtschaftliche Möglichkeiten, die der Mensch nutzen kann oder eben nicht.

---

1 Franz-Josef Brüggemeier, Thomas Rommelspacher, Einleitung. In: Besiegte Natur. Geschichte der Umwelt im 19. und 20. Jahrhundert. Hg. Franz-Josef Brüggemeier, Thomas Rommelspacher. München ^{2}1989, S. 6–19, hier S. 14.

Die Mensch-Umwelt-Beziehung ist auf lange Strecken eine des Bezwingens. Die Bändigung der Naturgewalten war eine erhebliche Frage für die Sicherung der menschlichen Existenz. Das änderte sich im 20. Jahrhundert, als der Mensch damit begann, nicht nur aus der Natur herauszufallen, sondern sie als etwas völlig Andersartiges, zum Teil sogar Gegenteiliges wahrzunehmen. Ab den 1970er Jahren wurden erste Umweltthemen wie etwa Umweltverschmutzung, Waldsterben oder Ozonloch öffentlich diskutiert, dazu kamen Ängste wegen des Versiegens der Ressourcen – insbesondere im Rahmen der Ölkrise – und der Grenzen des Wachstums.[2] Die aktuelle Krise wird damit zu einer zentralen Problematik und Argumentationslinie der Umweltbewegung. »Es gehört zu den Paradoxien der Umweltdebatte, dass sie wesentlich aus einem Unbehagen an moderner Naturwissenschaft und Technik entstand, zugleich aber deren Stellenwert deutlich kräftigte.«[3]

Wenige Strömungen hatten solche gewaltigen Auswirkungen wie die Umweltproblematik, immerhin entstand daraus sogar eine eigene politische Bewegung, die sich dauerhaft in Europa etablieren und ihre Themen als Kleinpartei nicht nur propagieren, sondern sogar umsetzen konnte. Gerade dieses Faktum macht es wichtig, dass sich eine Umweltgeschichte nicht in die tagespolitische Diskussion hineinziehen und damit instrumentalisieren lässt – egal von welcher Seite. Wissenschaft muss auf ihre eigene Qualität der Aussagen aufbauen, denn »das Gros der populären Öko-Literatur legt diese Schlußfolgerung nahe: Umweltgeschichte als Geschichte eines Sündenfalls und seiner nicht endenden Folgen.«[4] Meist wird mit dieser Argumentation übersehen, dass sich die Natur auch ohne menschliches Zutun wandelt, Umwelt also immer eine Momentaufnahme darstellt. Mit diesem gängigen Narrativ wird vielmehr Natur konstruiert, ihr sogar ein bewusstes Eigenleben unterstellt. Zahlreiche populäre Darstellungen neigen außerdem dazu, eine Freund-Feind-Lehre zu entwickeln und so gleich die Schuldfrage mit zu klären. Oft wird zudem

2 Die Grenzen des Wachstums. Bericht des Club of Rome zur Lage der Menschheit. Hg. Club of Rome. Stuttgart 1972.

3 Franz-Josef Brüggemeier, Umweltgeschichte – Erfahrungen, Ergebnisse, Erwartungen. In: Archiv für Sozialgeschichte 43 (2003), S. 1–18, hier S. 6 f.

4 Joachim Radkau, Natur und Macht. Eine Weltgeschichte der Umwelt. München 2000, S. 23.

übersehen, dass Umweltzerstörung nicht alleine auf eine kapitalistische Produktionsweise zurückgeht, denn auch die sozialistische Planwirtschaft hat in den ehemals kommunistischen Ländern gewaltige Umweltprobleme hinterlassen. Überdies gehört das zurückprojizieren gegenwärtiger Krisen zum Standardprogramm dieser Literaturgattung.

Die ersten Schriften zur Ökologie – oft genug natur- und technikwissenschaftliche Arbeiten – sind also von unterschiedlicher Qualität. Früh hat die Geschichtswissenschaft festgestellt, »daß der überwiegende Teil dieser ökologisch orientierten Literatur eine ausgesprochene Ahistorizität aufweist.«[5] Meist wurde nur die jüngste Vergangenheit miteinbezogen, dem soll eine historische Betrachtung der Umweltproblematik entgegenwirken. So wurde ab den 1990er Jahren die Umweltgeschichte vermehrt zu einem Thema der Geschichtswissenschaft. In diesem Sinne versucht »die Umweltgeschichte die Erforschung der Wechselwirkungen zwischen Mensch und Natur zu verstehen. Beiden, Mensch und Natur, wird dabei ein eigener Stellenwert zugestanden.«[6] Sie will beitragen zur »Bewältigung der heutigen Umweltkrise(n)« bzw. versuchen, »durch die Arbeit mit dem historischen Material zumindest ›Denkanstöße‹ zu vermitteln.«[7] Konsequent wird das Thema eines nachhaltigen Umgangs mit der Natur anstatt ihrer Ausbeutung angesprochen. Charakteristisch für die Umweltgeschichte ist ebenfalls, dass sie der seit der Aufklärung propagierten historischen Fortschritts- und Wachstumserzählung ein Ende bereitet. So »findet man in frühen umwelthistorischen Arbeiten eher eine Einschätzung des historischen Prozesses als fortschreitende Naturzerstörung, die zunehmend auf Kritik stieß.«[8]

---

5 Ulrich Troitzsch, Historische Umweltforschung: Einleitende Bemerkungen über Forschungsstand und Forschungsaufgaben. In: Technikgeschichte 48 (1981), S. 177–190, hier S. 178.

6 Wolfram Siemann, Nils Freytag, Umwelt – eine geschichtswissenschaftliche Grundkategorie. In: Umweltgeschichte. Themen und Perspektiven. Hgg. Wolfram Siemann, Nils Freytag. München 2003, S. 7–20, hier S. 8.

7 Gerhard Jaritz u. a., Umweltbewältigung. Historische Muster des Umgangs mit der Krise. Einige Diskussionsanregungen zum gleichnamigen internationalen Arbeitsgespräch Krems, 13. und 14. Dezember 1991. In: Medium Aevum Quotidianum 24 (1991), S. 7–19, hier S. 8.

8 Reinhold Reith, Umweltgeschichte der Frühen Neuzeit (Enzyklopädie deutscher Geschichte 89). München 2011, S. 2.

Umweltgeschichte wird gerne als Orientierungswissenschaft definiert, die zu einem verantwortungsvollen Handeln führen sollte. Dabei bedient sie sich einer maßgeblichen Überlegung der Umweltbewegung: global denken und lokal handeln. Die Umweltgeschichte bietet damit »*eine* diskussionswürdige, tragfähige Lösung an, wie sich Mikro- und Makrogeschichte in plausibler Weise verbinden lassen.«[9] Umweltgeschichte hat sich nicht als eigene Disziplin durchgesetzt, weil sie »als interdisziplinäres Unterfangen international zwischen den (Lehr-)Stühlen hängen geblieben ist und die Literatur besonders unübersichtlich ist, weil sie über mehrere Fachöffentlichkeiten verstreut ist.«[10] Das Interesse an Umweltgeschichte ist außerdem vom allgemeinen gesellschaftlichen Diskurs abhängig, es gibt also Konjunkturen ökologischer Themen, wie das in Bezug auf das Klima vielleicht am besten erkennbar ist. Demgegenüber zeigen zahlreiche Schwerpunkthefte fachdidaktischer Zeitschriften, dass Umweltgeschichte im Unterricht durchaus *en vogue* ist. Im Mittelpunkt steht dabei aber selten die Vermittlung historischer Erkenntnis, sondern geschichtliche Beispiele dienen der Umwelterziehung und Umweltbildung. Es scheint »ein deutsches Charakteristikum zu sein, mit der Umweltgeschichte ›didaktische Hoffnungen‹ zu verknüpfen.«[11] Diese erstrecken sich mitunter auch auf entdeckendes Lernen anhand von selbstgewählten Beispielen aus dem persönlichen Umfeld.

Schon 1988 versuchte Ulf Dirlmeier eine Definition:

> »Umweltgeschichte richtig verstanden, ist ein Teil des Bemühens um eine vollständige Rekonstruktion von Daseinsbedingungen und ihren Veränderungen in gegebenen Zeiträumen. Dies freilich nicht als isolierter Selbstzweck, sondern mit dem Fernziel, einmal zu einer Geschichtsdarstellung zu kommen, in der die einzelnen Sektoren von der hohen Politik bis zum Alltag nicht weitgehend zusammenhanglos nebeneinander stehen.«[12]

9 Siemann/Freytag, Umwelt, S. 9.

10 Verena Winiwarter, Martin Knoll, Umweltgeschichte. Köln 2007, S. 15.

11 Siegrid Westphal, Umweltgeschichte: Didaktische Hoffnungen und praktische Erfahrungen – Vorwort. In: Umweltgeschichte. Forschung und Vermittlung in Universität, Museum und Schule. Hgg. Heike Düselder u. a. Köln u. a. 2014, S. 7–10, hier S. 7.

12 Ulf Dirlmeier, Historische Umweltforschung aus der Sicht der mittelalterlichen Geschichte. In: Siedlungsforschung 6 (1988), S. 97–111, hier S. 97 f.

Vielmehr müssten die Wechselbeziehungen stärker beachtet werden. Nicht nur diese, sondern alle frühen Definitionen fordern ob der Komplexität des Gegenstandes ein interdisziplinäres Vorgehen, das Teamarbeit notwendig macht. Für Joachim Radkau ist 1991 das Ziel der Umweltgeschichte

> »[...] die Erforschung der langfristigen Entwicklung der menschlichen Lebens- und Reproduktionsbedingungen. Sie untersucht, wie der Mensch diese Bedingungen selber beeinflußte und auf Störungen reagierte. Dabei gilt ihre spezifische Aufmerksamkeit unbeabsichtigten Langzeitwirkungen menschlichen Handelns, bei denen synergetische Effekte und Kettenreaktionen mit Naturprozessen zum Tragen kommen.«[13]

Darauf aufbauend ergänzte 1992 Arne Andersen, dass »sich die Umweltgeschichte mit dem Mensch-Natur-Verhältnis, der gesellschaftlichen Naturaneignung, beschäftigen« sollte. »Dies schließt Produktions- und Reproduktionsverhältnisse ebenso ein wie deren mentale und kulturelle Verarbeitung.«[14] Für ihn steht also der Mensch im Mittelpunkt und nicht das Klima oder Naturkatastrophen selbst. Diese können aber in ihren »jeweiligen Auswirkungen auf die Menschheit, ihre sozialen und kulturellen Beziehungen«[15] untersucht werden. Ursula Lehmkuhl schließlich brachte noch den Vorschlag ein, »zu analysieren, wie Natur/Umwelt selbst Akteursqualitäten entwickelt und menschliches Verhalten, wie etwa Siedlungsaktivitäten, Landwirtschaft, Städtebau, Erschließung unbekannter Gebiete, historisch beeinflusst hat.«[16] Rolf Peter Sieferle, »der einer evolutionstheoretischen Betrachtungsweise zu-

---

13 Joachim Radkau, Unausdiskutiertes in der Umweltgeschichte. In: Was ist Gesellschaftsgeschichte? Positionen, Themen, Analysen. Hgg. Manfred Hettling u. a. München 1991, S. 44–57, hier S. 45.

14 Arne Andersen, Zum Heft Umweltgeschichte. In: WerkstattGeschichte 3 (1992), S. 5–9, hier S. 6.

15 Arne Andersen, Über das Schreiben von Umweltgeschichte. In: Umweltgeschichte heute: Neue Themen und Ansätze der Geschichtswissenschaft – Beiträge für die Umwelt-Wissenschaft. Hg. Christian Simon (Environmental History Newsletter Special Issue 1). Mannheim 1993, S. 44–57, hier S. 45.

16 Ursula Lehmkuhl, Einleitung: Umweltgeschichte – *Histoire totale* oder Bindestrich-Geschichte? In: Umweltgeschichte – *Histoire totale* oder Bindestrich-Geschichte? Hgg. Ursula Lehmkuhl, Stefanie Schneider (Erfurter Beiträge zur Nordamerikanischen Geschichte 4). Erfurt 2002, S. 1–13, hier S. 4.

neigt«[17] und dessen spätere Werke Skandale auslösten, forderte im Jahr 1993 schließlich eine »universalgeschichtlich-ökologisch orientierte Umweltgeschichte«, die das Mensch-Umwelt-Verhältnis rekonstruiert. »Eine solche integrale Umweltgeschichte müßte kulturwissenschaftliche mit naturwissenschaftlichen Methoden und Ergebnissen verbinden und im Zuge dieser Verbindung darangehen, selbst eigentümliche Methoden und Forschungsprogramme zu entwickeln.«[18] Das bedeutet meist, auch empirische Untersuchungen vorzunehmen. Ziel dieses energetischen Forschungsansatzes ist die Erstellung eines komplexen Beziehungssystems, was wiederum die Frage von Ursache und Wirkung aufwirft. Dabei werden oft Begriffe wie gesellschaftlicher Durchsatz oder Stoffwechsel (im Sinne von Karl Marx) verwendet, die der Geschichtswissenschaft ansonsten fremd sind. Als elementarer Bestandteil einer Umweltgeschichte werden in diesem Kontext »ökologische Systemzusammenhänge, Stoffkreisläufe und Kettenreaktionen sowie deren Wandel«[19] angesehen.

Insgesamt sieht sich die Umweltgeschichte mittlerweile als eine zentrale Kategorie der Geschichtswissenschaft an, da sich Politik, Wirtschaft und Gesellschaft, aber ebenso Religion und Kultur um sie drehen können. Jedenfalls kann der Beitrag der Geschichtswissenschaft zu einer Umweltforschung nur das Verhältnis Mensch und Umwelt in der Zeit sein, denn eine Naturgeschichte zu schreiben, ist nicht ihre eigentliche Aufgabe.

Vor allem in den 1990er Jahren diskutiert wurde eine Unterscheidung zwischen Umweltgeschichte, historischer Umweltforschung und historischer Ökologie. Diese Begriffe wurden zuvor noch weitgehend synonym verwendet. Der Ökologie-Begriff möchte »die Ökosystemtheorie zur Grundlage der Umweltgeschichte machen. Damit wird allerdings

17 Christian Pfister, Ressourcen, Energiepreis und Umweltbelastung – Was die Geschichtswissenschaft zur umweltpolitischen Debatte beitragen könnte. In: Umweltgeschichte heute: Neue Themen und Ansätze der Geschichtswissenschaft – Beiträge für die Umwelt-Wissenschaft. Hg. Christian Simon (Environmental History Newsletter Special Issue 1). Mannheim 1993, S. 13–28, hier S. 17.

18 Rolf Peter Sieferle, Die Grenzen der Umweltgeschichte. In: GAIA 2 (1993), S. 8–21, hier S. 10.

19 Siemann/Freytag, Umwelt, S. 14.

an der Realität ökologischer Forschungen vorbeigegangen, denn in ihren Modellen von Ökosystemen wird zumeist der Einfluß von gesellschaftlichen Prozessen implizit nur als Störung interpretiert.«[20] Trotzdem hat sich der Begriff etabliert, auch wenn Joachim Radkau warnt: »Ökologie sollte nicht als ein mit naturwissenschaftlicher Autorität ausgestatteter Geheimschlüssel zur Geschichte fungieren, der es gestattet, die empirische Forschung zu überspringen.«[21] Verena Winiwarter differenziert schließlich zwischen historischer Umweltforschung als »Fortschreibung naturwissenschaftlicher Datensätze in die Vergangenheit« – zum Beispiel im Rahmen der Klimaforschung – und Umweltgeschichte als »soziale und ökonomische Dimensionen menschlicher Gemeinschaften in Hinblick auf Interaktionen mit dem Lebensraum.«[22] Gerrit Jasper Schenk allerdings sieht »diese Systematisierung sehr problematisch,« denn die Rückschreibung von Daten im Rahmen einer historischen Umweltforschung erfolgt meist durch Interpretation historischer Quellen.[23] Schlussendlich hat sich der Begriff Umweltgeschichte im Kontext der historischen Auseinandersetzung mit dem Mensch-Umwelt-Verhältnis durchgesetzt.

Eng verwoben mit der Umweltgeschichte sind die Wirtschafts- und Sozialgeschichte, die Technikgeschichte, die Geographie, die Agrarwissenschaften und selbstverständlich die Naturwissenschaften, insbesondere die Ökologie und die Klimaforschung, aber ebenfalls die Medizingeschichte.

20 Arne Andersen, Umweltgeschichte. Forschungsstand und Perspektiven. In: Archiv für Sozialgeschichte 33 (1993), S. 672–701, hier S. 683.

21 Joachim Radkau. Was ist Umweltgeschichte? In: Umweltgeschichte heute: Neue Themen und Ansätze der Geschichtswissenschaft – Beiträge für die Umwelt-Wissenschaft. Hg. Christian Simon (Environmental History Newsletter Special Issue 1). Mannheim 1993, S. 86–107, hier S. 102.

22 Verena Winiwarter, Umwelt-en. Begrifflichkeit und Problembewußtsein. In: Umweltbewältigung. Die historische Perspektive. Hgg. Gerhard Jaritz, Verena Winiwarter. Bielefeld 1994, S. 130–159, hier S. 154.

23 Gerrit Jasper Schenk, Der Mensch zwischen Natur und Kultur. Auf der Suche nach einer Umweltgeschichtsschreibung in der deutschsprachigen Mediävistik – eine Skizze. In: Umwelt und Herrschaft in der Geschichte / Environnement et pouvoir: une approche historique. Hgg. François Duceppe-Lamarr, Jens Ivo Engels (Ateliers des Deutschen Historischen Instituts Paris 2). München 2008, S. 27–51, hier S. 42.

Ein erster Zusammenhang mit Wirtschafts- und Sozialgeschichte ist offensichtlich, es geht um Ressourcen und Produktion und damit um zwei Grundbegriffe. Umwelt fiel in den Wirtschaftswissenschaften lange unter den Begriff der freien Güter, die für alle uneingeschränkt nutzbar sind. »Die ›Theorie der freien Güter‹ war prägend – und der Produktionsfaktor Boden bzw. naturale Ressourcen trat in der Nationalökonomie bzw. in der Wirtschaftstheorie gegenüber den Produktionsfaktoren Kapital und Arbeit in den Hintergrund.«[24] Erst die Umweltgesetzgebung der letzten Jahrzehnte hat Teile der Umwelt in bewirtschaftbare Güter verwandelt, wie das die Einführung einer CO_2-Steuer zeigt. Werner Abelshauser betont, gerade die historische Sozialwissenschaft könne »zur Lösung von Umweltproblemen beitragen, weil sie über die Mittel der Diagnose ebenso verfügt wie über die aus der Erfahrung mit vergangenen Problemlösungen gewonnene Einsicht in die Notwendigkeit institutionellen Wandels.«[25] Viele Umweltentwicklungen seit der Industrialisierung können mit diesem Ansatz behandelt werden, für die mittelalterliche Geschichte passt allerdings der wirtschaftswissenschaftliche Zugang wenig.

Die Technik wird in Zusammenhang mit Umwelt ambivalent gesehen. Einerseits sitzt sie als Verursacherin des Übels auf der Anklagebank, andererseits wird von ihr im Rahmen von Innovationen die Lösung der Umweltproblematik erhofft. Prinzipiell hatte die Technikgeschichte zu Beginn wenig Berührungsängste mit der Umweltgeschichte, die Zeitschrift *Technikgeschichte* legte bereits 1981 einen Schwerpunkt auf diesen neuen Ansatz.[26] Ulrich Troitzsch fordert darin gleich zu einer starken Be-

24 Reinhold Reith, Überlegungen zur Nutzung materieller Ressourcen in der Geschichte: Auf dem Weg zur Nachhaltigkeit? In: Wirtschaft und Umwelt vom Spätmittelalter bis zur Gegenwart. Auf dem Weg zur Nachhaltigkeit? Erträge der 25. Arbeitstagung der Gesellschaft für Sozial- und Wirtschaftsgeschichte vom 3. April bis 6. April 2013 in Salzburg. Hgg. Günther Schulz, Reinhold Reith (Vierteljahrschrift für Sozial- und Wirtschaftsgeschichte Beihefte 233). Stuttgart 2015, S. 17–28, hier S. 19.

25 Werner Abelshauser, Einleitung. In: Umweltgeschichte. Umweltverträgliches Wirtschaften in historischer Perspektive. Hg. Werner Abelshauser (Geschichte und Gesellschaft Sonderheft 15). Göttingen 1994, S. 7–10, hier S. 10.

26 Technik und Umwelt in der Geschichte. In: Technikgeschichte 48 (1981), S. 177–284.

achtung der historischen Ökologie in der Wirtschafts- und Technikgeschichte auf:

> »[D]enn spätestens seit der Mitte des 19. Jahrhunderts haben wir uns daran gewöhnt, den geschichtlichen Ablauf an der Latte ›wirtschaftliches Wachstum‹ (mit steigendem Trend bis in die jüngste Gegenwart) und ›technischer Fortschritt‹ (mit der Tendenz ›kleiner, effektiver, billiger‹) zu messen und jegliche sich abschwächende oder davon abweichende Tendenz als negativ zu bewerten.«[27]

Zwar spielt die Technikgeschichte im Rahmen der Geschichtswissenschaft immer eine untergeordnete Rolle und umweltgeschichtliche Ansätze sind im Rahmen der Technikgeschichte wenig ausgeprägt, jedoch kann »die Technikgeschichte als Brückenfach zwischen den Geistes- und Sozialwissenschaften und den Ingenieur- und Naturwissenschaften«[28] angesehen werden.

Als Klassiker der umweltbezogenen Technikgeschichte gelten Ver- und Entsorgung in der Stadt. Das mag aus der Umweltproblematik der 1970er und 80er Jahre durchaus ein naheliegendes Thema gewesen sein, greift aber für das Mittelalter viel zu kurz. Weit größere Umweltveränderung gab es durch die Landwirtschaft, Europa wurde in Kulturland umgestaltet. Das geschah durch eine Änderung der Hofstruktur, der Anbaumethoden und vor allem einer Verbesserung der landwirtschaftlichen Geräte. »Die Herausbildung der spezifisch mittelalterlichen Agrarverfassung beförderte technische Innovationen und diese wiederum stabilisierten das System.«[29] Alle Maßnahmen zusammen verursachten einen enormen Bevölkerungsanstieg, was sich wiederum auf die Umwelt auswirkte. Im Bereich der Energiegewinnung waren Mühlen unterschiedlicher Antriebsart im Einsatz. Insgesamt betrachtet, ist die technische Innovation im Mittelalter überraschend hoch, was auch unter umweltgeschichtlichen Aspekten untersucht werden sollte.

Der Beitrag der Geographie zu einer integrativen Umweltwissenschaft ist »die Analyse der Wechselwirkungen zwischen Mensch und

27 Troitzsch, Historische Umweltforschung, S. 178.

28 Reinhold Reith, Umweltgeschichte und Technikgeschichte am Beginn des 21. Jahrhunderts. Konvergenzen und Divergenzen. In: Technikgeschichte 75 (2008), S. 337–356, hier S. 341.

29 Günter Bayerl, Technik in Mittelalter und Früher Neuzeit. Stuttgart 2013, S. 44.

Natur«,[30] die so eine problemorientierte Verbindung zwischen physischer und Kulturgeographie schafft. Der Begriff der Umwelt deckt sich in der Geographie mit Landschaft, es geht also um Naturlandschaft und Kulturlandschaft. »Die naturbezogene, aber vom Menschen gestaltete Umweltgeschichte soll im Mittelpunkt stehen. Dabei ist der Mensch in seiner Rolle als Hauptakteur besonders zu beachten.«[31] Damit steht die Historische Geographie durchaus der Geschichtswissenschaft nahe, »doch blicken Geographen stärker auf den Landschaftswandel.«[32] Gerade durch die schon länger betriebene Urlandschaftsforschung bringt die Geographie eine schärfere Differenzierung zwischen natürlicher und naturnaher Umwelt ein: Der Mensch beginnt unmittelbar nach seinem ersten Auftreten in einem Areal mit Eingriffen, sodass eine Urlandschaft in Europa praktisch nicht mehr zu rekonstruieren ist. Damit hat bereits die neolithische Revolution mit dem Aufkommen von Ackerbau und Viehzucht die Umwelt gravierend umgestaltet. Demgemäß müssen Umweltveränderungen in drei Kategorien eingeteilt werden: reine Naturprozesse, indirekte Einwirkungen des Menschen und direkte menschliche Eingriffe. Zu beachten ist, dass »alle drei Faktorenbereiche – der natürliche, der seminatürliche und der anthropogene – eng, vielfältig, direkt und indirekt miteinander verflochten und in der Zeit variabel sind.«[33] Das Feld zwischen Geographie und Sprachwissenschaft deckt die Onomastik ab, »in Orts-, Flur- und Gewässernamen spiegeln sich in sehr urtümlicher Weise Elemente früherer Umwelten.«[34] Auf diese Art können zum Beispiel Besiedelungen und Nutzungszusammen-

30 Werner Bätzig, Geographie als integrative Umweltwissenschaft? Skizzen einer wissenschaftstheoretischen Standortbestimmung der Geographie in der postindustriellen Gesellschaft. In: Geographica Helvetica 46 (1991), S. 105–109, hier S. 107.

31 Helmut Jäger, Einführung in die Umweltgeschichte (Die Geographie). Darmstadt 1994, S. 4.

32 Winfried Schenk, Historische Geographie. Umweltgeschichtliches Brückenfach zwischen Geschichte und Geographie. In: Umweltgeschichte. Themen und Perspektiven. Hgg. Wolfram Siemann, Nils Freytag. München 2003, S. 129–146, hier S. 131.

33 Helmut Jäger, Frühe Umwelten in Mitteleuropa. In: Siedlungsforschung 6 (1988), S. 9–24, hier S. 12.

34 Walter Janssen, Methoden und Möglichkeiten der Erforschung früherer Umwelten. In: Siedlungsforschung 6 (1988), S. 25–38, hier S. 26.

hänge erschlossen werden, vor allem auch über sprachliche Veränderungen hinweg. Diese Befunde können wiederum mit Ergebnissen der Mittelalterarchäologie verknüpft werden. Gerade deshalb hat die Historische Geographie »die Funktion eines Brückenfachs an der Schnittstelle verschiedener natur- und kulturwissenschaftlicher Disziplinen.«[35]

Im Austausch mit den Naturwissenschaften hat sich früh ein erheblicher Disput entwickelt. Ist Umweltgeschichte ohne Menschen möglich? Während die Geschichtswissenschaft das ablehnte, war das für die Naturwissenschaften selbstverständlich denkbar. »Außerdem ist für den Naturwissenschaftler ›Umwelt‹ nicht nur ein anthropogenes Konstrukt und ›Natur‹ nicht immer nur bloße Natur*vorstellung*. Für den Naturwissenschaftler gibt es ein Gegebenes auch außerhalb der Natur*wahrnehmung*.«[36] Meist wird von dieser Seite eingewandt, dass andere Lebewesen als der Mensch ebenfalls die Natur verändern bzw. gestalten können. Als Beispiele dazu dienen oft Korallen, die Riffe bauen, oder Biber, die mit Dämmen Gewässer aufstauen. Das Kernproblem liegt dabei weniger in der Definition von Geschichte, sondern von Geschichtswissenschaft. Während ersteres ganz allgemein als Zeit seit der Entstehung des Universums existiert, ist zweiteres die moderne Definition eines Wissenschaftsfaches, welches das Agieren des Menschen in zeitlicher Dimension in den Mittelpunkt seiner Betrachtungen stellt. Das schließt allerdings Interaktionen mit der Natur nicht aus.

In den Bereich der Medizingeschichte fällt die Frage der Hygiene. Entgegen vielen populären Vorurteilen spielen gesundheitliche Kriterien – vor allem die Frage gesunder Luft und reinen Wassers – schon bei mittelalterlichen Siedlungen eine Rolle. Ausdünstungen von Sümpfen werden in der mittelalterlichen Literatur als abträglich genannt, diese Miasmen gelten als Auslöser für Seuchen.

---

35 Schenk, Historische Geographie, S. 145.

36 Bernd Herrmann, Umweltgeschichte als Integration von Natur- und Kulturwissenschaften. In: Umweltgeschichte – Methoden, Themen, Potentiale. Tagung des Hamburger Arbeitskreises für Umweltgeschichte, Hamburg 1994. Hgg. Günter Bayerl u. a. (Cottbuser Studien zur Geschichte von Technik, Arbeit und Umwelt 1). Münster u. a. 1996, S. 21–30, hier S. 22.

»Nach Ansicht der mittelalterlichen Autoren und ihrer antiken Gewährsleute gehören zu den weiteren Voraussetzungen eines dem Menschen zuträglichen Daseins auf dem Land wie in der Stadt lichte, luftige, geräumige Häuser mit lärmgeschützten Schlafzimmern und eigenem Brunnen. Besonders hervorgehoben wird auch die Notwendigkeit eines Gartens.«[37]

Viele mittelalterliche Orte werden so beschrieben, obwohl die Realität mitunter eine andere war. Der Umgang mit Trinkwasser, Brauchwasser und Abwasser ist in einer mittelalterlichen Stadt von erheblicher Bedeutung. Rasch setzten sich daher Abstandsregeln zwischen Brunnen und Abort durch, allerdings blieb es aus Platzgründen meist bei einer gewissen Nachbarschaft. »Im übrigen belegen die zahlreich überlieferten Erlasse und Absichtserklärungen zur Beseitigung menschlicher und gewerblicher Abfälle zwar Einsichten in die Problematik, aber hinsichtlich der Verfahrensweisen scheint eher Desorientierung vorzuherrschen.«[38] Jedenfalls zeigen diese Beispiele, dass zwischen Gesundheit, Lebensbedingungen und Umwelt im Mittelalter durchaus ein Zusammenhang hergestellt werden konnte. So erkannte Leon Battista Alberti im 15. Jahrhundert: »Insbesondere wird die Luft, die wir einatmen, welche, wie wir wissen, hauptsächlich uns ernährt und erhält, wunderbar zu unserer Gesundheit beitragen, wenn sie möglichst rein ist.«[39]

Neben den augenfälligen Nachbarwissenschaften wären noch die Ideologie- und Religionsgeschichte sowie die Psychologie anzuführen. Gerade die Geschichtswissenschaft weiß, dass die Zukunft nicht vorhersehbar ist. Das trifft insbesondere auf Umweltbedingungen zu, sogar wenn ein Teil menschlich beeinflussbar ist. »Man braucht Ideologien und Glaubensvorstellungen, um hier ein Gefühl der Sicherheit zu bekommen. Die Umweltgeschichte reicht in die Geschichte der großen Ängste und der mentalen Strategien zur Bewältigung dieser Ängste hinein.«[40] Hier kann die Menta-

37 Dirlmeier, Historische Umweltforschung, S. 99.

38 Ulf Dirlmeier, Umweltprobleme in deutschen Städten des Spätmittelalters. In: Technikgeschichte 48 (1981), S. 191–205, hier S. 195.

39 Leon Battista Alberti, Zehn Bücher über die Baukunst (Bibliothek klassischer Texte). Darmstadt 1991, S. 23.

40 Joachim Radkau, Was ist Umweltgeschichte? In: Umweltgeschichte. Umweltverträgliches Wirtschaften in historischer Perspektive. Hg. Werner Abelshauser (Geschichte und Gesellschaft Sonderheft 15). Göttingen 1994, S. 11–28, hier S. 22.

litätsgeschichte hilfreich sein: »Wie gingen die Menschen mit Krisen um, unter welchen Bedingungen kam es zu Katastrophen, unter welchen wurden sie bewältigt?«[41] Immerhin können Umweltprobleme und deren Bewältigung ebenfalls »gemeinschaftsstiftend sein. Denn Krisen und Spannungen sind auch Elemente einer Förderung von Sozialisation.«[42] Damit ist wiederum eine Verbindung zur Sozialgeschichte hergestellt.

Der größte Teil der umwelthistorischen Arbeiten fällt in die Zeit ab der Industrialisierung. Hier sind aktuelle Bezüge durchwegs der Auslöser für die Beschäftigung, aber der Blick zurück ins Mittelalter kennt dieselben Beweggründe: Frühe Arbeiten beschäftigten sich daher mit Umweltverschmutzung vor allem durch Abwässer und Rauch. Zu den kontinuierlichen Themen gehören hingegen die Agrarwirtschaft (Feld- und Viehwirtschaft genauso wie Waldwirtschaft), der Bergbau, sowie die städtische Entwicklung (inklusive der umweltbelastenden Gewerbe), Naturkatastrophen und Naturphänomene. Die Nähe zu Landeskunde und Siedlungsforschung inklusive der Themen Landesausbau, Kolonisation, Grundherrschaft ist oft frappierend, deshalb »ist man sehr schnell in der traditionellen Mitte des Fachs gelandet, bei der politischen Geschichte, der Rechts- und Verfassungsgeschichte.«[43]

Als zentrale Ressource galt im Mittelalter das Holz. Die frühen Jahre der Umweltgeschichte waren davon geprägt, dass mitunter ein verzerrtes Geschichtsbild vermittelt wurde: Eingriffe und Auswirkungen wären lange Zeit kleinräumig gewesen. Das beschwört vor allem »Bilder jener vorindustriellen Harmonie von Mensch und Natur herauf, die in den umweltgeschichtlichen Jugendjahren als Lösung der Gegenwartsprobleme gesucht und gefunden wurden.«[44] Doch können selbst die besten Quellen auf den ersten Blick einen falschen Eindruck vermitteln.

41 Karl Brunner, Virtuelle und wirkliche Welt. Umweltgeschichte als Mentalitätsgeschichte. In: Mensch und Natur im mittelalterlichen Europa. Archäologische, historische und naturwissenschaftliche Befunde. Hg. Konrad Spindler (Schriftenreihe der Akademie Friesach 4). Klagenfurt 1998, S. 327–344, hier S. 330.

42 Gerhard Jaritz, Umweltbewältigung. Der Beitrag der Geschichtswissenschaften. In: Umweltbewältigung. Die historische Perspektive. Hgg. Gerhard Jaritz, Verena Winiwarter. Bielefeld 1994, S. 7–22, hier S. 17.

43 Schenk, Der Mensch zwischen Natur und Kultur, S. 47.

44 Nils Freytag, Deutsche Umweltgeschichte – Umweltgeschichte in Deutschland. Erträge und Perspektiven. In: Historische Zeitschrift 283 (2006), S. 382–407, hier S. 387.

> »Rekonstruiert man die Kontexte, dann findet man bei vielen frühneuzeitlichen Klagen über den Raubbau an den Wäldern, daß es in Wahrheit nicht um den Wald, sondern um die Behauptung von Forstrechten geht und daß das Lamento über die Verwahrlosung der Allmende nicht auf die Ökologie der Weide, sondern auf Markenteilung und Agrarreform zielt.«[45]

Eventuell für das Mittelalter relevant könnte die Untersuchung von Reizschwellen sein, die der Technikhistoriker Ulrich Troitzsch schon 1981 aufgeworfen hat. Dabei geht es um die Frage, wann Verschmutzung, Lärm oder Gestank als so belästigend empfunden werden, dass Maßnahmen notwendig erscheinen. Ulrich Troitzsch geht davon aus, »daß Belästigungen der erwähnten Art in der Vergangenheit mit unterschiedlicher Intensität wahrgenommen und empfunden werden.«[46] Vor allem entsteht aus dieser Problematik ein Konfliktpotenzial. Tatsächlich gibt es zu Geruchsbelästigungen aus manchen Städten – wie zum Beispiel Zürich – urkundliche Überlieferungen. So kann Umweltgeschichte als Wahrnehmungsproblematik verstanden werden und ihre Aufgabe wäre dann, »historische Modelle von Umweltkontroversen (und der aus den jeweiligen Entscheidungen resultierenden Folgewirkungen) zu erarbeiten.«[47]

Auffallend beim Thema Umweltgeschichte ist, dass es große Unterschiede im Bereich der Zugänge zwischen Europa und Nordamerika gibt. Trotz aller Interdisziplinarität ist die Internationalität wenig ausgeprägt. Das hat gleich mehrere Gründe. Während am alten Kontinent bis in die entlegensten Gegenden hinein bewirtschaftetes Kulturland vorherrscht, gehört zur Neuen Welt die Erfahrung der Wildnis, woraus sich ein Mythos um den Begriff *frontier* entwickelte. Der im anglo-amerikanischen Raum vorherrschende Empirismus im Gegensatz zum kontinentaleuropäischen Rationalismus hat in Nordamerika dazu geführt, dass die beobachtenden Naturwissenschaften an erster Stelle stehen. So erklärt es sich, dass die Umweltgeschichte dort stärker an der

45 Joachim Radkau, Nachdenken über Umweltgeschichte. In: Umweltgeschichte. Themen und Perspektiven. Hgg. Wolfram Siemann, Nils Freytag. München 2003, S. 129–146, S. 165–186, hier S. 170.

46 Troitzsch, Historische Umweltforschung, S. 185.

47 Günter Bayerl, Die langfristige Entwicklung als Thema der Umweltgeschichte. In: WerkstattGeschichte 3 (1992), S. 10–15, hier S. 11.

Ökologie orientiert ist und sich weniger als Kulturwissenschaft begreift. »Damit einher geht eine größere Bereitschaft unter amerikanischen Historikern, die Akteursqualitäten von Natur und Umwelt zu thematisieren.«[48] Dazu gehören zum Beispiel Dürreperioden, Seuchen und das Klima allgemein. »Insgesamt entsteht also der Eindruck, daß die Umweltgeschichte sich diesseits und jenseits des Atlantiks in phasenverschobenen Naheverhältnissen zu anderen Disziplinen bzw. Ansätzen der Geschichtswissenschaft befindet.«[49] Mit dem Bewusstsein dieser verschiedenen Voraussetzungen könnte die Kluft allerdings überwunden werden.

Der Erfolg der Umweltgeschichte beruht unter anderem darauf, dass sie von einigen als Schlüsseltheorie verstanden wird, die alle Phänomene des Seins erklären kann. Immerhin lebt der Mensch als Säugetier in einer Umwelt, die er erst verstehen muss, um über sie hinaus zu wachsen. So hat die Umweltgeschichte durchaus universalhistorische Perspektiven. Gerade dieses Beispiel zeigt, dass es sehr einfach ist, diverse bestehende Wissenschaftstheorien in die Ökologie einzugliedern. Sie erreicht damit einen integrativen Anspruch, wie ihn im 20. Jahrhundert die Soziologie erhob. Ein weiterer Punkt für die Beliebtheit dürfte wohl im Faszinosum der Krise liegen – schon die Menschen des Mittelalters ergötzten sich an der Vorstellung der Apokalypse. Ausnahmesituationen fordern die Menschen besonders heraus, hier – so heißt es oft – werde ein wahrer Kern im tiefen Inneren sichtbar. Eine Katastrophe weckt die Solidarität und fordert die kollektive Problemlösung, sie manifestiert damit Gemeinschaft.

48 Lehmkuhl, Einleitung, S. 4.

49 Verena Winiwarter, Zwischen Gesellschaft und Natur. Aufgaben und Leistungen der Umweltgeschichte. In: Umweltgeschichte. Zum historischen Verhältnis von Gesellschaft und Natur. Hgg. Ernst Bruckmüller, Verena Winiwarter (Schriften des Instituts für Österreichkunde 63). Wien 2000, S. 6–20, hier S. 8.

Leseempfehlungen

Ulf Dirlmeier, Historische Umweltforschung aus der Sicht der mittelalterlichen Geschichte. In: Siedlungsforschung 6 (1988), S. 97–111.

Gerhard Jaritz u. a., Umweltbewältigung. Historische Muster des Umgangs mit der Krise. Einige Diskussionsanregungen zum gleichnamigen internationalen Arbeitsgespräch Krems, 13. und 14. Dezember 1991. In: Medium Aevum Quotidianum 24 (1991), S. 7–19.

Joachim Radkau, Unausdiskutiertes in der Umweltgeschichte. In: Was ist Gesellschaftsgeschichte? Positionen, Themen, Analysen. Hgg. Manfred Hettling u. a. München 1991, S. 44–57.

Umweltgeschichte heute: Neue Themen und Ansätze der Geschichtswissenschaft – Beiträge für die Umwelt-Wissenschaft. Hg. Christian Simon (Environmental History Newsletter Special Issue 1). Mannheim 1993.

Rolf Peter Sieferle, Die Grenzen der Umweltgeschichte. In: GAIA 2 (1993), S. 8–21.

Helmut Jäger, Einführung in die Umweltgeschichte (Die Geographie). Darmstadt 1994.

Umweltgeschichte. Umweltverträgliches Wirtschaften in historischer Perspektive. Hg. Werner Abelshauser (Geschichte und Gesellschaft Sonderheft 15). Göttingen 1994.

Ursula Lehmkuhl, Einleitung: Umweltgeschichte – *Histoire totale* oder Bindestrich-Geschichte? In: Umweltgeschichte – *Histoire totale* oder Bindestrich-Geschichte? Hgg. Ursula Lehmkuhl, Stefanie Schneider (Erfurter Beiträge zur Nordamerikanischen Geschichte 4). Erfurt 2002, S. 1–13.

Umweltgeschichte. Themen und Perspektiven. Hgg. Wolfram Siemann, Nils Freytag. München 2003.

Nils Freytag, Deutsche Umweltgeschichte – Umweltgeschichte in Deutschland. Erträge und Perspektiven. In: Historische Zeitschrift 283 (2006), S. 382–407.

Verena Winiwarter, Martin Knoll, Umweltgeschichte. Köln 2007.

Gerrit Jasper Schenk, Der Mensch zwischen Natur und Kultur. Auf der Suche nach einer Umweltgeschichtsschreibung in der deutschsprachigen Mediävistik – eine Skizze. In: Umwelt und Herrschaft in der Geschichte / Environnement et pouvoir: une approche historique. Hgg. François Duceppe-Lamarr, Jens Ivo Engels (Ateliers des Deutschen Historischen Instituts Paris 2). München 2008, S. 27–51.

12 Mensch und Tier

Obwohl Tierschutz ein Teil der Umweltbewegung war und ist, blieb dieser Aspekt bei der Umweltgeschichte bislang weitgehend ausgespart. So ergab sich in der modernen Geschichtswissenschaft bald eine selbstständige Fragestellung nach dem Verhältnis von Menschen und Tieren. »Wie so oft ist es die französische Geschichtswissenschaft gewesen, die den Weg gewiesen hat.«[1] Schon 1984 veröffentlichte Robert Delort auf Französisch (1987 auf Deutsch) eine Geschichte der Tiere,[2] in der er nachdrücklich zur historischen Erforschung dieser Thematik aufforderte: »Der Einwirkung des Tiers auf den Menschen kommt mindestens dieselbe Bedeutung zu wie der Domestikation oder der Nutzung des Tiers in der Wirklichkeit oder der Vorstellungswelt der menschlichen Gesellschaften.«[3] Im Geschichtsunterricht wurde diese Beziehung rasch aufgegriffen, wie die *Beiträge zur historischen Sozialkunde* in einem ersten Schwerpunktheft 1993 aufzeigen. Hubert Christian Ehalt spricht in seiner Einleitung davon, dass die Mensch-Tier-Beziehung »in eher periphere Themenfelder der Geschichtsforschung zu führen« scheine, sie berühre aber doch Grundfragen einer historischen Anthropologie.[4] 1994 fand eine erste Sektion zum Thema Mensch und Tier in der Frühen Neuzeit auf dem deutschen Historikertag in Leipzig statt. Paul Münch kritisierte in seiner Einleitung, dass dieses Thema »der deutschen Geschichtswis-

1 Werner Paravicini, Tiere aus dem Norden. In: Deutsches Archiv für Erforschung des Mittelalters 59 (2003), S. 559–591, hier S. 559.

2 Robert Delort, Les animaux ont une histoire. Paris 1984.

3 Robert Delort, Der Elefant, die Biene und der heilige Wolf. Die wahre Geschichte der Tiere. München-Wien 1987, S. 9.

4 Hubert Ch. Ehalt, Mensch und Tier – Aspekte einer gemeinsamen Geschichte. In: Beiträge zur historischen Sozialkunde 23 (1993), S. 3–8, hier S. 3.

senschaft entschwunden« sei und sogar die Kultur- und Alltagsgeschichte – wenngleich Tiere bis ins 20. Jahrhundert Teil des menschlichen Milieus sind – diese »fast nur als pittoreske Bestandteile der Freizeit- und Festkultur wahrnimmt.«[5] Demgegenüber verkündete 2003 Reinhard Koselleck in einem Zeitungsartikel das Ende des Pferdezeitalters und forderte, die Geschichte in ein Vorpferde-, Pferde-, Nachpferdezeitalter einzuteilen. Das soll nicht heißen, dass man das Pferd nur im Pferdezeitalter, zu dem Koselleck das Mittelalter zählt, eingesetzt hätte, »denn auf das Pferd als kultisch, militärisch oder agrarisch und merkantil unaustauschbares Tier hat in diesen drei Zeitaltern auf dem ganzen Globus keine religiöse, politische oder soziale Handlungseinheit verzichten können.«[6]

Im Bereich der US-amerikanisch dominierten *Cultural Studies* haben sich Begriffe wie *Human-Animal Studies* und *animal turn* – eingefordert 2007 von Harriet Ritvo[7] – etabliert. Meist ist darin die Überzeugung angeführt, um die Jahrtausendwende etwas völlig Neues begründet zu haben. Ältere Ansätze in anderen Sprachen als Englisch werden in der Regel ignoriert. In den *Human-Animal Studies* werden »kulturelle, soziale und gesellschaftliche Bedeutung nicht-menschlicher Tiere, ihre Beziehungen zu Menschen sowie die Gesellschaftlichen Mensch-Tier-Verhältnisse untersucht.«[8] Neben Beziehungen stehen Interaktionen und Verhältnisse zwischen Mensch und Tier im Mittelpunkt bis hin zur »Erforschung der Schnittpunkte zwischen tierischen und menschlichen Gesellschaften.«[9] Gerade in diesem Punkt unterscheiden sich die *Human-Animal Studies* aber von Zoologie und Verhaltensforschung.

---

5 Paul Münch, Einleitung. In: Bericht über die 40. Versammlung deutscher Historiker in Leipzig. 28. September bis 1. Oktober 1994. Hg. Verband der Historiker Deutschlands. Leipzig 1995, S. 96–98, hier S. 96.

6 Reinhard Koselleck, Das Ende des Pferdezeitalters. In: Süddeutsche Zeitung, 25.9.2003, S. 18.

7 Harriet Ritvo, On the Animal Turn. In: Daedalus 136/4 (2007), S. 118–122.

8 Chimaira Arbeitskreis, Eine Einführung in Gesellschaftliche Mensch-Tier-Verhältnisse und Human-Animal Studies. In: Human-Animal Studies. Über die gesellschaftliche Natur von Mensch-Tier-Verhältnissen. Hg. Chimaira – Arbeitskreis für Human-Animal Studies. Bielefeld 2011, S. 7–42, hier S. 20.

9 Gabriela Kompatscher u. a., Human-Animal Studies. Eine Einführung für Studierende und Lehrende. Münster-New York 2017, S. 16.

Mieke Roscher und André Krebber verbinden mit einer kritischen Erforschung der Mensch-Tier-Beziehung einerseits die Hoffnung, »für die Wahrnehmung von Tieren als fühlende und leidende Wesen zu sensibilisieren, andererseits soll sie zugleich zu einem umfassenden Verständnis von menschlicher Geschichte und Dynamik der gegenseitigen Beziehung führen.«[10] Weitergedacht ergibt sich sogar eine *Animate History*. Sie »versteht sich als eine *belebte* und eine *bewegte* Geschichte.«[11] Tiere werden darin als aktiv Mitgestaltende betrachtet, ihnen wird eine Persönlichkeit zugeschrieben, sie verfügen nach diesem Ansatz über Interessen, Standpunkte und Empfindungen. Das greift Aline Steinbrecher auf, wenn sie fordert, dass Tieren eine *agency*, also eine Art von Wirkungsmacht, zugeschrieben wird. Nur so sei es möglich, »eine ganzheitliche Geschichte des Menschen zu schreiben.«[12]

Eine Tiergeschichte im Sinne der *Cultural Studies* kann unter dem Aspekt des *linguistic turn* allerdings schwierig werden. »Eine Wissenschaft, die allein den Text als legitime Basis historiografischer Auseinandersetzung anerkennt bzw. bereits die vorsprachlichen Strukturen der (menschlichen) Diskurse als wegweisend versteht,« so formuliert es Mieke Roscher in einem Beitrag, »wird Tieren wegen ihrer scheinbaren Nonverbalität ihre Geschichte versagen.«[13] Umgekehrt wird in den *Human-Animal Studies* die Vergeschlechtlichung von Tieren diskutiert. Swetlana Hildebrandt geht zum Beispiel von der Annahme aus, »dass sowohl die Mensch-Tier-Verhältnisse von der Kategorie ›Geschlecht‹ beein-

10 Mieke Roscher, André Krebber, Editorial: Tiere und Geschichtsschreibung. In: WerkstattGeschichte 56 (2010), S. 3–6, hier S. 4.

11 Gesine Krüger u. a., Animate History. Zugänge und Konzepte einer Geschichte zwischen Menschen und Tieren. In: Tiere und Geschichte. Konturen einer »Animate History«. Hgg. Gesine Krüger u. a. Stuttgart 2014, S. 9–34, hier S. 10.

12 Aline Steinbrecher, »In der Geschichte ist viel zu wenig von Tieren die Rede« (Elias Canetti) – Die Geschichtswissenschaft und ihre Auseinandersetzung mit den Tieren. In: Gefährten – Konkurrenten – Verwandte. Die Mensch-Tier-Beziehung im wissenschaftlichen Diskurs. Hgg. Carola Otterstedt, Michael Rosenberger. Göttingen 2009, S. 264–286, hier S. 283 f.

13 Mieke Roscher, Where is the animal in this text? Chancen und Grenzen einer Tiergeschichtsschreibung. In: Human-Animal Studies. Über die gesellschaftliche Natur von Mensch-Tier-Verhältnissen. Hg. Chimaira – Arbeitskreis für Human-Animal Studies. Bielefeld 2011, S. 121–150, hier S. 122.

flusst sind, als auch die Kategorie ›Geschlecht‹ von den Mensch-Tier-Verhältnissen mitstrukturiert wird.«[14] Sie plädiert in weiterer Folge dafür, Tiere in die *queere* Theoriebildung miteinzubeziehen, denn so könnten heteronormative Regime in ihren Herrschaftsverhältnissen aufgezeigt werden. Insgesamt bringen *Human-Animal Studies* eine größere Kooperation mit den Naturwissenschaften, was beiderseits die Erkenntnis brachte, »dass Tiere über eine komplexere kognitive, subjektive und soziale Welt verfügen, als uns bislang bewusst war.«[15]

Prinzipiell lädt die Fragestellung zur Reflexion ein, was Menschen und Tiere unterscheidet, aber auch vereint. »Über Tierbilder zu sprechen, bedeutet zugleich über das Menschenbild zu reden.«[16] Das trifft besonders auf die geisteswissenschaftlichen Fächer zu, die dazu neigen, den Menschen aus der Natur herauszuheben. »Sie vergessen, daß die Stammesgeschichte des Menschen im Kontext der Naturgeschichte eine geradezu lächerliche kurze Dauer aufweist, und die ersten Hominiden ihren irdischen Mitbewohnern keineswegs von Anfang an überlegen gewesen sind.«[17] Erst in der Neuzeit fiel der Mensch aus der Zoologie heraus, bis dahin war Aristoteles maßgeblich, der den Menschen als Säugetier verstand, das sich als *zoon politikon* von den Tieren unterscheidet. Alle Lebewesen haben allerdings Seelen. »Die Lebensformen sind so strukturiert, daß die höherstehenden Seelen jeweils alle Kräfte der niedrigeren Seelen und zusätzlich eine neue, ihnen spezifisch eigene Seelen-

14 Swetlana Hildebrandt, Vergeschlechtlichte Tiere. Eine queer-theoretische Betrachtung der Gesellschaftlichen Mensch-Tier-Verhältnisse. In: Human-Animal Studies. Über die gesellschaftliche Natur von Mensch-Tier-Verhältnissen. Hg. Chimaira – Arbeitskreis für Human-Animal Studies. Bielefeld 2011, S. 215–241, hier S. 217.

15 Friedrich Jaeger, Einleitung. Die Human-Animal Studies als Herausforderung der Kulturwissenschaften. In: Menschen und Tiere. Grundlagen und Herausforderungen der Human-Animal Studies. Hg. Friedrich Jaeger (Cultural Animal Studies 9). Berlin 2020, S. 1–21, hier S. 9.

16 Michael Brunner, Wie menschlich sind Tiere? Die kulturhistorische Perspektive. In: Das Tierbild vom Mittelalter bis heute. Kunst – Kulturgeschichte – Zoologie. Hgg. Michael Brunner, Claudia Vogel. Petersberg 2017, S. 9–19, hier S. 9.

17 Paul Münch, Tiere und Menschen. Ein Thema der historischen Grundlagenforschung. In: Tiere und Menschen. Geschichte und Aktualität eines prekären Verhältnisses. Hg. Paul Münch. Paderborn u. a. 1998, S. 9–34, hier S. 10.

kraft umfassen.«[18] Zugleich wurden die Gemeinsamkeiten zwischen Mensch und Tier betont, insbesondere im Bereich des Charakters. Gerade das hat zum Teil bis in die jüngste Zeit überlebt.

Als Themenfelder einer Mensch-Tier-Geschichte erachtet Hubert Christian Ehalt Vorstellungswelt und Begrifflichkeit über Tiere, den Verlauf der Evolution insbesondere in Bezug auf die Verhaltensweisen und schließlich Nutzungsbeziehungen, die ab der Domestikation bedeutender werden und hin zur Tierzucht führen.[19] »Die Veränderungen gingen teilweise so weit, daß viele moderne Haustierrassen außerhalb des vom Menschen geschaffenen Lebensraumes nicht mehr lebensfähig sind.«[20] Peter Dinzelbacher gliedert seinen Überblick über Mensch und Tier im Mittelalter pragmatisch in Ernährung und Jagd, handwerkliche Produktion, Arbeitskraft, militärische Nutzung, Vergnügen und Religion. Er schließt außerdem Quellen und Grundeinstellungen der Epoche mit ein. »Ganze Komplexe der Tier-Mensch-Beziehung sind uns abhanden gekommen, so ihre Befrachtung mit theologischer Symbolik oder ihrer Personifikation in der Literatur.«[21] Im Unterschied zu heute gilt für die Mensch-Tier-Beziehung im Mittelalter allerdings: »In einer Agrargesellschaft waren Tiere niemals bloß Produkte, sondern stets auch ›aktive‹ Protagonisten, Arbeitswesen wie die Menschen selbst.«[22] Das prägt den Umgang miteinander.

Für das christliche Mittelalter von großer Bedeutung war der *Physiologus*. In diesem Buch, das in griechischer Sprache in der Spätantike verfasst wurde und im Okzident wie Orient Verbreitung fand, werden 40 Tiere auf allegorische Weise und durchaus ambivalent in christlicher Deutung dargestellt. »Im Mittelalter war das Tier kein Selbstzweck, son-

18 Urs Dierauer, Das Verhältnis von Mensch und Tier im griechisch-römischen Denken. In: Tiere und Menschen. Geschichte und Aktualität eines prekären Verhältnisses. Hg. Paul Münch. Paderborn u. a. 1998, S. 37–85, hier S. 52 f.

19 Ehalt, Mensch und Tier, S. 3.

20 Norbert Benecke, Der Mensch und seine Haustiere. Die Geschichte einer jahrtausendealten Beziehung. Stuttgart 1994, S. 12.

21 Peter Dinzelbacher, Mittelalter. In: Mensch und Tier in der Geschichte Europas. Hg. Peter Dinzelbacher. Stuttgart 2000, S. 181–292, hier S. 292.

22 Thomas Macho, Tier. In: Vom Menschen. Handbuch Historische Anthropologie. Hg. Christian Wulf. Weinheim-Basel 1997, S. 62–85, hier S. 75.

dern diente als Ausdrucksträger Gottes.«[23] So wird der *Physiologus* zu einem zentralen Werk der christlichen Ikonographie, gerade der mittelalterliche Kirchenraum ist übervoll ausgestattet mit Tierdarstellungen. Dem *Physiologus* gesellte sich ab der Romanik das *Bestiarum* hinzu, das aus verschiedenen Quellen Tierdarstellungen sammelt. »Symbolische und allegorische Texte zu Pflanzen, Tieren und Steinen werden darin vereint und in Beziehung zur christlichen Heilslehre gesetzt.«[24] Im *Bestiarium* manifestiert sich der Wille Gottes. Beide Werke zusammen ergeben einen Interpretationsrahmen für das symbolische Mensch-Tier-Verhältnis im religiösen Kontext. »Erst die modernen Naturwissenschaften schlugen das ›Buch der Natur‹ zu und setzten den Verstand an die Stelle Gottes.«[25]

Tiere zählen zu den Statussymbolen des Adels: »Der Edelmann wird beritten sein, wohl von einem Hund begleitet, auf der Faust den Falken tragen: Pferd, Hund und Falke, sie sind so etwas wie die Trinität des Adels.«[26] Pferd und Ritter gehörten unweigerlich zusammen. Reiten war geradezu eine grundlegende Fähigkeit im feudalen Leben. »Zwar wird Reiten sichtbar an Erziehung gebunden, doch dadurch, daß es der frühzeitigen Übung bedarf, wird die Gewohnheit als natürlicher Faktor«[27] angesehen. Junge Adelige wuchsen praktisch mit Pferden auf. »In der strukturellen Dichotomie zwischen ›Massentierhaltung‹ und ›Liebe zum Einzeltier‹ entfaltete sich,« so formuliert Mathis Leibetseder seine These, »nicht nur das Verhältnis zwischen Menschen und Pferden bei

---

23 Claudia Vogel, Historia animalium. Die Erfindung der Zoologie. In: Das Tierbild vom Mittelalter bis heute. Kunst – Kulturgeschichte – Zoologie. Hgg. Michael Brunner, Claudia Vogel. Petersberg 2017, S. 81–93, hier S. 85.

24 Claudia Vogel, Tiere in der Kunst. Von der Romanik bis zur Romantik. In: Das Tierbild vom Mittelalter bis heute. Kunst – Kulturgeschichte – Zoologie. Hgg. Michael Brunner, Claudia Vogel. Petersberg 2017, S. 143–159, hier S. 144.

25 Frank Meier, Gottes Geschöpfe – Mensch und Tier im Mittelalter. In: Tiere auf Burgen und frühen Schlössern. Hg. Wartburg-Gesellschaft zur Erforschung von Burgen und Schlössern (Forschungen zu Burgen und Schlössern 16). Petersberg 2016, S. 23–33, hier S. 25.

26 Paravicini, Gab es eine einheitliche Adelskultur Europas, S. 405.

27 Udo Friedrich, Menschentier und Tiermensch. Diskurse der Grenzziehung und Grenzüberschreitung im Mittelalter (Historische Semantik 5). Göttingen 2009, S. 235 f.

Hofe, sondern auch die des Pferdes als herrschaftlichen Symbolträgers in performativen und diskursiven Zusammenhängen.«[28] Bester Ausdruck sind wohl die Reitersiegel der mittelalterlichen Hochadeligen. In vielen chronikalen Berichten fällt auf, dass Fürsten mit Pferdeherden im Umfang von mehreren hundert Tieren unterwegs waren. Pferdestärken gehörten zur Repräsentation dazu, den Unterhalt musste sich ein Edelmann erst leisten können. Ebenfalls in großer Stärke vertreten sind Hunde, die sogar in Hofordnungen Erwähnung finden. Gegen Ende des Mittelalters waren Jagdformen wie die Hetzjagd, bei denen möglichst viele Hunde eingesetzt werden konnten, besonders beliebt. »Hunde boten den Fürsten und ihren Hofangehörigen beträchtliche Möglichkeiten der Selbstdarstellung.«[29] Besser als bei anderen Tieren ist bei Hunden eine Interaktion mit dem Menschen möglich. Dementsprechend gibt es zahlreiche mittelalterliche Traktate, die mitunter dem Hund einen adeligen Status im Tierreich zuschreiben.

Die Jagd findet nicht nur auf Tiere statt, sie kann auch mithilfe von Tieren erfolgen – dabei ist nicht nur an Hunde oder Pferde zu denken. Die Beizjagd – verkürzt meist Falknerei genannt – ist eine Jagdmethode, die Raubvögel einsetzt. Dafür kommen nur wenige Arten von Habichten, Adlern und Falken infrage. Die Jagdtechnik stammt vermutlich aus Zentralasien und scheint dort bereits in frühester Zeit entstanden zu sein. Die Ostgoten brachten die Beizjagd nach Europa. Die frühen Germanenstämme waren begeistert von dieser Jagdmethode, die »rasch zu einem wahren Volkssport«[30] wurde. Das drückte sich schließlich in den frühmittelalterlichen Volksrechten aus. Im Hochmittelalter war die Beizjagd ein Teil der ritterlich-höfischen Kultur und kam zu neuer Blüte. »Diese Jagdart war keine Erwerbsjagd, sondern ein vornehmer Sport,

28 Mathis Leibetseder, Pferde und Hoflager. Beobachtungen zu Tier und Mensch im fürstlichen Repräsentationsbetrieb um 1500. In: Archiv für Kulturgeschichte 97 (2015), S. 315–332, hier S. 316.

29 Simon Teuscher, Hunde am Fürstenhof. Köter und »edle wind« als Medien sozialer Beziehungen vom 14. bis 16. Jahrhundert. In: Historische Anthropologie 6 (1998), S. 347–369, hier S. 348.

30 Sigrid Schwenk, Beizjagd. 1. Allgemein und gesamteuropäisch. In: Lexikon des Mittelalters 1 (1980), Sp. 1825–1826, hier Sp. 1826.

der eine hohe Geschicklichkeit verlangte.«[31] Darauf verweisen Bezeichnungen wie *ludus* oder *jouer*. Doch war es »weit mehr als Unterhaltung: diese Jagd hatte einen ästhetischen Charakter, der in der höfischen Gesellschaft besonders gepflegt wurde.«[32] Vor allem übten Frauen die Falknerei aus. So kam Maria von Burgund durch einen Reitunfall auf der Beizjagd zu Tode. Zur Beizjagd entwickelte sich sogar eine eigene Fachliteratur. Das bekannteste Beispiel ist *De arte venandi cum avibus*, verfasst von Kaiser Friedrich II. zu Beginn des 13. Jahrhunderts. In diesem Buch werden die Arten, die Haltung und die Ausbildung der Jagdvögel beschrieben. Die Beizjagd war überaus beliebt, das Publikum schaute gespannt auf den jagenden Vogel. Das Spektakel wurde an fast allen Fürstenhöfen gepflegt und es entwickelte sich ein reger Handel mit den Vögeln, die außerdem als wertvolle Geschenke dienten.

Gerade die Hetz- und Beizjagd zeigen, dass sich das mittelalterliche Jagen grundsätzlich vom heutigen unterscheidet. Der mittelalterliche Jäger besaß »im Verhältnis zum jagdbaren Tier noch nicht die Überlegenheit absolut tödlicher Waffenwirkung auf große Distanz, sondern er musste sich in den allermeisten Fällen des zu jagenden Tieres erst einmal lebendig bemächtigen, um es erst dann in einer sehr viel direkteren, unmittelbareren, vielfach auch gefährlicheren Konfrontation zu töten.«[33] Die Jagd nahm in der adligen Kultur des Mittelalters neben Turnier und Minne den größten Raum ein. »Die hohe Bedeutung der Jagd in der Gesellschaft des Mittelalters steht aber erstaunlicherweise in einem scharfen Gegensatz zur Forschungslage.«[34] Sie versinnbildlicht

---

31 Werner Rösener, Jagd, Rittertum und Fürstenhof im Hochmittelalter. In: Jagd und höfische Kultur im Mittelalter. Hg. Werner Rösener (Veröffentlichungen des Max-Planck-Instituts für Geschichte 135). Göttingen 1997, S. 123–147, hier S. 141.

32 Baudouin van den Abeele, Zum »Federspiel«. Die lateinischen Falknereitraktate des Mittelalters zwischen Tradition und Praxis. In: Zeitschrift für Jagdwissenschaft 49 (2003), S. 89–111, hier S. 90.

33 Lutz Fenske, Jagd und Jäger im früheren Mittelalter. Aspekte ihres Verhältnisses. In: Jagd und höfische Kultur im Mittelalter. Hg. Werner Rösener (Veröffentlichungen des Max-Planck-Instituts für Geschichte 135). Göttingen 1997, S. 29–93, hier S. 37.

34 Werner Rösener, Jagd und höfische Kultur als Gegenstand der Forschung. In: Jagd und höfische Kultur im Mittelalter. Hg. Werner Rösener (Veröffentlichungen des Max-Planck-Instituts für Geschichte 135). Göttingen 1997, S. 11–28, hier S. 11.

das alltägliche höfische Vergnügen und ist Fixpunkt des adligen Jahresablaufs. Die Jagd bot einerseits die Möglichkeit, Hof und Gäste zu beeindrucken, andererseits Gunst und Wertschätzung auszudrücken. Sie demonstriert den Nicht-Adeligen vor allem die Herrschaftsrechte der Oberschicht. »Die Jagd war eine elegante und vergnügliche Art, in der Welt Lärm zu machen und Platz einzunehmen; deshalb passte sie so gut zur höfischen Gesellschaft.«[35]

Das Verhältnis des Adels zu Tieren drückt sich ebenfalls in Wappen aus, »wobei vor allem die Wesensgleichheit von Mensch und Tier dargestellt wird.«[36] Für das Reich selbst steht seit römischer Zeit der Adler, der über den Himmel herrscht. Für manche Könige und Herzöge wurde der Löwe als König der Tiere zum Herrschaftssymbol. Er verkörperte Legitimität, Tapferkeit, Gerechtigkeit und Frieden. Allerdings wurde die Löwenmetaphorik im Spätmittelalter geradezu inflationär verwendet, »ihr fehlte zunehmend die Exklusivität, um herausragendes herrscherliches Handeln zu kennzeichnen.«[37] Der Löwe stellt trotzdem die größte Gruppe der Wappentiere und wurde durchaus realpolitisch verwendet. »So kann die betonte Annahme eines Löwenwappens innerhalb des Reichsgebietes auf eine bewusste Gegnerschaft gegenüber dem kaiserlichen Adler hindeuten.«[38] Zahlreich sind Fabelwesen wie Drache oder Einhorn in der Heraldik vertreten. Ihr Aufkommen ist als Trend zur Denaturalisierung der Wappentiere zu verstehen. Insgesamt hatten Tiere im Wappen die Funktion, »ihren Träger aufzuwerten und seine

---

35 Christoph Niedermann, Das Jagdwesen am Hofe Herzog Philipps des Guten von Burgund (Archives et Bibliothèques de Belgique Numéro Spécial 48). Bruxelles 1995, S. 335.

36 Georg Scheibelreiter, Tiernamen und Wappenwesen (Veröffentlichungen des Instituts für Österreichische Geschichtsforschung 24). Wien u. a. 1976, S. 134.

37 Dirk Jäckel, Der Herrscher als Löwe. Ursprung und Gerbrauch eines politischen Symbols im Früh- und Hochmittelalter (Beihefte zum Archiv für Kulturgeschichte 60). Köln u. a. 2006, S. 329.

38 Georg Scheibelreiter, Das Tier als Symbolträger in vorheraldischer Zeit (bis ca. 1230). In: Georg Scheibelreiter, Wappenbild und Verwandtschaftsgeflecht. Kultur- und mentalitätsgeschichtliche Forschungen zu Heraldik und Genealogie (Mitteilungen des Instituts für Österreichische Geschichtsforschung Ergänzungsband 53). Wien-München 2009, S. 31–41, hier S. 32.

Selbsteinschätzung zum Ausdruck zu bringen.«[39] Sie unterliegen zudem einer Mode. Bis 1200 sind in West- und Mitteleuropa nur 15 – meist einheimische – Wappentiere nachweisbar. Danach werden Löwe und Fabelwesen in der Heraldik populär, demgegenüber gingen aus dem Lebensumfeld stammende Tiere zurück. »Sie entsprachen nicht mehr der Vorliebe für die große internationale Welt, in der sich der Kreuzfahrer und der *aventiure* suchende Ritter bewähren und Ansehen erwerben müssen.«[40] Das Abenteuerliche hat das Gewöhnliche abgelöst.

Zugleich dominieren Tiere das (früh)mittelalterliche Namengut. Welf leitet sich vom jungen Wolf bzw. Hund ab, mitunter wird das Wort auch für junge Löwen verwendet. Wolf oder Leo können sogar alleine stehen. Ein Wolfgang führt den Wolf mit in den Kampf, ein Leonhard kämpft tapfer wie ein Löwe, ein Bernhard ist stark wie ein Bär, ein Eberhard kühn wie ein Eber. In einer oralen Gesellschaft, in der diese Namen entstanden sind, geht von Namen etwas Magisches aus. Die Bedeutung soll auf den Namensträger übergehen, umgekehrt soll sie ihn mit der Familie verbinden. Es gibt durchaus Parallelen zur Maskierung und Einhüllung in Tierhaut.[41] Entsprechungen sind in allen indoeuropäischen Sprachen vorhanden. In gewisser Art und Weise gehen damit die Namen den Wappen voraus.

Besonders reflektiert wurde das Mensch-Tier-Verhältnis in der Rechtsgeschichte. Nach römischem Recht sind Tiere eine Sache, nach der Bibel dem Menschen als Nahrung und zur Nutzung zur Verfügung gestellt. »Der Gedanke, Tiere zu schützen, ist mindestens so alt wie die Gesetzgebungsgeschichte der Menschheit.«[42] Der Schutz bezieht sich allerdings nicht alleine auf Tierquälerei, sondern vor allem auf das Eigentum an

---

39 Heiko Hartmann, Tiere in der historischen und literarischen Heraldik des Mittelalters. Ein Aufriss. In: Tiere und Fabelwesen im Mittelalter. Hg. Sabine Obermaier. Berlin-New York 2009, S. 147–179, hier S. 151.

40 Georg Scheibelreiter, Tiersymbolik und Wappen im Mittelalter: grundsätzliche Überlegungen. In: Das Mittelalter 12 (2007), S. 9–23, hier S. 13.

41 Scheibelreiter, Tiernamen und Wappenwesen, S. 42.

42 Andreas Deutsch, Tiere in der Rechtsgeschichte – eine Gesamtschau im Hinblick auf die deutsche Rechtsentwicklung. In: Das Tier in der Rechtsgeschichte. Hgg. Andreas Deutsch, Peter König (Akademiekonferenzen 27). Heidelberg 2017, S. 11–102, hier S. 11

Tieren und den daraus sich ergebenden Rechten und Pflichten. Im Schwabenspiegel beschäftigen sich 68 von 377 Artikel mit Tieren, die Schäden durch Tiere, an Tieren und Eigentumsfragen behandeln.[43] Für den Sachsenspiegel gilt: »Das Tier konnte kein Täter sein.«[44] Allerdings kam es vom 13. bis ins 19. Jahrhundert vor allem in den Gegenden von Paris, Lausanne und in Lothringen zu Prozessen gegen Tiere.

> »Es steht völlig außer Frage, dass dieses Procedere absolut ernst gemeint war und auch nicht von irgendwelchen vielleicht einem magischen Weltbild verhafteten Landleuten durchgeführt wurde, sondern von professionellen, studierten Juristen im Auftrag der Obrigkeit, dass es von Bischöfen sanktioniert und von Universitätsprofessoren ernsthaft diskutiert wurde.«[45]

Gleich mehrere Strafen wurden in Zusammenhang mit Tieren vollstreckt. So wurden die Leiber Hingerichteter oft Tieren zum Fraß überlassen. Daher wurden Richtstätten auch als *Rabenstein* bezeichnet. Dorthin wurden Verurteilte mitunter von einem Zugtier geschleift, was als besonders entehrend galt. Bei einer Vierteilung kamen ebenfalls immer wieder Tiere zum Einsatz. Als Schandstrafe galt der umgekehrte Ritt auf Esel oder Schwein, Prügelstrafen wurden mit dem Ochsenziemer, der aus einem gedörrten Ochsenpenis besteht, vollstreckt.[46] Seltsam mutet die Strafe des Hundetragens an, die ein öffentliches Spektakel war und Adelige treffen konnte. Vor allem große und bissige Hunde wurden einem Übeltäter auf die Schultern gebunden und zusätzlich noch mit verdorbenem Essen gefüttert, damit sich das Erbrochene über den Delinquenten ergoss. Da im Mittelalter Hunde nicht rein negativ gesehen wurden, sondern sogar hoch geschätzt waren, ist die Schandprozes-

---

43 Bernd Kannowski, Tiere im Schwabenspiegel. In: Das Tier in der Rechtsgeschichte. Hgg. Andreas Deutsch, Peter König (Akademiekonferenzen 27). Heidelberg 2017, S. 211–242, hier S. 213 f.

44 Lothar Krahner, Das Tier im Landrecht des Sachsenspiegels. In: Gedächtnisschrift für Gerhard Buchada. 22. Oktober 1901 – 20. Dezember 1977. Hgg. Lothar Krahner, Gerhard Lingelbach. Jena 1997, S. 58–77, hier S. 74.

45 Peter Dinzelbacher, Das fremde Mittelalter. Gottesurteil und Tierprozess (Schriftenreihe des Mittelalterlichen Kriminalmuseums Rothenburg ob der Tauber 11). Darmstadt ^{2}2020, S. 155.

46 Andreas Deutsch, Eselritt und Rabenstein. Tiere bei der Strafvollstreckung gegen Menschen. In: Das Tier in der Rechtsgeschichte. Hgg. Andreas Deutsch, Peter König (Akademiekonferenzen 27). Heidelberg 2017, S. 449–462.

sion als eigentliche Strafe zu verstehen. Zu tragen befohlen wurde ein standesgemäßes Objekt: dem Adeligen ein Hund, dem Bauern ein Pflug. Es kann als »traditionelles Verfahren zur Wiederherstellung der Eintracht ohne Wirkung auf den sozialen Stand und die amtliche Funktion aufgefaßt werden; die öffentliche Demütigung implizierte auch ein Zeichen der Reue.«[47] Angewandt wurde das Hundetragen ursprünglich bei Bruch des Treueeids durch einen Adeligen. »Das öffentliche Tragen des (treuen) Hundes sollte die Wiederherstellung des alten Rechts- und Ordnungszustandes signalisieren und stellte daher ein Versöhnungsritual dar.«[48] Das falsche Handeln wird öffentlich zur Schau gestellt. Erst später wurde das Ritual zur Ankündigung einer Verbannung verwendet und schließlich sogar vor der Vollstreckung einer Todesstrafe vollzogen.

Ambivalent ist die Beziehung zwischen Heiligen und Tieren, obwohl sie oft geradezu essenziell ist. Zahlreich sind die Begegnungen in den Legenden. »Der Heilige übt auf Tiere eine geheime Macht aus. Etwas zieht sie zu ihm hin, und oft sind sie, förmlich bedrückt, kaum wieder zu entfernen.«[49] In der Sphäre der Heiligkeit stellen sie Beutekampf und Feindschaft ein, sie legen ihre Wildheit ab, stellen sich zu Diensten und werden sogar Freunde. Es herrschen geradezu paradiesische Zustände. Der Umgang von Heiligen mit Tieren kulminiert schließlich in der Person des Franz von Assisi. »Kaum eine andere literarische Tradition bietet eine derartige Fülle an Belegen für Tierbefreiungen, Tierrettungen, Wohngemeinschaften mit Tieren und freundschaftliche Beziehungen zu Tieren wie die Hagiographie.«[50] Umgekehrt können Tiere Instrumente des Teufels sein. Für ihn steht die Schlange, die sich im Lauf

47 Bernd Schwenk, Das Hundetragen. Ein Rechtsbrauch im Mittelalter. In: Historisches Jahrbuch 110 (1990), S. 289–308, hier S. 295 f.

48 Stefan Weinfurter, Tränen, Unterwerfung und Hundetragen. Rituale des Mittelalters im dynamischen Prozeß gesellschaftlicher Ordnung. In: Ritualdynamik. Kulturübergreifende Studien zur Theorie und Geschichte rituellen Handelns. Hgg. Dietrich Harth, Gerrit Jasper Schenk. Heidelberg 2004, S. 117–137, hier S. 121.

49 Urs Herzog, Vorschein der »neuen Erde«. Der Heilige und die Tiere in der mittelalterlichen Legende. In: Verborum amor. Studien zur Geschichte und Kunst der deutschen Sprache. Festschrift für Stefan Sonderegger zum 65. Geburtstag. Hgg. Harald Burger u. a. Berlin-New York 1992, S. 249–262, hier S. 252.

50 Gabriela Kompatscher, Einleitung. In: Tiere als Freunde im Mittelalter. Eine Anthologie. Hgg. Gabriela Kompatscher u. a. Badenweiler 2010, S. 7–31, hier S. 19.

der Zeit zum Drachen entwickelt. »Die dämonischen Kräfte bestimmter Tiere waren nach mittelalterlich-christlichem Verständnis also eine Strafe für die Sünden der Menschheit.«[51] So können die Mächte der Finsternis tierische Gestalt annehmen und den Menschen Schaden zufügen. Damit sind Tiere in Sagen ebenso zu finden wie in Gründungslegenden. Beliebt ist das Motiv des wegweisenden Tieres, das schon in der Antike populär war und Jagd, Gespann- und Hufschlagwunder umfasst.

> »Dabei dominieren jene Tiere, die als Jagd- oder Haustiere, als Nahrungslieferanten, Arbeitskräfte oder sonstige Nutztiere im mittelalterlichen Leben allgegenwärtig waren und darüber hinaus in der mittelalterlichen Kultur, in Religion, Naturkunde, bildender Kunst und Literatur, einen festen Platz hatten.«[52]

Besonders emotional intensiv ist die Beziehung der Menschen zu Hund, Katze und Pferd, sie erwidern auf eine gewisse Art die Emotionen. Das Pferd zum Beispiel ist derartig zutraulich, dass Aristoteles davon ausging, dass es dem Menschen zugelaufen ist. Katzen begegnet das Christentum mit gewisser Skepsis, da sie im alten Ägypten besonders verehrt wurden, ja sie stehen manchmal für den Tierkult schlechthin. Trotzdem »gibt es verstreute literarische Äußerungen aus Spätantike und Frühmittelalter, die von einem problemlosen Zusammenleben von Katzen und Menschen im christlich werdenden Europa berichten.«[53] Dieses Auskommen ändert sich grundsätzlich mit dem Schreiben *Vox in Rama* von Papst Gregor IX., das den schwarzen Kater zum Kulttier der Häretiker erklärt. In der Folge werden Katzen mit Fröschen und Kröten auf eine Stufe gestellt – also mit Dämonen gleichgesetzt. Darin »wurzeln somit die spätmittelalterlichen und frühneuzeitlichen Hexenbilder, die eine untrennbare Verbindung zwischen der schwarzen Katze und der Malefizfrau herstellen.«[54] Schnell wurde das Leben der Katze als lasterhaft

51 Frank Meier, Mensch und Tier im Mittelalter. Ostfildern 2008, S. 60.

52 Leonie Franz, Wahre Wunder. Tiere als Funktions- und Bedeutungsträger in mittelalterlichen Gründungslegenden. Heidelberg 2011, S. 169.

53 Rainer Kampling, Vom Streicheln und Nutzen der Katze. Die Wahrnehmung der Katze bei christlichen Autoren von der Spätantike bis zum 12. Jahrhundert. In: Eine seltsame Gefährtin. Katzen, Religion, Theologie und Theologen. Hg. Rainer Kampling (Apeliotes 1). Frankfurt a. M. 2007, S. 95–119, hier S. 106.

54 Bernd-Ulrich Hergemöller, Vox in Rama: Die Dämonisierung des schwarzen Katers. In: Eine seltsame Gefährtin. Katzen, Religion, Theologie und Theologen. Hg. Rainer Kampling (Apeliotes 1). Frankfurt a. M. 2007, 149–176, hier S. 176.

verstanden: Müßiggang bei Tage, Nachtaktivität, List und Falschheit. »Zu beachten ist, daß die Katze als Haustier sehr häufig Kontakt mit den Menschen hat, ein großer Vorteil, den die Vertreter des Bösen im Kampf um die menschliche Seele für sich zu nützen wissen.«[55] Während die Katze also zunehmend Ablehnung erfährt, erfreut sich der Hund steigender Beliebtheit. Bildliche Darstellungen aus dem Mittelalter zeigen sogar schon Schoßhündchen. Dieser emotionale Zugang zu einer Tiergeschichte ist noch ein Desiderat in der Forschung.

Die Beschäftigung mit dem Verhältnis Mensch und Tier führt von der Wissenschaftsgeschichte über die Kunstgeschichte bis hin zur Agrargeschichte. Vor allem ist eine Zusammenarbeit mit der Zoologie – insbesondere der Verhaltensbiologie – möglich. Allerdings ist die Beziehung Mensch-Tier noch nicht in allen kulturwissenschaftlichen Fächern zum Thema geworden. »Auch die Gewaltforschung hat Tiere als Opfer von Gewalt bisher weitgehend ignoriert.«[56] Das Potenzial der Mensch-Tier-Geschichte liegt im interkulturellen Vergleich, keine menschliche Gesellschaft konnte bisher ohne Tiere existieren. Eventuell ist damit in diesem Bereich der Geschichte etwas möglich, was sonst in Bezug auf das Mittelalter meist an fehlenden Kontakten scheitert: eine globale Tiergeschichte der Vormoderne. Ebenfalls anzudenken wäre in weiterer Folge die Aufarbeitung des Verhältnisses von Menschen zu Pflanzen. Sie werden in mittelalterlichen Traktaten ebenfalls als Teil der Schöpfung thematisiert und mit Bedeutung aufgeladen. Erste Arbeiten zu mittelalterlichen Gärten existieren bereits.

55 Gertrud Blaschitz, Die Katze. In: Symbole des Alltags. Alltag der Symbole. Festschrift für Harry Kühnel zum 65. Geburtstag. Hgg. Gertrud Blaschitz u. a. Graz 1992, S. 589–616, hier S. 598.

56 Sonja Buschka u. a., Gewalt an Tieren. In: Gewalt. Ein interdisziplinäres Handbuch. Hgg. Christian Gudehus, Michaela Christ. Stuttgart 2013, S. 75–83, hier S. 75.

Leseempfehlungen

Robert Delort, Der Elefant, die Biene und der heilige Wolf. Die wahre Geschichte der Tiere. München-Wien 1987.

Jagd und höfische Kultur im Mittelalter. Hg. Werner Rösener (Veröffentlichungen des Max-Planck-Instituts für Geschichte 135). Göttingen 1997.

Tiere und Menschen. Geschichte und Aktualität eines prekären Verhältnisses. Hg. Paul Münch. Paderborn u. a. 1998.

Simon Teuscher, Hunde am Fürstenhof. Köter und »edle wind« als Medien sozialer Beziehungen vom 14. bis 16. Jahrhundert. In: Historische Anthropologie 6 (1998), S. 347–369.

Frank Meier, Mensch und Tier im Mittelalter. Ostfildern 2008.

Tiere und Fabelwesen im Mittelalter. Hg. Sabine Obermaier. Berlin-New York 2009.

Tiere auf Burgen und frühen Schlössern. Hg. Wartburg-Gesellschaft zur Erforschung von Burgen und Schlössern (Forschungen zu Burgen und Schlössern 16). Petersberg 2016.

Das Tier in der Rechtsgeschichte. Hgg. Andreas Deutsch, Peter König (Akademiekonferenzen 27). Heidelberg 2017.

13 Neue Methoden

Parallel zur Etablierung neuer Forschungsansätze in der mittelalterlichen Geschichte vollzog sich der Prozess der Digitalisierung. Meist schon in den 1980er Jahren wurden die (zum Teil bereits elektrischen) Schreibmaschinen durch Personal Computer ersetzt. Infolgedessen wurde »der Computer als Arbeitsinstrument, in Form des Zettelkastens oder als ›Denkkasten‹ allgemein akzeptiert.«[1] Mit E-Mail und Internet am Arbeitsplatz kamen in den 1990er Jahren wesentliche Kommunikations- und Rechercheinstrumente hinzu und wurden alsbald selbstverständlich. Rasch ist der Computer als universelles Arbeitsgerät in der historischen Forschung unerlässlich geworden.

Informationsverarbeitung ist schon seit der Mitte des 18. Jahrhunderts ein wichtiges Thema. Damals wurden Lochkarten für die Textilindustrie erfunden. Auf ihnen waren Muster für Webstühle – quasi als Programme – gespeichert. Bald folgten (teil-)automatische Musikinstrumente wie Drehorgeln sowie Rechengeräte. Sie bauen schlussendlich alle auf Prinzipien des Rationalismus auf, indem sie Aufgaben in kleine Schritte zerlegen. »Die zahlreichen Automaten des 17. und 18. Jahrhunderts, die eine Simulation menschlicher Fähigkeiten anstreben, sind somit nicht nur Vorläufer der Roboter, Musik- und Rechenautomaten von heute, sondern in Wahrheit ein in Mechanik umgesetztes Weltbild.«[2] Im Zentrum stand die Lochkarte bzw. der Lochstreifen. Für die

1 Hans-Christoph Hobohm, Historia ex machina. Der EDV-Einsatz in der Geschichtswissenschaft und eine Erinnerung an seine Voraussetzungen. In: Neue Methoden der Analyse historischer Daten. Hgg. Heinrich Best, Helmut Thome (Historisch-sozialwissenschaftliche Forschungen 23). St. Katharinen 1991, S. 363–375, hier S. 364.

2 Herbert Matis, Die Wundermaschine. Die unendliche Geschichte der Datenverarbeitung: Von der Rechenuhr zum Internet. Frankfurt a. M.-Wien 2002, S. 51.

Volkszählungen 1890 in den USA und in Österreich-Ungarn wurden erstmals Datenverarbeitungsmaschinen von Hermann Hollerith verwendet, die nach verschiedenen Kriterien die gestanzten Lochkarten zählen, sortieren und durchsuchen konnten. Ab den 1930er und 40er Jahren kamen Konzepte und Prototypen von elektronischen Rechnern auf. Mit der Entwicklung des ersten integrierten Schaltkreises 1958 beginnt das moderne Computerzeitalter. Bis heute werden Mikrochips immer kleiner, zugleich aber rechenstärker. Seit den 1950er Jahren wurde die Lochkarte als Informationsspeicher zuerst vom Magnetband, dann vom optischen und schließlich vom elektronischen Datenträger abgelöst.

Der Umgang mit Datenbanken ist in der Wissenschaft im Prinzip nichts Neues. Bibliotheken und Archive wechselten ab dem 19. Jahrhundert vom Bandkatalog in Buchform zum Zettelkatalog in Kästen. Darin sind Einheiten nach festgelegten Hauptreihen geordnet und systematisch erschlossen. Gerade das Digitalisieren dieser Zettelkataloge hat den Aufbau großer elektronischer Datenbanken wesentlich beschleunigt. Schon 1937 beschrieb der Historiker und Archivar Leo Santifaller in seinem Buch *Urkundenforschung* die Grundstruktur für eine Datenbank, die noch heute problemlos verwendet werden könnte:

> »Für die erschöpfende Bearbeitung von größeren Urkundengruppen ist die Anlage einer Reihe von Kartotheken unerlässlich, so einer zeitlich geordneten Hauptreihe, ferner alphabetisch geordneter Aussteller-, Empfänger-, Archiv-, Siegler- und Literaturkartotheken, außerdem einer Formularkartothek und eines Wortverzeichnisses.«[3]

Nach dem Zweiten Weltkrieg wurden diese Zettelkästen zunehmend auf Lochkarten mit automatisierter Auswertung umgestellt, der Schritt zu einer elektronischen Datenverarbeitung war nicht mehr weit. Trotzdem hinkten die historischen Wissenschaften der Entwicklung der Computer-Technologie weit hinterher, der Einsatz von Großrechnern blieb der Geschichtswissenschaft weitgehend verwehrt. Bis in die 1990er Jahre war das vorwiegende Einsatzgebiet die Vorbereitung der Drucklegung. Nur wenige konnten die ganze Palette der Möglichkeiten nutzen, die Computer bereitstellen.

---

3 Leo Santifaller, Urkundenforschung. Methoden, Ziele, Ergebnisse. Weimar 1937, S. 16 f.

Trotz dieser schwierigen Umstände entwickelten sich schon Ende der 1960er Jahre erste Überlegungen zu einer historischen Fachinformatik, die zum Beispiel von Klaus Arnold »als eine Hilfswissenschaft der Hilfswissenschaften«[4] verstanden wurde. Die frühen Ansätze drücken allesamt Hoffnungen aus, dass zukünftig mit der Unterstützung durch Großrechner die Quellenarbeit wesentlich einfacher und schneller bewerkstelligt werden, vieles automatisch laufen und somit effizienter erfolgen könnte. »Die Vorteile der elektronischen Datenverarbeitung sind zu offensichtlich, dem Historiker erleichtert sie die Bewältigung quantitativer Informationen, gibt also mehr Zeit für qualitatives Arbeiten.«[5] Der französische Geschichtswissenschaftler Emmanuel Le Roy Ladurie rief sogar das Ende der Gelehrten aus: »Der Historiker von morgen wird Programmierer oder gar nicht sein.«[6] So sagte er es 1968 zumindest schon für die 1980er Jahre voraus.

Bereits in den 1970er Jahren trat eine Ernüchterung ein. »Außerordentlich langsam hat sich die Einsicht verbreitet, daß eine elektronische Datenverarbeitungsanlage alles andere als ein schöpferischer Automat ist, der jedes beliebige gewünschte Ergebnis bei Aufruf bereitstellen kann.«[7] Viel mehr mussten nun zahlreiche simple Formalisierungen durchdacht werden, denn nur »Verarbeitung und Auswertung von Materialien«[8] kann mit Datenverarbeitung geleistet werden. Als primäres Problem wurde schon in den ersten Jahren die Konsistenz der Daten erkannt: Die Programmlogik verlangt nach Werten, diese müssen eindeutig und exakt sein, jede Analyse muss in kleinste Schritte zerlegt wer-

4 Klaus Arnold, Geschichtswissenschaft und elektronische Datenverarbeitung. Methoden, Ergebnisse und Möglichkeiten einer neuen Hilfswissenschaft. In: Methodenprobleme der Geschichtswissenschaft. Hg. Theodor Schieder (Historische Zeitschrift Beihefte NF 3). München 1974, S. 98–148, hier S. 148.

5 Werner Hornung, Geschichte im Großrechner. EDV als historische Hilfswissenschaft. Eine Literaturübersicht. In: Die Zeit 47/1971 (19. November 1971), S. 53.

6 Emmanuel Le Roy Ladurie, La fin des érudits. L'historien de demain sera programmeur ou ne sera pas. In: Le Nouvel Observateur 182 (8. Mai 1968), S. 38 f.

7 Rolf Gundlach, Carl August Lückenrath, Historische Wissenschaften und elektronische Datenverarbeitung. Frankfurt a. M.-Berlin-Wien 1976, S. 5.

8 Rolf Gundlach, Carl August Lückenrath, Nichtnumerische Datenverarbeitung in den historischen Wissenschaften. Methoden und Anwendungen. In: Geschichte in Wissenschaft und Unterricht 20 (1969), S. 385–398, hier S. 385.

den. In frühen Texten ist daher oft von der *nichtnumerischen elektronischen Datenverarbeitung* die Rede. So muss nun »ein völlig anders geartetes Geflecht formal-logischer Prinzipien« angewandt werden, als das im historischen Arbeiten üblich ist.[9] Die für die mittelalterliche Geschichte so üblichen Datierungen wie *vor*, *zwischen* oder *nach* passen nicht in eine Eindeutigkeit verlangende Softwareumgebung.

Trotz aller vermeintlicher Arbeitsentlastung stellte Erwin Riedenauer bereits früh fest: »Keine historische Forschung kann ganz dem Computer überlassen, kann von Anfang bis Ende maschinell durchgeführt werden.«[10] Das Sammeln, Zusammenstellen, Auswerten und Interpretieren von Quellen wird von einer EDV nur unterstützt. Damit ist der Computer höchstens eine moderne Form der Kartothek. In diesem Sinne kann eine Datenbank bei der Erstellung eines Registers hilfreich sein. Im Wesentlichen blieb der erste Einsatz von Großrechnern auf deskriptive und quantitative Fragen beschränkt – eben genau das, was Software und Hardware in dieser Zeit leisten konnten. »Quellenmaterial, das statistische Auswertungsverfahren oder umfangreiche Vergleichs-, Such- und Sortiervorgänge erfordert, ist nun aus dem Mittelalter in unvergleichlich geringerem Ausmaß überliefert als aus der Neuzeit, speziell aus dem 19. und 20. Jahrhundert.«[11] Damit erschwert sich der quantitative Computereinsatz im Rahmen der mittelalterlichen Geschichtsforschung immens.

Um 1990 waren zwar Personal Computer schon verbreiteter im Einsatz, allerdings scheiterten Vorhaben oft genug an der Software, die zur Verfügung stand. Meist wurden Textverarbeitungsprogramme intensiv benutzt, eventuell noch Tabellenkalkulationsprogramme. Der PC wurde so zu einer verbesserten Schreibmaschine. »Damit ließ sich der Computer in die kulturelle Traditionslinie des Buchdruckes einschreiben.«[12] Mit dieser Einordnung wurden die vielfältigen Möglichkeiten, die die

9 Lückerath, Prolegomena, S. 272.

10 Erwin Riedenauer, Elektronische Datenverarbeitung im Dienst von Landes- und Gesellschaftsgeschichte. In: Zeitschrift für bayerische Landesgeschichte 35 (1972), S. 379–435, hier S. 382.

11 Gerd Althoff, Möglichkeiten und Grenzen Elektronischer Datenverarbeitung bei der Erforschung der Geschichte des Mittelalters. In: Computers and the Humanities 12 (1978), S. 97–107, hier S. 99.

Einzelplatzrechner boten, völlig ausgeblendet. Die damals verbreiteten Datenbanktechnologien waren meist auf ökonomische Interessen ausgerichtet und entsprechend schlicht in den Datenstrukturen. »Gerade die historischen Disziplinen sind gezwungen, komplexere Informationsstrukturen zu verwenden, als die an den Interessen der Wirtschaft orientierte Datentechnik.«[13] Künstliche Intelligenz konnte aufgrund der benötigten hohen Rechenleistung in dieser frühen Zeit nur wenige Datensätze verarbeiten. So mussten viele Vorhaben schon früh *ad acta* gelegt werden.

Die Praxis im Umgang mit Computern hat gezeigt, dass der technische Wandel sich überaus schnell vollzog. Eigens entwickelte Programme waren angesichts des Fortschritts bald überholt. Als sinnvoller erwies sich ein anwendungsnaher Zugang, der mehr auf Dokumentation und Katalogisierung setzte. So konnten Massenquellen wie Urkunden oder Bilder effizient in Datenbanksysteme eingepflegt werden. »Gerade mit Hilfe der Heranziehung computerunterstützter Methoden eröffnet sich die Möglichkeit schrittweiser Analyse,« bemerkt Gerhard Jaritz, »das Erkennen neuer Fragestellungen, das Eingrenzen bzw. Ausweiten von verwendetem Quellenmaterial, von Interpretationsmodellen und Arbeitshypothesen, sowie das klarere Ausloten von Interpretationsgrenzen, die sich etwa aus mangelnder Überlieferung oder terminologisch-typologischer Unexaktheit ergeben.«[14] Früh wurde gefordert, Datenarchive aus Forschungsprojekten anderen zur Verfügung zu stellen, gerade das könne Datenfriedhöfe verhindern. »Nicht die Sammlung einer großen Menge von Daten ist also der kritische Punkt, sondern die Gefahr, sich damit zufriedenzugeben und sie, nicht die Analyse und die

12 Peter Haber, Digital Past. Geschichtswissenschaft im digitalen Zeitalter. München 2011, S. 25.

13 Manfred Thaller, Warum brauchen die Geschichtswissenschaften fachspezifische datentechnische Lösungen? Das Beispiel einer kontextsensitiven Datenbank. In: Computer in den Geisteswissenschaften. Konzepte und Berichte. Hgg. Manfred Thaller, Albert Müller (Studien zur Historischen Sozialwissenschaft 7). Frankfurt a. M.-New York 1989, S. 237–264, hier S. 241.

14 Gerhard Jaritz, Computergestützte Methoden in der Alltagsgeschichte des Mittelalters. In: Computer in den Geisteswissenschaften. Konzepte und Berichte. Hgg. Manfred Thaller, Albert Müller (Studien zur Historischen Sozialwissenschaft 7). Frankfurt a. M.-New York 1989, S. 285–300, hier S. 291.

daraus zu ziehenden Folgerungen als Ziel der Arbeit zu sehen.«[15] Allerdings ist in der Forschung der Sammeltrieb nie zu unterschätzen, insbesondere das 19. Jahrhundert – als das Fach an den Universitäten verankert wurde – steht für reine Daten- und Faktensammlungen und nicht für die tiefgründige Analyse des Materials.

Anfangs etablierte sich eine historische Fachinformatik, die Datenbanken bzw. statistische Auswertungen in den Mittelpunkt stellte. Sie brachte vor allem eine neue Analyse des historischen Quellenmaterials nach informationstechnischen Grundsätzen. Die historische Fachinformatik verstand sich in diesem Kontext »bewußt als eine weitere Entwicklung der historischen Wissenschaften durch die Übernahme von Teilen des sozialwissenschaftlichen Methodenkanons.«[16] 1990 umreißt sie Manfred Thaller von den überlieferten Informationen her: Quellen sind »in einem mehrfach gebrochenen Übermittlungsprozess auf uns« gekommen, sind »generell *unscharf*, lassen sich also eindeutigen Kategorien nicht ohne weiteres zuordnen«, sie sind kontextsensitiv, denn sie »sind in aller Regel nicht unabhängig voneinander interpretierbar« und schließlich sind sie mehrdimensional, denn »ein bestimmter Textteil kann verfälscht oder nicht verfälscht sein.«[17] Bis in die beginnenden 2000er Jahre befand sich die historische Fachinformatik noch *in statu nascendi*, weshalb eher an überschaubaren Beispieldaten denn an großen Projekten gearbeitet wurde. »Je intensiver der Rechnereinsatz desto konsequenter normalerweise die Beschränkung auf eine zentrale Quelle oder auf ein klar abgegrenztes Corpus sehr ähnlich strukturierter kleinerer Quellen.«[18]

15 Karl Heinrich Kaufhold, Datenverarbeitung und Geschichtswissenschaft – Probleme und Aufgaben. In: Geschichtswissenschaft und elektronische Datenverarbeitung. Hgg. Karl Heinrich Kaufhold, Jürgen Schneider (Beiträge zur Wirtschafts- und Sozialgeschichte 36). Wiesbaden 1988, S. 9–17, hier S. 15.

16 Manfred Thaller, Datenbasen als Editionsformen? In: Historische Edition und Computer. Möglichkeiten und Probleme interdisziplinärer Textverarbeitung und Textbearbeitung. Hgg. Anton Schwob u. a. Graz 1989, S. 215–241, hier S. 218.

17 Manfred Thaller, Entzauberungen. Die Entwicklung einer fachspezifischen historischen Datenverarbeitung in der Bundesrepublik. In: Die sog. Geisteswissenschaften: Innenansichten. Hgg. Wolfgang Prinz, Peter Weingart. Frankfurt a. M. 1990, S. 138–158, hier S. 157 f.

18 Manfred Thaller, Gibt es eine fachspezifische Datenverarbeitung in den historischen Wissenschaften? In: Geschichtswissenschaft und elektronische Datenverar-

Vom Ende der 1990er bis zum Beginn der 2010er Jahre folgte eine Fülle von verschiedenen Umsetzungen, die vor allem die digitale Diplomatik betrafen. Urkunden könnten, so die Hoffnung, sogar »ein Paradebeispiel für die Digitalisierung von Quellenmaterial sein.«[19] Viele Vorhaben hielten allerdings dem technischen Wandel nicht stand. Zudem »erinnert die Diskussion über digitale Editionen häufig an die New Economy: große Visionen von geringer Dauerhaftigkeit.«[20] Deshalb gilt weiterhin der alte Grundsatz: »Vordringlichstes Ziel des Diplomatikers bleibt auch im Computerzeitalter die Bestimmung des Quellenwerts einer Urkunde, d. h. das *discrimen veri ac falsi*.«[21] In diesem Zeitraum gab es mehrere unterschiedlich motivierte Bestrebungen in Bezug auf Editionen:

1. Bei der *Retrodigitalisierung* werden Bücher eingescannt und als Bilddateien digital zur Verfügung gestellt, manchmal auch mittels OCR-Verfahren bearbeitet, womit der Text maschinenlesbar wird.
2. Bei der *Hyperedition* erfolgt die Bearbeitung des Materials am Computer, das Ergebnis ist aber ein klassisch gedrucktes Buch; die Masse der Bücher wird immer noch so produziert.
3. Bei *elektronischen Editionen* werden zwar neue Inhalte elektronisch veröffentlicht, allerdings oft angelehnt an die Buchform.
4. Erst bei der eigentlichen *digitalen Edition* wird versucht, die genuinen Möglichkeiten des Internets zu nutzen. Sie zeichnet sich durch inter-

---

beitung. Hgg. Karl Heinrich Kaufhold, Jürgen Schneider (Beiträge zur Wirtschafts- und Sozialgeschichte 36). Wiesbaden 1988, S. 45–83, hier S. 49.

19 Georg Vogeler, Digitale Diplomatik. Die Diplomatik auf dem Weg zur eScience? In: Digitale Diplomatik. Neue Technologien in der historischen Arbeit mit Urkunden. Hg. Georg Vogeler (Archiv für Diplomatik Beiheft 12). Köln u. a. 2009, S. 1–12, hier S. 1.

20 Georg Vogeler, Digitale Edition von Urkunden. In: Geschichte »in die Hand genommen«. Die Geschichtlichen Hilfswissenschaften zwischen historischer Grundlagenforschung und methodischen Herausforderungen. Hg. Georg Vogeler (Münchner Kontaktstudium Geschichte 8). München 2005, S. 209–225, hier S. 209.

21 Theo Kölzer, Diplomatik, Edition, Computer. In: Digitale Diplomatik. Neue Technologien in der historischen Arbeit mit Urkunden. Hg. Georg Vogeler (Archiv für Diplomatik Beiheft 12). Köln u. a. 2009, S. 13–27, hier S. 15.

> ne und externe Links aus, es entsteht kein Druckwerk mehr. »Die digitale Edition ist dadurch gekennzeichnet, dass ihre Grunddaten in elektronischer Form vorliegen und dass ihr Informationspotential über das eines Buches hinausgeht und nur mit digitalen Medien ausgeschöpft werden kann.«[22]

Der Aufwand steigt jeweils, weshalb sich die meisten anfänglichen Bestrebungen auf das Einscannen von Druckwerken beschränkten. Das hängt auch mit den Anforderungen des frühen Internets zusammen. Verzweifelt waren alle Beteiligten auf der Suche nach *Content*, um Inhalte zur Verfügung stellen zu können.

Obwohl sich die Geschichte als eine Wissenschaft sieht, die an Texte gebunden ist, spielte das neu aufgekommene Format Hypertext anfangs eine geringe Rolle in den Überlegungen. Hier wirkt das »stilistische Trägheitsgesetz«[23] sehr deutlich. Es besagt, »daß in den jeweils neuen Medien erst einmal das Alte auftaucht, bis man nach und nach die Spezifik des neuen Mediums erkennt und eigenständige Präsentationsgegenstände und -formen findet.«[24] Eine Volltexterfassung von Quellen wurde aufgrund des vermuteten hohen Arbeitsaufwands schon vorher meist gescheut, deshalb setzte die Geschichtswissenschaft lange auf Datenbanken. Dazu kamen negative Erfahrungen mit frühen Projekten, sie führten zu keinem neuen Textverständnis. In diesem Sinne resümierte Gerd Althoff 1978: »Die EDV ermöglicht einen optimalen Überblick über alle gespeicherten Informationen, was vor allem dann hilfreich ist, wenn diese sehr zahlreich sind.«[25] Doch gerade das neue Verfahren der Textauszeichnung auf inhaltlicher Ebene und nicht allein im Schrift-

22 Patrick Sahle, Digitale Editionsformen. Zum Umgang mit der Überlieferung unter den Bedingungen des Medienwandels. Teil 2: Befunde, Theorie und Methodik (Schriften des Instituts für Dokumentologie und Editorik 8). Norderstedt 2013, S. 149.

23 Hermann Bausinger, Dialekte. Sprachbarrieren. Sondersprachen. 2. Band zur Fernsehserie Deutsch für Deutsche. Frankfurt a. M. 1972, S. 81.

24 Bernd Ulrich Biere, Werner Holly, Zur Einführung: Medien im Wandel. Neues in alten, Altes in neuen Medien. In: Medien im Wandel. Hgg. Werner Holly, Bernd Ulrich Biere. Opladen-Wiesbaden 1998, S. 7–11, hier S. 7.

25 Althoff, Möglichkeiten und Grenzen Elektronischer Datenverarbeitung, S. 104.

schnitt kommt Quellentexten entgegen. Des Weiteren bietet eine quellennahe Erfassung »nicht nur die Möglichkeit, die Fragestellung sukzessive dem Kenntnisstand der Quelle anzupassen, und befreit somit den Anwender von den ständigen Zwängen einer selbst auferlegten Strukturierung bei der Eingabe, sondern sie bietet auch ein zeitsparendes Überprüfen kodierter Sachverhalte oder Merkmale.«[26]

Andere mediävistische Disziplinen wie die Germanistik haben hingegen früh versucht, Primärliteratur ins digitale Zeitalter überzuführen. Die gedruckte Edition in Buchform mit den vielen Anmerkung und Verweisen wird schnell unhandlich. »Die Möglichkeiten, die inhärente Starre, die lineare Darbietung, zu überwinden, sind sehr begrenzt.«[27] Hypertext und Hypermedia ermöglichen daher weit bessere kritische Editionen. Das hängt allerdings von der notwendigen Auszeichnung des Textes ab: »Je detaillierter die einer elektronischen Publikation zugrundeliegenden Daten strukturiert sind, um so qualifiziertere Suchanfragen an den Datenbestand sind möglich.«[28] Notwendig ist jedoch eine völlig neue Wissensorganisation im Erstellen von Editionen, die aber neue Chancen mit sich bringt:

> »Codierungen sind eine zusätzliche intellektuelle Leistung, die über die sichtbare Annotierung im Apparat hinausgeht und ein sehr differenziertes Retrieval möglich machen. Es entstehen dadurch ganz neue Möglichkeiten, Fragen an den Text zu stellen, die eventuell wieder neue Kommentierungsbedürfnisse entstehen lassen.«[29]

---

26 Rolf Häfele, EDV-Einsatz bei der Bearbeitung von prosopographischen Daten. In: Geschichtswissenschaft und elektronische Datenverarbeitung. Hgg. Karl Heinrich Kaufhold, Jürgen Schneider (Beiträge zur Wirtschafts- und Sozialgeschichte 36). Wiesbaden 1988, S. 139–156, hier S. 142.

27 Dirk Hoffmann u. a., Computer-Edition statt Buch-Edition. Notizen zu einer historisch-kritischen Edition – basierend auf dem Konzept von *hypertext* und *hypermedia*. In: editio 7 (1993), S. 211–220, hier S. 212.

28 Tobias Ott, Datenaufbereitung für elektronische Publikationen. In: Computergestützte Text-Edition. Hg. Roland Kamzelak (Beihefte zu editio 12). Tübingen 1999, S. 79–85, hier S. 80.

29 Roland Kamzelak, Hypermedia – Brauchen wir eine neue Editionswissenschaft? In: Computergestützte Text-Edition. Hg. Roland Kamzelak (Beihefte zu editio 12). Tübingen 1999, S. 119–126, hier S. 124.

Umgekehrt war schon in den ersten mediävistischen Überlegungen zur Textkodierung klar, dass diese von der Intention abhängt.[30] Somit ist ein entwickeltes Verfahren nicht problemlos auf weitere Projekte anwendbar, allerdings entstand im Rahmen der *Text Encoding Initiative* (TEI) zumindest eine einheitliche Auszeichnungssprache. »Die TEI ist eine Erfolgsgeschichte der geisteswissenschaftlichen Informationsverarbeitung.«[31]

Die frühen Ansätze in den Literaturwissenschaften und die TEI trugen ab etwa 2010 zur Durchsetzung der *Digital Humanities* bei. Darin soll allen editorischen Bedürfnissen in den gesamten Kultur- und Geisteswissenschaften eine Plattform geboten werden. Im Zentrum steht der maschinenlesbare Hypertext. Er gestaltet sich nicht-linear und fordert neue Lese- und Schreibstrategien. »Auf Hypertexte, die selektiv auf individuell gewählten Lesewegen rezipiert werden, lassen sich die an die Metapher des roten Fadens gebundenen Vorstellungen von Kohärenz jedoch nicht mehr anwenden.«[32] Sie entsprechen mehr dem Aufbau klassischer Nachschlagewerke mit Verweisen, gehen aber weit darüber hinaus. »Hypertexte sind somit Türen zu assoziativen Schreib- und Leseräumen, indem sie Dokumente durch Links vernetzen und dadurch konkret in Berührung bringen.«[33]

Eine zentrale Zukunftsfrage des elektronischen Arbeitens und vor allem Publizierens ist die Haltbarkeit der Daten. »Während jährlich unvorstellbare Mengen an Informationen produziert werden, so viele wie niemals zuvor, droht unser Zeitalter – wie pessimistische Stimmen bereits behaupten – als ›digitales Mittelalter‹ in die Geschichte einzuge-

30 Michael J. Preston, Samuel S. Coleman, Some Considerations Concerning Encoding and Concording Texts. In: Computer and the Humanities 12 (1978), S. 3–12, hier S. 3.

31 Patrick Sahle, Digitale Editionsformen. Zum Umgang mit der Überlieferung unter den Bedingungen des Medienwandels. Teil 3: Textbegriffe und Recodierung (Schriften des Instituts für Dokumentologie und Editorik 9). Norderstedt 2013, S. 351.

32 Angelika Storrer, Kohärenz in Text und Hypertext. In: Texte im digitalen Medium. Linguistische Aspekte von Textdesign, Texttechnologie und Hypertext Engineering. Opladen 1999, S. 33–65, hier S. 33.

33 Jakob Krameritsch, Hypertext schreiben. In: Digitale Arbeitstechniken für Geistes- und Kulturwissenschaften. Wien u. a. 2010, S. 83–95, hier S. 84.

hen.«[34] Während Pergamenturkunden noch in 1000 Jahren ohne technische Hilfsmittel lesbar sein werden, sollte bei digitalen Daten von Beginn an die ordentliche Sicherung im Mittelpunkt stehen. Zudem verändert sich das Internet ständig, jede Speicherung ist nur eine Momentaufnahme eines winzigen Teilbereichs. Rekonstruieren lässt sich das Netz für einen gegebenen Zeitpunkt nicht mehr. Dem stehen die Anforderungen einer Wissenschaft wie der Geschichtsforschung, die auf Referenzierbarkeit aufbaut, entgegen. Das trifft besonders auf die mühselige Bearbeitung von Quellen zu. Auch wenn Bruno Meyer in den 1950er Jahren die Buchform gemeint hat, gilt weiterhin: im Prinzip »müssen wir doch immer daran denken, daß eine Edition eine ungefähre Lebensdauer von hundert Jahren hat, so daß alles das vorausschauend zu berücksichtigen ist, was bald schmerzlich vermißt werden könnte.«[35]

Im elektronischen Zeitalter stellt sich mehr als früher die Frage nach der Langzeitarchivierung von Daten.

> »Nur wenige digitale Träger erreichen der Größenordnung nach die Haltbarkeit herkömmlicher Medien (Papier, Mikrofilm). Dies spielt aber nicht die entscheidende Rolle, weil die zur Wiedergabe der digitalen Dokumente notwendigen Gerätetypen und Programme wegen des rasanten Fortschritts so rasch veraltern, dass viele Dateiformate nach kurzer Zeit als obsolet gelten.«[36]

Der Ausweg aus diesem Dilemma kann regelmäßige Migration der Daten auf neue Systeme (inklusive Konversion in neue Dateiformate) oder Erhaltung der ursprünglichen Rechnerumgebung (im Original oder mittels Emulation) sein.[37] Langzeitarchivierung bedeutet vor allem Langzeitverfügbarkeit. »Es wird primär die Nutzbarkeit des Inhaltes eines digitalen Dokumentes in den Vordergrund gestellt, weniger die Bewah-

34 Johanna Rachinger, Langzeitarchivierung elektronischer Medien. Können wir unser digitales Kulturerbe erhalten? In: Bibliothek Technik Recht. Festschrift für Peter Kubalek zum 60. Geburtstag. Hg. Hans Hrusa. Wien 2005, S. 143–149, hier S. 143.

35 Bruno Meyer, Zur Edition historischer Texte. In: Schweizerische Zeitschrift für Geschichte 1 (1951), S. 177–202, hier S. 199.

36 Uwe M. Borghoff u. a., Langzeitarchivierung. In: Informatik Spektrum 28 (2005), S. 489–492, hier S. 489.

37 Uwe M. Borghoff u. a., Langzeitarchivierung. Methoden zur Erhaltung digitaler Dokumente. Heidelberg 2003.

rung der Unversehrtheit seiner ursprünglichen Form.«[38] Um das effizient gewährleisten zu können, müssen Dokumentenstandards und Metadaten miterhalten bleiben, jeder Transfer muss dokumentiert werden. Als optimal haltbar erwiesen sich seit den 1990er Jahren Auszeichnungssprachen wie HTML oder XML sowie das Portable Document Format (pdf). Hier stand schon bei der Entwicklung die Unabhängigkeit von Hard- genauso wie Software im Mittelpunkt.

Wider Erwarten ist mit der Digitalisierung kein neues Zeitalter der Quelleneditionen angebrochen. Das hat wohl mit dem Stillstand der geschichtswissenschaftlichen Edition zu tun. »Die einmal etablierten Verfahren, die in Anlehnung an die Philologien des 19. Jahrhunderts ein ganz bestimmtes Textverständnis operationalisierten, werden auch heute noch für autoritativ und unantastbar erklärt.«[39] Da in der Geschichtswissenschaft immer noch der Computer als bessere Schreibmaschine verstanden wird, kann sich an diesem Zustand nicht viel ändern. Dabei könnte die Transferierung der Quellen in eine digitale Edition nicht nur neue Erkenntnisse mit sich bringen, sondern sogar zur Erschließung neuer Quellengattungen führen. Die nächste Generation wird sich allerdings dieser Frage stellen müssen.

Auch an einer anderen Stelle tut sich eine Lücke auf. Ein großes Desiderat sind digitale Nachschlagewerke zur mittelalterlichen Geschichte. Schon Hans-Christoph Hobohm erkannte 1991 dieses wichtige Problem: »Für den informatisierten Arbeitsplatz des Geisteswissenschaftlers sind sicher nicht nur ganz spezifische, aus einzelnen Forschungsprojekten gewonnene Datenbanken notwendig, sondern sehr vielfältige, allgemeine ›Wissensbasen‹ wie Enzyklopädien oder biographische Lexika.«[40] Während die Seite *Deutsche Biographien* einen gangbaren Weg beschritt, ist das zwischen 1980 und 1999 erschienene und vorbildlich gemachte *Lexikon des Mittelalters* mittlerweile nicht nur inhaltlich veraltet, sondern als CD-ROM-Ausgabe auf modernen Systemen unbenutzbar. *Wiki-*

38 Susanne Dobratz, Inka Tappenbeck, Thesen zur Zukunft der digitalen Langzeitarchivierung in Deutschland. In: Bibliothek 26 (2002), S. 257–261, hier S. 257.

39 Patrick Sahle, Digitale Editionsformen. Zum Umgang mit der Überlieferung unter den Bedingungen des Medienwandels. Teil 1: Das typographische Erbe (Schriften des Instituts für Dokumentologie und Editorik 7). Norderstedt 2013, S. 225.

40 Hobohm, Historia ex machina, S. 365.

pedia hingegen ist eine zu allgemeine Online-Enzyklopädie, die auf eine gebotene fachspezifische Zugangsweise nicht eingehen kann. Allerdings könnte mithilfe der Software *MediaWiki* und dem kollaborativen Prinzip von *Wikipedia* die Erstellung eines Mittelalter-Fachlexikons rasch umgesetzt werden.

In Prinzip wird sich die Geschichtswissenschaft in den nächsten Jahrzehnten vom lieb gewonnenen Buchformat verabschieden müssen. Der Trend geht in allen Bereichen hin zum Digitalen. Bibliotheken und Archive setzen bereits erste Schritte. Gerade mittelalterliche Handschriften und Urkunden sind in großem Umfang bereits im Netz verfügbar. Skeptizismus ist durch Konzepte der Auszeichnungssprachen und Langzeitarchivierung nicht mehr angebracht. Vielleicht ist der Rückgang der theoretischen Literatur zur historischen Fachinformatik in den letzten Jahren sogar ein gutes Zeichen: Der Umgang mit Computern ist so selbstverständlich geworden, dass man sich darüber keine Gedanken mehr machen muss!

Leseempfehlungen

Carl August Lückerath, Prolegomena zur elektronischen Datenverarbeitung im Bereich der Geschichtswissenschaft. In: Historische Zeitschrift 207 (1968), S. 265–296.

Erwin Riedenauer, Elektronische Datenverarbeitung im Dienst von Landes- und Gesellschaftsgeschichte. In: Zeitschrift für bayerische Landesgeschichte 35 (1972), S. 379–435.

Klaus Arnold, Geschichtswissenschaft und elektronische Datenverarbeitung. Methoden, Ergebnisse und Möglichkeiten einer neuen Hilfswissenschaft. In: Methodenprobleme der Geschichtswissenschaft. Hg. Theodor Schieder (Historische Zeitschrift Beihefte NF 3). München 1974, S. 98–148.

Rolf Gundlach, Carl August Lückenrath, Historische Wissenschaften und elektronische Datenverarbeitung. Frankfurt a. M. u. a. 1976.

Geschichtswissenschaft und elektronische Datenverarbeitung. Hgg. Karl Heinrich Kaufhold, Jürgen Schneider (Beiträge zur Wirtschafts- und Sozialgeschichte 36). Wiesbaden 1988.

Computer in den Geisteswissenschaften. Konzepte und Berichte. Hgg. Manfred Thaller, Albert Müller (Studien zur Historischen Sozialwissenschaft 7). Frankfurt a. M.-New York 1989.

Digitale Diplomatik. Neue Technologien in der historischen Arbeit mit Urkunden. Hg. Georg Vogeler (Archiv für Diplomatik Beiheft 12). Köln u. a. 2009.

Peter Haber, Digital Past. Geschichtswissenschaft im digitalen Zeitalter. München 2011.

Patrick Sahle, Digitale Editionsformen. Zum Umgang mit der Überlieferung unter den Bedingungen des Medienwandels. 3 Teile (Schriften des Instituts für Dokumentologie und Editorik 7–9). Norderstedt 2013.

14 Rückblick und Ausblick

Die mittelalterliche Geschichtswissenschaft nutzte die zweite Jahrtausendwende, um die eigenen Forschungen kritisch zu hinterfragen und neue Ansätze zu entwickeln. Wie aktuell, wie modern ist das Fach? Sind die Fragestellungen noch zeitgemäß? Umgekehrt lassen sich bereits vom Beginn bis zum Ende des 20. Jahrhunderts zahlreiche Veränderungen feststellen. Der Schwerpunkt verlagerte sich Richtung Spätmittelalter, die Völkerwanderungszeit zum Beispiel – im 19. Jahrhundert ein Kernthema – spielt mittlerweile fast keine Rolle mehr. Die mittelalterliche Geschichtsforschung löste sich zudem vom nationalen Rahmen, sie ist eine europäische Mediävistik geworden, die das Abendland im Mittelalter – selbstverständlich in Interaktion mit dem Orient – erforschen möchte. 1999 nahm Hans-Werner Goetz durchaus den Wandel zu einer Geschichte der Menschen wahr, doch wohin die Reise schlussendlich gehen sollte und ob diese Fragestellungen doch nur Modeerscheinungen sind, schien ihm damals noch unklar.

> »Wir haben heute, anders als viele Historiker/innen immer noch glauben, kein besseres, methodisch ständig verfeinertes, sondern ein zeitgemäßeres, aus veränderten Anschauungen, Bedürfnissen, Aufgaben und Interessen entwickeltes Bild vom Mittelalter, das uns nur deshalb als besser erscheint, *weil* es zeitgemäßer ist.«[1]

Dahinter steht die Vorstellung, dass »jede Generation *ihre* Geschichte und damit die Geschichte neu schreibt.« Deshalb ist unter Fortschritt in der Geschichtswissenschaft nach Hans-Werner Goetz weniger eine neue Methode oder gar ein neuer Quellenfund zu verstehen, sondern, dass wir »zeitgemäße Fragen an die(selbe) Geschichte stellen und andere

---

1 Goetz, Moderne Mediävistik, S. 381.

Antworten geben als frühere Zeiten, daß wir das Geschehen also aus anderen Perspektiven betrachten und aus anderen Normen und Vorstellungen heraus bewerten.«[2] Die Interpretation von Geschichte ändert sich so permanent. »In diesem Sinn sind *unsere* Aussagen über das Mittelalter stets auch Aussagen über uns selbst.«[3]

Die massive Erweiterung der Forschungsthemen seit den 1990er Jahren bereicherte die mittelalterliche Geschichtswissenschaft ungeheuer. Durch die Vernetzung mit Nachbarfächern und durch innovative Fragestellungen ergibt sich ein tieferer Einblick in diese ferne Epoche als je zuvor, eine Mediävistik als alles umfassende Wissenschaft vom Mittelalter ist im Entstehen. Viele Geschichtsmythen und Geschichtsirrtümer sind gefallen, die Zeit des Mittelalters wurde für eine neue Generation von Studierenden und Forschenden attraktiv. Trotzdem ist der klassische Ansatz einer Politikgeschichte nie völlig obsolet geworden, denn sie gibt den Rahmen der Epoche vor. Etwas pathetisch meinte 1996 Johannes Fried:

> »Diese ungeheure Ausweitung der historischen Perspektiven ging am Historiker selbst nicht spurlos vorüber. Er ist bescheidener geworden, als er früher war, hat erkannt, daß er unauslöschlich und in einem Ausmaß in der von ihm konstruierten Geschichte mit enthalten ist, wie es die Väter der historisch-kritischen Methode und der modernen Geschichtswissenschaft sich nicht haben träumen lassen. Er weiß nun, daß er dem großen Ziel jener Väter, der historischen Wahrheit, für immer entrückt ist und froh sein muß, wenn seine Konstrukte Plausibilität beanspruchen können.«[4]

Natürlich muss diese Veränderung im gesamtgesellschaftlichen Kontext gesehen werden. Die Hinwendung zur Individualität ist ein genereller Trend, der das Ende des Zeitalters der Masse bzw. des Kollektivs symbo-

2 Hans Werner Goetz, Einführung: Die Gegenwart des Mittelalters und die Aktualität der Mittelalterforschung. In: Die Aktualität des Mittelalters. Hg. Hans-Werner Goetz (Herausforderungen 10). Bochum 2000, S. 7–23, hier S. 7 f.

3 Hans-Werner Goetz, Moderne Mediävistik – Methoden und Inhalte heutiger Mittelalterforschung. In: Geschichte. Ein Grundkurs. Hg. Hans-Jürgen Goertz. Reinbeck bei Hamburg ³2007, S. 325–339, hier S. 325.

4 Johannes Fried, Vom Zerfall der Geschichte zur Wiedervereinigung. Der Wandel der Interpretationsmuster. In: Stand und Perspektiven der Mittelalterforschung am Ende des 20. Jahrhunderts. Hg. Otto Gerhard Oexle (Göttinger Gespräche zur Geschichtswissenschaft 2). Göttingen 1996, S. 45–72, hier S. 69.

lisiert. Der Mensch, das Individuum steht nunmehr im Mittelpunkt der Forschungen, seine Beziehungen zu anderen Sphären werden untersucht. Überkommene Einteilungen der Gesellschaft in Großgruppen wie Stand, Klasse, Religion, ethnische Abstammung oder Geschlecht haben sich weitgehend aufgelöst. Die Welt heute ist in ihren Sozialräumen kleinteiliger organisiert. Allgemeinvertretungsansprüche sind in Politik wie in Gesellschaft obsolet geworden. Gerade dieses Aufbrechen der klassischen Großgruppen hat ein vielfältiges, buntes Bild geschaffen, auch wenn dadurch die Gesellschaft als fragmentiert erscheint. Klaus Schreiner geht sogar so weit, das Mittelalter als Zeit der Diversität zu charakterisieren: »Gegen die Uniformierungstendenzen der modernen Welt läßt sich das Mittelalter als Epoche gesteigerter Vielfalt abgrenzen, in der ›Verschiedenheit‹ ein Gestaltungsprinzip kulturellen und sozialen Lebens darstellte.«[5] Das Mittelalter als Utopie. Allerdings wird sich das heutige soziale Leben weiterhin transformieren, in welche Richtung auch immer.

Die Mediävistik muss sich zwei Trends der modernen Universitätspolitik früher oder später stellen. Der eine ist ein globaler Blickwinkel. Zwar kannten schon Antike und Mittelalter eine Weltgeschichte, die Neuzeit zusätzlich noch eine Universalgeschichte, aber die *Globalgeschichte* sollte nicht in die Fußstapfen dieser mitunter sehr belasteten Sicht auf die Vergangenheit, die oft genug ein Ziel der Weltgeschichte formuliert hat, treten. Die Werke von Oswald Spengler[6] und Arnold J. Toynbee[7] sollten warnende Beispiele sein. In aktuellen Definitionen verzichtet die Globalgeschichte auf die Darstellung der Gesamtzeit und widmet sich ausschließlich der vernetzten Welt. »Globalgeschichte ist, vereinfacht gesagt, Interaktionsgeschichte innerhalb weltumspannender Systeme.«[8] Sie ist allgemein »eine Form der historischen Analyse, bei

5 Schreiner, Wissenschaft von der Geschichte des Mittelalters, S. 103.

6 Oswald Spengler, Der Untergang des Abendlandes. Umrisse einer Morphologie der Weltgeschichte. Bd. 1: Gestalt und Wirklichkeit. Wien-Leipzig 1918. Bd. 2: Welthistorische Perspektiven. München-Berlin 1922.

7 Arnold J. Toynbee. Studie zur Weltgeschichte. Wachstum und Zerfall der Zivilisationen. Zürich-Wien 1949.

8 Jürgen Osterhammel, »Weltgeschichte«: Ein Propädeutikum. In: Geschichte in Wissenschaft und Unterricht 56 (2005), S. 452–479, hier S. 460.

der Phänomene, Ereignisse oder Prozesse in globale Kontexte eingeordnet werden.« Das kann auf drei Arten geschehen, nämlich als »eine Geschichte mit globalem Horizont, eine Geschichte globaler Vernetzungen und eine Geschichte vor dem Hintergrund globaler Integration.«[9] Die Globalgeschichte hat zwar die Absicht, den verbreiteten Eurozentrismus und Ethnozentrismus als gängige Geschichtserzählung zu beenden, ist sich jedoch einer gravierenden Einschränkung bewusst: »Die grenz- und kulturüberschreitenden Kontakte und Aushandlungsprozesse lassen sich seit dem späten 18. Jahrhundert nicht mehr ohne Bezug zur Hegemonie Westeuropas und später der Vereinigten Staaten verstehen.«[10] Die verschiedenen Definitionen deuten klar in eine Richtung: Die Globalgeschichte ist nichts anderes als die Geschichte der dem Westen bekannten Welt. Damit kommt sie kaum über die bekannten Konzepte aus dem Mittelalter hinaus.

Eine Globalgeschichte im Sinne einer weltweiten Interaktion ist für das Mittelalter als spezifisch europäisch-abendländische Epoche nicht umsetzbar, es ist eine Geschichte vor der Globalisierung, eventuell noch eine Geschichte des Aufbruchs zur Globalisierung. Die Ökumene der lateinischen Christenheit des Mittelalters bestand nur aus Orient und Okzident, zu anderen Weltregionen gab es fast keine Verbindungen. Erst im Spätmittelalter erweiterte sich langsam der Horizont. Bei einem Ausbruch aus dieser abendländischen Perspektive stellen sich zahlreiche – vor allem sprachliche – Schwierigkeiten ein.

> »Deshalb ist eine Mediävistik, die neben der christlichen Welt des europäischen Westens die griechisch-slawische Orthodoxie, das europäische Judentum und den Islam bei ihren Studien einbezieht, mehr als andere interdisziplinäre Projekte auch auf internationale Zusammenarbeit angewiesen.«[11]

9 Sebastian Conrad, Globalgeschichte. Eine Einführung. München 2013, S. 10.

10 Sebastian Conrad, Andreas Eckert, Globalgeschichte, Globalisierung, multiple Modernen: Zur Geschichtsschreibung der modernen Welt. In: Globalgeschichte. Theorien, Ansätze, Themen. Hgg. Sebastian Conrad u. a. (Globalgeschichte 1). Frankfurt a. M.-New York 2007, S. 7–49, hier S. 29.

11 Michael Borgolte, Europa im Bann des Mittelalters. Wie Geschichte und Gegenwart unserer Lebenswelt die Perspektiven der Mediävistik verändern. In: Michael Borgolte, Mittelalter in der größeren Welt. Essays zur Geschichtsschreibung und Beiträge zur Forschung. Berlin 2014, S. 61–78, S. 69 f.

Dieser erweiterte Blickwinkel wird ebenfalls kein letzter sein, denn der byzantinische Hof konnte im Frühmittelalter viel weiter nach Zentralasien blicken, die islamische Welt im Zentrum der größten zusammenhängenden Landmasse der Erde hatte einen noch größeren Horizont Richtung Asien und Afrika. Aus abendländischer Sicht ist es trotzdem möglich, mit entfernten Weltregionen einen gegenüberstellenden Vergleich vorzunehmen, wie das zum Beispiel die Feudalismusdiskussion mit Japan schon versucht hat. Letzten Endes kann ein globaler Blickwinkel nur ein zusätzlicher Forschungsaspekt sein, denn auch kleinste Einheiten haben ein Recht auf ihre Geschichte und einen Anspruch darauf, dass diese auf akademischem Niveau betrieben wird. Zudem ist Raum nur ein Aspekt von Geschichte, viele Geschichten können problemlos nebeneinander stehen.

Ein anderer Trend sind englischsprachige Publikationen, die dann am besten gleich bei nordamerikanischen Verlagskonzernen publiziert werden. Hier drückt sich die durch mehrere Reformen der letzten Jahre hergestellte *Hegemonie amerikanischer Privatuniversitäten* am deutlichsten aus. Die seit dem Mittelalter kontinuierlich weiterentwickelte und ausdifferenzierte europäische Bildungslandschaft fand damit ein Ende. Die Amerikanisierung führte dazu, dass an den europäischen Universitäten Ausbildung vor Bildung gereiht und in diesem Streben das Imitieren der US-amerikanischen Praxis als *ultima ratio* verstanden wird. Die Etablierung von Englisch als globaler Wissenschaftssprache mag für die angloamerikanische Welt von Vorteil sein, in Europa bringt sie eine Entfremdung von Wissenschaft und Gesellschaft. Gerade Publikationen zur Geschichte erreichen nicht nur ein Fachpublikum, sondern traditionell eine Vielzahl von interessierten Menschen außerhalb von Universitätskreisen. Daten zum Buchmarkt, wo historische Themen zu den erfolgreichsten Publikationen zählen, sprechen Bände. Dazu kommt, dass in der angloamerikanischen Geschichtswissenschaft das europäische Binnenland fast keine Rolle spielt. Der Schwerpunkt liegt auf England und Frankreich ergänzt um Spanien und Italien, vielleicht noch Skandinavien. Zudem wird mittelalterliche Geschichte an nordamerikanischen Universitäten eher als Hobby betrieben und geht in den *European Studies* völlig unter. Eine Marginalisierung eines bedeutenden Teiles der eigenen Geschichte kann nicht im Interesse der europäischen Bevölkerung liegen.

Die US-amerikanische Geschichtswissenschaft hatte in ihrem Entstehen andere Voraussetzungen als die europäische. Es fehlte der Neuen Welt nicht nur an zurückliegender Geschichte, sondern vor allem an greifbaren Quellen. Staat, Stand, Klasse, Nation und ähnliche typisch europäische Kategorien funktionierten im demokratisch-republikanischen Einwanderungsland nicht. Dafür entstand eine Geschichte der weißen Staatsbürger.

> »Einwanderer bildeten das bewegliche, unternehmende Volk, und sein Ort war die Grenze (*frontier*) der Zivilisation, die immer weiter nach Westen vorangetrieben wurde (dieser Vorgang wurde nicht als die Geschichte eines Landraubs und Genozids an den Ureinwohnern rekonstruiert).«[12]

Im 19. Jahrhundert war die deutsche Geschichtswissenschaft durchaus ein Vorbild für die entstehende amerikanische. Zwei Weltkriege »combined with Americans' well known and lamentable ignorance of foreign languages, especially German,«[13] brachten danach die Beschäftigung mit zentraleuropäischer Geschichte zum Erliegen. Die US-Geschichtswissenschaft vertritt – insbesondere im Kalten Krieg – mitunter stark eine auf amerikanischen Werten aufbauende Weltanschauung. Insgesamt steht das Entwickeln von Thesen mehr im Mittelpunkt als im deutschen Sprachraum. Ein gutes Beispiel dafür ist Francis Fukuyama, der angesichts des Zusammenbruchs des Ostblocks 1989 gleich das Ende der Geschichte ausrief. »The triumph of the West, the Western idea, is evident first of all in the total exhaustion of viable systematic alternatives to Western liberalism.« Für ihn hat die Geschichte ihren Endzweck erfüllt, »that is the end point of mankind's ideological evolution and the universalization of Western liberal democracy.«[14] Die These baute er bis 1992 zu einem ebenfalls auf Deutsch erschienenen Buch aus. »Während frühere Regierungsformen schwere Mängel und irrationale Züge aufwiesen, die schließlich zu ihrem Zusammenbruch führten, ist die liberale Demokratie bemerkenswert frei von sol-

12 Simon, Historiographie, S. 209.

13 Patrick J. Geary, Medieval Germany in America (Annual Lecture Series 8). Washington 1996, S. 12.

14 Francis Fukuyama, The End of History? In: The National Interest 16 (1989), S. 3–18, hier S. 3 f.

chen fundamentalen inneren Widersprüchen.«[15] Selten hat ein Gelehrter so geirrt.

Die neuen Forschungsperspektiven seit Beginn der 1990er Jahren haben die Quellenfrage wieder aufgeworfen. Die im 19. Jahrhundert geschaffenen großen Editionen sind auf die politische Geschichte ausgerichtet, jüngere Fragestellungen wie zur Umweltgeschichte finden darin kaum Material. Es ist sogar der Fall, dass der überwiegende Teil der Quellen – vor allem aus dem Spätmittelalter – unediert verwahrt wird und so in Archiven und Bibliotheken noch wahre Schätze zu finden wären. Das Uminterpretieren der immer gleichen Quellen stößt indessen an seine Grenzen. Die mittelalterlichen Bestände in den Archiven und Bibliotheken neu zu sichten und elektronisch zu edieren, wäre höchst an der Zeit. Dem stehen die aktuellen Förderungs- und Personalvorgaben entgegen. Quelleneditionen – egal in welcher Form – sind Langzeitvorhaben, die Kontinuität in Finanzierung und Betreuung benötigen, denn sie lebt von einer speziellen, am bearbeiteten Material gewachsenen Expertise. Sie sind die eigentliche geschichtswissenschaftliche Grundlagenforschung. »Die historische Quelle ist gleichsam die Lebensvoraussetzung für unsere Wissenschaft wie für den Geschichtssinn überhaupt.«[16] Editionen müssen daher gerade an den Universitäten entstehen, besonders wenn die Quellen über viele Bibliotheken und Archive in der ganzen Welt hinweg verstreut sind, was bei den meisten Editionen der Fall ist. Dafür braucht es solide historische Hilfs- bzw. Grundwissenschaften an den Universitäten, diese sind allzu oft in den letzten Jahren Sparmaßnahmen zum Opfer gefallen. Einfach nur Scans von Originalen ins Internet zu stellen, ist zu wenig, denn das »setzt Urteilsfähigkeit und folglich eine entsprechende Ausbildung

15 Francis Fukuyama, Das Ende der Geschichte. Wo stehen wir? München 1992, S. 11.

16 Erich Meuthen, Der Quellenwandel vom Mittelalter zur Neuzeit und seine Folgen für die Kunst der Publikation. In: Quelleneditionen und kein Ende? Symposium der Monumenta Germaniae Historica und der Historischen Kommission bei der Bayerischen Akademie der Wissenschaften. München, 22./23. Mai 1998. Hgg. Lothar Gall, Rudolf Schieffer (Historische Zeitschrift Beihefte NF 28). München 1999, S. 17–36, hier S. 35.

voraus, weil praktisch jeder Benutzer sein eigener Editor wird sein müssen.«[17]

So wie das Mittelalter etwas spezifisch Abendländisches ist, lässt sich die Geschichte der anderen Kontinente nicht in das europäische Periodisierungssystem einordnen. »Das Ende des Weströmischen Reichs im Jahre 476 kann schließlich nicht für die ganze Welt zur Epochengrenze werden.«[18] Zeitliche Gliederungen werden in der Regel erst im Nachhinein vorgenommen und sind eine Frage des Standpunkts. Der Begriff *Medium aevum* erklärt sich erst durch die Bewunderung der Humanisten für die Antike. Sie wurde dabei zur Zeit der klassischen Künste und Texte, die oft genug bereits in der Zeit Kaiser Konstantins endet. Erst später übertrugen sich diese Begriffe auf die Geschichte selbst. Sie wurde bis ins 18. Jahrhundert nach dem Schema von Weltaltern oder Weltreichen abgehandelt. Erst im 19. Jahrhundert übernahm die entstehende Geschichtswissenschaft die Dreigliederung in Antike, Mittelalter und Neuzeit und begann, politische Ereignisse, die für die nationale Geschichte als wichtig angenommen wurden, als Eckpunkte zu setzen. So erklären sich unterschiedliche Ansätze für das Mittelalter selbst innerhalb Europas und ihre Übertragung auf die gesamte Welt. Dabei ist die herkömmliche Abgrenzung von Mittelalter und Antike schon bei der byzantinischen und erst recht der islamischen Geschichte nicht zielführend. Das trifft besonders auf den Koran zu:

> »[Da er] aus der Auseinandersetzung mit spätantiken Diskursen hervorgegangen ist und sich selbst in jene vorgefundenen christlichen und jüdischen Traditionen eingeschrieben hat, die gemeinhin als europäisches Erbe reklamiert wurden, ist er auch selbst Teil des historischen Vermächtnisses der Spätantike an Europa.«[19]

In der islamischen Welt wie im byzantinischen Reich lebte das Römische Reich noch lange auf spezifische Weise nach, im Abendland musste es wiederentdeckt werden.

---

17 Theo Kölzer, Die Historischen Hilfswissenschaften – gestern und heute. In: Archiv für Diplomatik 54 (2008), S. 205–222, hier S. 217.

18 Thomas Bauer, Warum es kein islamisches Mittelalter gab. Das Erbe der Antike und der Orient. Darmstadt ²2019, S. 13.

19 Angelika Neuwirth, Der Koran als Text der Spätantike. Ein europäischer Zugang. Berlin 2010, S. 21 f.

Die Beschäftigung mit Altertum und Klassizismus erfolgte in Europa zu unterschiedlichen Zeitpunkten, weshalb es keine gemeinsame Renaissance gibt. »Die Gleichzeitigkeit von Reformation, verspätetem und partiellem Humanismus und Renaissance in Deutschland war der Grund dafür, hier die neue Zeit mit dem Anfang des 16. Jahrhunderts beginnen zu lassen.«[20] In anderen Regionen Europas ist dieser harte Schnittpunkt unbekannt, die romanischen Länder definieren Renaissance als eigene, variable Epoche zwischen dem 14. und 16. Jahrhundert. Die englische Renaissance dehnt sich sogar bis ins 17. Jahrhundert. Diese Zeit gilt in Frankreich umgekehrt schon als klassisch. Dahinter steckt durchaus der Gedanke einer *translatio imperii*, »so daß in Paris als dem neuesten Rom sich das Bild einer wiedererwachten, aber modernisierten, also qualitativ gesteigerten Antike wiedererkennen ließ. Was tatsächlich bedeutete, daß Paris die Zentrale der kulturellen Hegemonie in Europa werden wollte und wurde.«[21] In diesem Kontext entsteht unter den Intellektuellen eine Auseinandersetzung mit dem Begriff der Moderne. Im Prinzip geht es dabei um die Frage, ob die besten Zeiten vergangen sind, bevorstehen oder gerade stattfinden. Die Ära des Sonnenkönigs Ludwig XIV. wurde wie jene Kaiser Augustus' als Goldenes Zeitalter verstanden. Die sich daraus entwickelnde Debatte wurde als *Querelle des Anciens et des Modernes* bekannt.[22] Darin geht es um die zentrale »Frage, ob die ›Alten‹, d. h. vornehmlich Griechen und Römer, das höchste, nie wieder zu erreichende Ideal der Kunst verwirklicht haben oder nicht.«[23] Der Gedanke eines stetigen Fortschritts kam auf. Von der Kunst ausgehend übertrug sich der Begriff der Moderne, die über der Antike steht, auch auf andere Zweige des Schaffens wie die Literatur oder Architektur, dann im Rahmen der Soziologie auf die Gesellschaft.

---

20 Horst Günther, Neuzeit, Mittelalter, Altertum. In: Historisches Wörterbuch der Philosophie 6 (1984), Sp. 782–798, hier Sp. 790.

21 Dietrich Harth, Über die Geburt der Antike aus dem Geist der Moderne. In: International Journal of the Classical Tradition 1 (1994), S. 89–106, hier S. 95.

22 La Querelle des Anciens et des Modernes. XVIIe–XVIIIe siècle. Hg. Anne-Marie Lecoq. Paris 2001.

23 Willem van Reijen, Post-scriptum. In: Die unvollendete Vernunft: Moderne versus Postmoderne. Hgg. Diemar Kamper, Willem van Reijen. Frankfurt a. M. 1987, S. 9–36, hier S. 11.

Damit wurde die Moderne zu einem eigenständigen temporären Begriff für zum Teil unterschiedliche Zeiträume in den Kultur- und Sozialwissenschaften.

Allgemeiner Konsens ist mittlerweile, dass die Moderne vorüber ist. Schon in den 1950er Jahren, also der unmittelbaren Nachkriegszeit, lebte in der Literatur eine Debatte über das Ende der Moderne auf. Die darauffolgende Zeit wird als Postmoderne (zum Teil auch als Zweite Moderne) bezeichnet. Der *Fortschritt* als Kernbegriff wurde von der *Krise* abgelöst. Der Name Postmoderne wurde populär durch eine Studie von Jean-François Lyotard. Er rückt den Begriff in den Kontext von *linguistic turn* und Postindustrialisierung. Beides wirke sich massiv auf das Wissen als System der Welterklärung an sich aus. »Die große Erzählung hat ihre Glaubwürdigkeit verloren, welches auch immer die Weise der Vereinheitlichung sei, die ihr bezeichnet wird: spekulative Erzählung oder Erzählung der Emanzipation.«[24] Die Postmoderne definiert sich durch radikale Pluralität, die sich gegen den neuzeitlichen Modernebegriff wendet, nicht aber gegen jenen des 20. Jahrhunderts. »Sie führt die Moderne fort, aber sie verabschiedet den Modernismus. Sie läßt die Ideologie der Potenzierung, der Innovation, der Überholung und Überwindung, sie läßt die Dynamik der Ismen und ihrer Akzeleration hinter sich.«[25] Auf eine Klassik – die Kunstgeschichte spricht passenderweise schon von *klassischer Moderne* – folgt also der Niedergang. Dieser drückt sich dadurch aus, dass die etablierten Theorien der alten, kanonisierten Autoritäten nicht mehr funktionieren. Plötzlich müssen sich ahistorische Wissenschaften mit der Zeitabhängigkeit ihrer Erkenntnisse beschäftigen. Lothar Kolmer geht schlussendlich so weit, eine Post-Postmoderne als allerjüngsten Abschnitt einzuführen. Er stellt fest, dass der im 19. Jahrhundert postulierte Geist sich von der Geschichte verabschiedet und alle Meta-Erzählungen mitgenommen habe. »Die ›ismen‹ kamen und gingen, kommen und gehen, geblieben sind irgendwie alle und dennoch kaum mehr präsent.«[26] Geprägt sei diese Ära von Unüber-

24 Jean-François Lyotard, Das postmoderne Wissen. Ein Bericht. In: Theatro Machinarum 1, Heft 3/4 (1982), S. 71.

25 Wolfgang Welsch, Unsere postmoderne Moderne. Weinheim 1987, S. 6.

26 Kolmer, Geschichtstheorien, S. 94.

sichtlichkeit, Gleichzeitigkeiten und Unmengen von unsortierten Materialien. Dementsprechend sei eine Großtheorie nicht mehr möglich. Lothar Kolmer steht vor dem üblichen Chaos der selbsterlebten Zeit, während die jüngste Vergangenheit bereits interpretativ geordnet wurde.

Als Vor- bzw. Prämoderne wird mit großer Flexibilität die lange Ära vor der Moderne verstanden. Allgemein werden zwei Umbrüche im letzten Jahrtausend als markant erachtet: die Zeiten um 1500 und um 1800. Während ersteres Datum sich als Ende des Mittelalters etabliert hat, gilt zweiteres noch nicht als Epochengrenze, obwohl die Zeit um 1800 tiefgreifende Veränderungen in allen Bereichen brachte. Die Vormoderne wurde zum Teil als Alt-Europa bezeichnet. Für Dietrich Gerhard, einen deutschen Historiker, der durch die Rassenverfolgung des NS-Staates in die Vereinigten Staaten emigrierte, bildet die Zeit vom 11. zum 18. Jahrhundert eine Einheit. »Old Europe«[27] umfasse einen Zeitraum, der

> »[…] gewiß nicht statisch gewesen ist, so haben in ihm doch den später erfolgreichen Kräften der Veränderung, der Zentralisation, des Strebens nach sozialer Gleichheit andere Kräfte siegreich entgegengewirkt. Damals überwiegen Überlieferung, landschaftliche Verwurzelung, ständische Gliederung. Diese Mächte geben Institutionen wie Sitte das Gepräge und werden ihrerseits durch diese gestärkt.«[28]

Vor dem 11. Jahrhundert existiere eine europäische Geschichte überhaupt nicht. Auch das starre Denken in Jahrhunderten – der Begriff ist erst Ende des 17. Jahrhunderts im Deutschen für das lateinische *saeculum* üblich geworden – kritisiert Dietrich Gerhard: »Jetzt aber sind wir Gefangene dieser Art von Unterteilung geworden, sogar in seinem solchen Maß, daß manche Gelehrten davor zurückschrecken, ein Thema über das ›Jahrhundert‹ hinaus zu behandeln.«[29] Vielleicht lässt sich da-

---

27 Dietrich Gerhard, Periodization in European History. In: The American Historical Review 61 (1956), S. 900–913, hier S. 903.

28 Dietrich Gerhard, Zum Problem der Periodisierung der europäischen Geschichte. In: Dietrich Gerhard, Alte und Neue Welt in vergleichender Geschichtsbetrachtung (Veröffentlichungen des Max-Planck-Instituts für Geschichte 10). Göttingen 1962, S. 40–56, hier S. 44.

29 Dietrich Gerhard, Das Abendland 800–1800. Ursprung und Gegenbild unserer Zeit. Freiburg-Würzburg 1985, S. 16.

mit die in der Neueren Geschichte üblich gewordene Rede von der Abfolge von *langen* und *kurzen* Jahrhunderten erklären.

Dietrich Gerhards Überlegungen treffen sich mit französischen Vorstellungen. Der Feudalismus wird dort traditionell als verbindendes Element der Gesellschaft vom Frühmittelalter bis zur Französischen Revolution gesehen. Das Wort *féodalité* stammt aus der Rechtssprache und wird ins Deutsche traditionell mit Lehenswesen übersetzt. Es ist ein System von Über- und Unterordnung. In Frankreich bezeichneten damit »seine ersten Taufpaten vor allem das, was ihrem Verständnis von einem zentralistischen Staat entgegenstand.«[30] Jacques Le Goff plädierte gerade wegen des Feudalsystems als Charakteristikum bereits 1983 für ein langes Mittelalter.[31] Er relativiert zugleich den Renaissancebegriff, denn immer wieder gab es schon zuvor *Moderne* und *Alte*. Renaissancen sind sogar »ein charakteristisches Phänomen des langen mittelalterlichen Zeitraums, jenes Mittelalters, das eine Autorität und ein Goldenes Zeitalter stets in der Vergangenheit sucht.«[32] Viel wichtiger zu untersuchen wären Transformationen und Langzeitphänomene. Jacques Le Goff baut seine Überlegungen darauf auf,

> »[…] dass es sowohl auf wirtschaftlichem, politischem und sozialem als auch auf kulturellem Gebiet im 16. Jahrhundert, eigentlich sogar bis zur Mitte des 18. Jahrhunderts, keine grundlegende Veränderung gegeben hat, die eine Trennung zwischen dem Mittelalter und einer neuen, anderen Periode, die dann die Renaissance wäre, rechtfertigen würde.«[33]

Gerade für diese Zeit gilt demnach das von Fernand Braudel favorisierte Konzept der »longue durée.«[34] Der Begriff ist als eine »langatmige Geschichtsschreibung« zu verstehen, die Strukturen aufdeckt und »Zeiträume von Jahrhunderten behandelt.«[35]

30 Marc Bloch, Die Feudalgesellschaft. Frankfurt a. M.-Berlin-Wien 1982, S. 525.

31 Jacques Le Goff, Pour un long moyen âge. In: Europe 61/654 (1983), S. 19–24.

32 Jacques Le Goff, Für ein langes Mittelalter. In: Jacques Le Goff, Phantasie und Realität des Mittelalters. Stuttgart 1990, S. 29–36, S. 31.

33 Jacques Le Goff, Geschichte ohne Epochen? Ein Essay. Darmstadt 2016, S. 115.

34 Fernand Braudel, Histoire et Science soziales. La longue durée. In: Annales 13 (1958), S. 725–753.

35 Fernand Braudel, Geschichte und Sozialwissenschaften – Die »longue durée«. In: Geschichte und Soziologie. Hg. Hans-Ulrich Wehler (Neue wissenschaftliche Bibliothek 53). Köln 1972, S. 189–215, hier S. 191.

Über die französischen Protosozialisten kam der Begriff des Feudalismus auf Karl Marx und Friedrich Engels und wurde in weiterer Folge zu einem sozialistischen Epochenbegriff, weil damit Produktionsverhältnisse charakterisiert wurden. Die DDR-Geschichtswissenschaft musste dieses Konzept schon in den 1950er Jahren übernehmen. »Der Marxismus-Leninismus bemüht sich um eine Periodisierung der Geschichte vom Standpunkt des historischen Materialismus aus und will hier die Gesetzmäßigkeit des Ablaufs deutlich machen.«[36] Dafür sei es eben notwendig, die Zeiten neu zu gliedern. Dementsprechend schwer hatte es der Begriff Feudalismus in Westdeutschland. »Ja, wer sich mit dieser Lehre überhaupt befaßte, geriet allzu leicht in den Verdacht, selbst Marxist zu sein.«[37] Damit konnte sich der Begriff Feudalismus als Epochenbegriff nicht allgemein durchsetzen.

Wie diese Beispiele zeigen, sagen Konzepte zur Periodisierung mehr über das Umfeld ihrer Entstehung als über die auf diese Art strukturierte Vergangenheit aus. »In den letzten Jahren ist zudem einerseits eine Skepsis gegen Periodisierungen generell, andererseits gegen auf ein bestimmtes Jahr fixierte Datierungen gewachsen.«[38] Beides führe nur zu großen Abgrenzungsproblemen. Auch vonseiten der Neuzeitforschung wird eingefordert, »Periodisierung stärker als ein flexibles Verfahren der Bildung von historischen Sinneinheiten zu begreifen,« damit Probleme und Prozesse besser betrachtet werden können.[39] Trotzdem stellt niemand ernsthaft die Einteilung der europäischen Geschichte in Frage, Mittelalter bleibt Mittelalter.

In Fachkreisen wurde in den letzten Jahrzehnten besonders das Mittelalterbild thematisiert. Der Erfolg von Großausstellungen zum Mittelalter, Umberto Ecos Roman *Der Name der Rose*[40] und seine Verfilmung

36 Jürgen Kuczynski, Zur Periodisierung der deutschen Geschichte in der Feudalzeit. In: Zeitschrift für Geschichtswissenschaft 2 (1954), S. 133–151, hier S. 149.

37 Michael Borgolte, Feudalismus. Die marxistische Lehre vom Mittelalter und die westliche Geschichtswissenschaft. In: Zeitschrift für Historische Forschung 25 (1998), S. 245–260, hier S. 252.

38 Günter Vogler, Probleme einer Periodisierung der Geschichte. In: Geschichte. Ein Grundkurs. Hg. Hans-Jürgen Goertz. Reinbeck bei Hamburg [3]2007, S. 253–263, hier S. 253 f.

39 Winfried Schulze, Einführung in die Neuere Geschichte. Stuttgart 1987, S. 22.

40 Umberto Eco, Der Name der Rose. München 1982.

sowie nicht zuletzt Fantasy-Serien wie *Game of Thrones*, Mittelalterfeste und Spiele schufen prägende Eindrücke für eine breite Masse. Früher, so stellte es sich schnell heraus, waren es Sagen und Opern, Gemälde und Bauwerke. Für die Mediävistik wurde es wichtig, die Nachwirkungen des Mittelalters zu erforschen und damit das selbst sowie von anderen vermittelte Bild kritisch zu hinterfragen. Im Mittelpunkt dieser Konzepte steht meist das Verbindende und nicht nur die Beschreibung einer gegenbildlichen Vergangenheit.

> »Konstruiert wird vielmehr ein in sich mehr oder minder geschlossenes Gebäude, dessen Außenwände durch den Gebrauch der lateinischen Sprache, durch römisches Kulturerbe und christliche Religion gebildet werden und in dem regionale Kulturen aus der Verbindung dieser tragenden Elemente mit autochthonen Sprach- und Lebensformen (wie Zimmer eines Hauses) erwachsen.«[41]

Das Mittelalter wurde rasch zu etwas Exotischem im Vertrauten, »eine ganz andere Welt, an der man sich auch dann ergötzen kann, wenn man sich nicht an den Rittern erfreut, sondern sich angesichts der feudalen Ausbeutung der Bauern empört oder lustvoll in Folterkammern erschrecken läßt.«[42]

Die Mittelalterinterpretation ist von großer Zerrissenheit geprägt: »*Alterität* und *Kontinuität*.«[43] Joachim Heinzle versteht darunter die Interpretation des Mittelalters einerseits als Gegenwelt und andererseits als romantischer Ursprung der heutigen Welt. Otto Gerhard Oexle spricht sogar von einem entzweiten Mittelalter: Es gibt immer zwei Mittelalterbilder, »die gegensätzlich sind, sich darin ständig aufeinander beziehen und gewissermaßen immerfort in Gemengelage vorkommen, was von keiner anderen vergangenen Epoche gesagt werden kann.«[44]

41 Dietz-Rüdiger Moser, Mittelalter als Wissenschaftskonstruktion und Fiktion der Moderne. In: Mittelalter und Moderne. Entdeckung und Rekonstruktion der mittelalterlichen Welt. Kongreßakten des 6. Symposiums des Mediävistenverbandes in Bayreuth 1995. Hg. Peter Segl. Sigmaringen 1997, S. 223–227, hier S. 226.

42 Hartmunt Boockmann, Die Gegenwart des Mittelalters. Berlin 1988, S. 16.

43 Joachim Heinzle, Einleitung: Modernes Mittelalter. In: Modernes Mittelalter. Neue Bilder einer populären Epoche. Hg. Joachim Heinzle. Frankfurt a. M.-Leipzig 1999, S. 9–29, hier S. 10.

44 Otto Gerhard Oexle, Das entzweite Mittelalter. In: Die Deutschen und ihr Mittelalter. Themen und Funktionen moderner Geschichtsbilder vom Mittelalter. Hg. Gerd Althoff (Ausblicke). Darmstadt 1992, S. 7–28, hier S. 12.

Diese Bilder finden sich nicht nur in populären Vorstellungen, sondern sogar in der Fachliteratur. »Die beiden konträren Auffassungen und Deutungen des Mittelalters ziehen sich durch die ganze Moderne, und zwar in steter Gemengelage.«[45] Peter Raedts warnt allerdings vor zu viel Exotisierung des Mittelalters, damit würde die Epoche nur abgewertet werden. »Auf diese Weise bleibt das Mittelalter schließlich die Zeit, von der wir nichts lernen können, die uns nichts zu sagen hat und die uns keinen Stoff für eine Reflexion über die Herausforderungen liefert, vor denen die Gesellschaft heute steht.«[46]

Das Mittelalter ist – das wird in der Fachwelt meist vergessen – in den vergangenen Jahrzehnten zu einem Wirtschaftsfaktor geworden. »Das Mittelalter hat Konjunktur,«[47] meinte dazu Erwin Hoffmann. Das wirkt nachhaltig auf das Bild vom Mittelalter zurück. Mittelalterfeste mit Jahrmarktcharakter für die gesamte Familie wollen für die breite Masse die Zeit erlebbar, fühlbar und sogar schmeckbar machen. Eine 2009 von Elisabeth Lehner vorgenommene Untersuchung zeigt, dass Unterhaltung bei Mittelalterfesten im Vordergrund steht. »Den wenigsten Befragten war es wichtig, mehr über historische Fakten zu erfahren, und kaum jemand informierte sich über die historische Vergangenheit des Austragungsortes.«[48] Auch der Wunsch nach Authentizität ist vernachlässigbar, »denn die Codierung solcher Feste als betont karnevaleske Zentren redet gleichzeitig einem recht saloppen Umgang mit Geschichte das Wort.«[49] Katharina B. Zeppezauer bringt zur Deutung

45 Otto Gerhard Oexle, Das Bild der Moderne vom Mittelalter und die moderne Mittelalterforschung. In: Frühmittelalterliche Studien 24 (1990), S. 1–22, hier S. 2.

46 Peter Raedts, Die Entdeckung des Mittelalters. Geschichte einer Illusion. Darmstadt 2016, S. 32.

47 Erwin Hoffmann, Mittelalterfeste in der Gegenwart. Die Vermarktung des Mittelalters im Spannungsfeld zwischen Authentizität und Inszenierung. Stuttgart 2005, S. 11.

48 Elisabeth Lehner, Ein Fest dem Mittelalter. Was Menschen an Mittelalterfesten fasziniert. In: Alles heldenhaft, grausam und schmutzig? Mittelalterrezeption in der Populärkultur. Hg. Christian Rohr (Austria: Forschung und Wissenschaft 7). Wien u. a. 2011, S. 291–302, hier S. 296.

49 Katharina B. Zeppezauer, *Kurzwîl* oder Entertainment. Ein einleitender Erklärungsversuch des Faszinosums »Mittelalterrezeption«. In: Alles heldenhaft, grausam und schmutzig? Mittelalterrezeption in der Populärkultur. Hg. Christian

dieses Phänomens den Spielcharakter dieser Veranstaltungen ein. Damit steht die Ungezwungenheit in allen Dimensionen im Vordergrund – das Mittelalter darf beliebig dargestellt werden. »Geschichte ist eine Wunschmaschine.«[50] Das ist zum Teil eine Folge davon, dass ein fundierter Geschichtsunterricht in den Schulen nicht mehr stattfindet. Das Mittelalter wird im besten Fall anhand weniger Exempla in ein paar Stunden überflogen. Unreflektierte Geschichtsbilder wirken auf diese Art viel stärker auf die Allgemeinheit ein. So treten bei Computerspielen »häufig dieselben Stereotype auf. Diese spiegeln die in der Öffentlichkeit vorhandenen Klischees über das Mittelalter wider.«[51] Zudem steht der Spaß im Vordergrund und nicht die Geschichtsvermittlung.

Es bleibt damit festzustellen, dass moderne Geschichtsbilder – vor allem zum Mittelalter – nicht an den Universitäten entstehen.

> »Allerdings kann es sich die Geschichtswissenschaft heute nicht mehr erlauben, an den Angeboten populärer Geschichtsinszenierung als marktrelevantem Sektor der Wissensproduktion vorbeizugehen – umso weniger, je mehr sie sich, durchaus nicht ohne Berechtigung, darüber ärgert.«[52]

Die Geschichtswissenschaft muss lernen, diesem veränderten Umgang mit Geschichte Rechnung zu tragen, sonst verliert sie ihre Berechtigung. Schlussendlich gehen klassische Vorstellungen vom Zweck eines Geschichtestudiums – die Beamtenkarriere – mehr denn je an der Realität vorbei. Geschichte ist ein Wirtschaftsfaktor geworden, worauf auch ein Studium vorbereiten sollte.

Die moderne Mediävistik ist vor allem eines nicht – konservativ. »Nur wenn es der Mediävistik gelingt, ihre ›Aktualität‹ zu erkennen, zeitgemäße Fragen zu entwickeln und zu vermitteln, welchen Beitrag

---

Rohr (Austria: Forschung und Wissenschaft 7). Wien u.a. 2011, S. 13–23, hier S. 14.

50 Valentin Groebner, Das Mittelalter hört nicht auf. Über historisches Erzählen. München 2008, S. 9.

51 Florian Schwarzwald, Mord, Pest und Verrat. Das Mittelalter in Computerspielen. In: Alles heldenhaft, grausam und schmutzig? Mittelalterrezeption in der Populärkultur. Hg. Christian Rohr (Austria: Forschung und Wissenschaft 7). Wien u.a. 2011, S. 251–262, hier S. 262.

52 Wolfgang Hardtwig, Alexander Schug, Einleitung. In: History Sells! Hgg. Wolfgang Hardwig, Alexander Schug. Stuttgart 2009, S. 9–17, hier S. 12.

sie in den gegenwärtigen Diskussionen leisten kann, anstatt in einem Traditionalismus zu erstarren, wird sie auch in Zukunft unverzichtbar bleiben.«[53] Die Forschenden im Sinne einer modernen Mediävistik müssen daher die Relevanz ihres Faches regelmäßig in den allgemeinen Diskurs einbringen. »Sie müssen auch sagen können, was das Mittelalter mit der Moderne zu tun hat, zum Beispiel: welches die mittelalterlichen Bedingungen der Moderne sind, in der wir selbst leben.«[54] In diesem Sinne bestätigt sich das alte Diktum, dass jede Generation ihre eigenen Fragen an die Geschichte formulieren muss. Gerade der Rückblick auf die letzten 40 Jahre Mittelalterforschung stimmt optimistisch: Auch weiterhin gibt es noch viele Fragen, die gestellt werden können und müssen.

53 Goetz, Moderne Mediävistik, S. 125.

54 Otto Gerhard Oexle, Die Moderne und ihr Mittelalter. Eine folgenreiche Problemgeschichte. In: Mittelalter und Moderne. Entdeckung und Rekonstruktion der mittelalterlichen Welt. Kongreßakten des 6. Symposiums des Mediävistenverbandes in Bayreuth 1995. Hg. Peter Segl. Sigmaringen 1997, S. 307–364, hier S. 364.

Register

Personenregister

E

F

G

H

I

J

K

L

M

N

O

P

Q

R

S

Sachregister

H

I

J

K

L

M

N

O

P

Q

R

S

T

Y

Z